アラマタヒロシの妖怪にされちゃったモノ事典

yokaini sarechattamono ziten

荒俣 宏［著］
Aramata Hiroshi

秀和システム

まえがき

バケモノは未来を知らせる「予兆」だった

〜「妖怪感度」を磨くことが大切な理由《わけ》〜

みなさんは、学校で『古事記』や『日本書紀』のような古代の歴史書を読んだことがあるでしょう。なんだかむずかしそうな歴史が書いてあるな、とお思いでしょうが、あれをよく読んでみると、カッパだとかテングだとかいった、オバケや妖怪が出たという事件の話が、古代になるほどまじめに出てくるんです。

なぜ、むずかしい歴史の本に、とても本当とは思えない妖怪の話が出てくるんでしょうか？　そんなことを考えたことがおありですか。

え？　あれは神話や伝説で、まだ迷信を信じていた古代人のつくりごとでしょう、ですって？

いや、いや、学校では教えてくれないのですけれど、バケモノ探しは古代の人たちにとって、とてもリアルに重要な意味があったんです。今でも、たとえば、多摩川にアザラシの赤ちゃんがあらわれたら、テレビや新聞が大きく取り扱って、「タマちゃん」なんていう名前までつけて放送しますでしょ。河や海が汚れて、生きものはだいじょうぶなのか、とか考えますよね。ツルが群れて北のほうへ飛んでいけば、ああ、もうすぐ夏なんだな、と思うでしょう。古代の人たちにとっては、妖怪の話もまた、それにおとらぬほど大切なものだったのです。というのも、人の住む世界は、そういう目に見えない方々がコントロールしていると信じられていましたから、すこしでも変なこと、不思議なことが起きたら、それは目に見えないけれどパワフルな方々からのメッセージだと受け取ったんですね。よいメッセージならそのことが早く起きるようにお迎えするし、わるいメッセージならすぐに対処しなくてはなりません。ある意味では、今だって、身のまわりに起きる自然の変化を「予知」するために、上は衛星を使ったお天気情報から、下は明日の仕事のスケジュール・カレンダーまで、私たちは知らず知

『牡丹燈籠』の死女。月岡芳年が描いた錦絵の肉筆複写

まえがき

らずに「これから起きること」に心を向けているのです。

昔の人たちに妖怪話や不思議な話って、今でいえば、海外ニュースや株式市況にかじりつくようなものだったんです。リアルだったんです。

でも、テレビがそんなことばかり放送していたら、みんな飽きるでしょう。そこでお笑い番組やクイズ番組、またバラエティーや恋愛ドラマやSF映画なども流しますよね。

じつは、妖怪話も、その大切さやリアルさが文明の進展とともに薄れ、やがてバラエティー番組やファンタジー映画に切り替わっていったのです。そうした事情をはからずも示しているのが、『古事記』や『日本書紀』だといえるのではないでしょうか。そこから学ぶべきことは、今でもたくさんあるはずだ、と、私は思います。

中国は数千年前から「妖怪ハンティング」に熱心なところでした。それは、見たこともないふしぎな生きものがあらわれることで、将来起こるだろう事件の「予知」ができる、と思ったからです。

もしも、恐ろしい姿をした「バケモノ」があらわれれば、よくない出来事や災害が近づいている証拠。しかし、とても神聖で美しい生きものが目撃されたら、立派な指導者が誕生するか、あ

「妖怪ダコをとらえようとする漁師」。古来、妖怪は長寿の霊薬として人に食べられた（写真：玉村庚三郎）

『稲生物怪録』に登場する山ン本五郎左衛門に扮した著者

るいは作物や獲物がたくさんとれる前触れなので、お祝いしました。そのうちに、悪いニュースをよいニュースに変えてしまう方法まで発見したのです。その相手が、昔はバケモノでした。今はもしかすると、ウイルスだとか、地球環境だとか、国際政治といったことかもしれませんね。

それで、中国の人たちはごく自然に、いつもバケモノやめずらしい生きものがいないかと気にかける習慣がついたのです。それが、まわりの国々にもひろがった。私たちが住む日本列島、そして朝鮮半島から東南アジアの国々、島々まで、中国の文化から教えを受けた人たちも、ふしぎな生きものを知らず知らずのうちに探すようになったというわけです。

そして、もしもそういう生きものが手に入ったら、すぐに皇帝や王に献上するしくみができあがりました。だから、古い歴史書には、そういう奇々怪々な現象や生きものの出現を、細かく記録につけたのです。なかでも重要だったのが、空にあらわれる不思議な天体現象でした。そう、日食だとか、月食だとか、あるいは流れ星やオーロラだとかは、人々を怖がらせました。

そんな探索の一つが、妖怪探しでした。だから、昔から妖怪が出たというニュースは関心のまとだったというわけです。良い前兆と判断できるものはよろこんだけれど、悪い前兆をもたらす怪物や妖怪の出現があると、国をあげてその対策をおこないました。まさに

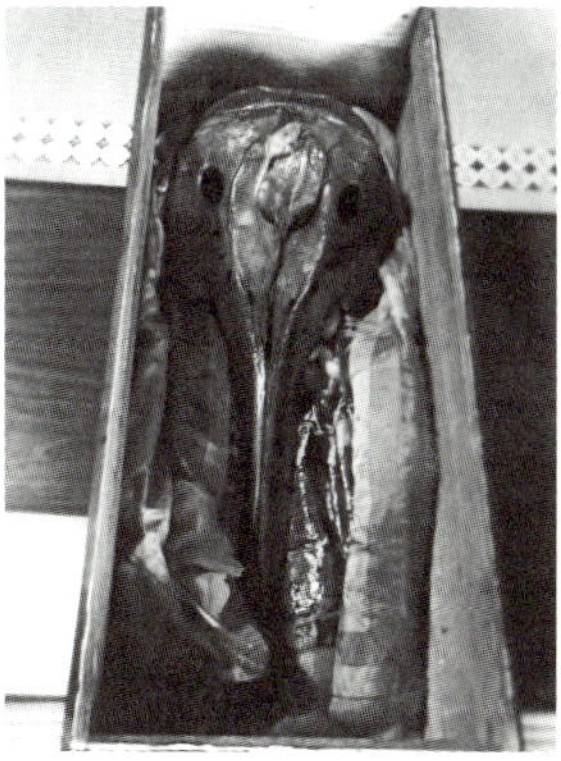

天狗の頭蓋骨。かつてはこうした妖怪の遺物が寺社に奉納されていた（刈萱堂所蔵）

「ゴジラ」がくるときの大騒ぎが、映画でなく現実に起きていたのだと言っていいでしょう。

地球は今でもさまざまな「きざし」や「変化」をあらわしつづけています。なかには、機械でもとらえきれない「きざし」だってありますし、そのような予知を人間よりもっと鋭く察知しているのは、人間ではなく、感覚のするどい犬や鳥かもしれません。たぶん、私たちが妖怪に好奇心をいだくのも、そういう特別な感覚のおかげだと思います。

そのような「特別感覚」を、誰よりも強く発揮した人の一人に、ジャンルはちがいますが、岡本太郎というアーティストがいました。美術が本来の野性的なパワーを忘れ、形式や学派の枠にはまってしまった近代アートに対し、野蛮で未熟なアートとしか思われなかった「縄文土偶」のパワーを復活させました。大阪万博のシンボルとなった「太陽の塔」はその代表です。あれは、美術の高級な造形を蹴散らし、見ただけで思わず踊りの輪をつくりたくなるような野生の縄文パワーを感じさせますね。今、妖怪が社会にも学問にも受け入れられすぎたことで、なにもかもが「わかりすぎてしまった」感がありますす。次はここらで、妖怪の世界にも、岡本太郎の「縄文の復活」と同じ本源のパワーを思い出すことが必要だと思います。そこで本書の第二部では、「名も知れぬ、あの方々」と呼ぶしかなかった妖怪の野生形として、「マレビト」と呼ばれる方々の由来から、話を始めることにしました。これを読んでいただければ、クリスマスも節分もハロウィンも、すべて百鬼夜行によく似たバケモノの祭だったことが、わかると思いますよ。

さぁ、用意はいいですか。好奇心を全開にして、妖怪感度を磨きに行きましょうね。

目次

まえがき……2

第一部　妖怪共生講座……11

第一回　妖怪は見えない……12
第二回　妖怪は食える……17
第三回　妖怪は弱い……22
第四回　妖怪はエッチである……27
第五回　妖怪はごろつきである……32
第六回　妖怪は「大食らい」である……37
第七回　妖怪はゴミである……42
第八回　妖怪は友人である……47
第九回　孔子も妖怪をちゃんと語った……53
第十回　妖怪はノーベル賞である……59
第十一回　妖怪は受験失敗者の味方である……63

第二部　妖怪分類コレクション
——マレビト、人怪、自然、中国、日本——……67

イントロダクション……68

マレビト……72

マレビトたち……72
仮面、被りもの……74
ナマハゲ、スネカ、アマメハギ……76
パーントゥ、トシドン、カセドリ、ボゼなどを知る……79
トーライ族の「精霊＝妖怪」……82
クランプスとクリスマス祭……84
方相氏……87

人怪……90

イントロダクション……90
鬼……93
土蜘蛛、酒呑童子……96
鬼女　紅葉……99
魍魎……102

西洋の人魚……104
飛頭蛮、ろくろ首、姑獲鳥……107
駕籠の女怪……110
鯉と人との「痴話」……113
マナナンガル……115
自然……118
自然こそ妖怪だ……118
鎌鼬……123
孕のジャン……125
雷獣……127
ブロッケンの妖怪……130
頽馬……132
中国……135
龍……135
麒麟……137
白澤……139
鴆……141
獬豸、狛犬……143
日本……145
河童……145
天狗……148
日本の人魚……152
鵺……155
猫又……158
髪切り……160
狸と芸能……163
玉藻前……168
第三部 妖怪分類コレクション
―付喪神、本草、心理―……175
付喪神……176
イントロダクション……176
矛担ぎ……178
大幣……179
鰐口……180
浅沓……181
鳥兜……182
笙の鬼……183
大蟻……184
鉄漿付……185
釜神……186
銅鈸子……187

本草……188
蟲……188
ツチノコ……191
ウガ（宇賀）……194
ツツガムシ……196
お菊虫……197
チャタテムシ……199
心理……201
桜姫の分身……201
グレムリン……204

第四部　妖怪史雑録……207
第一回　平田篤胤……208
第二回　本所周辺お化け巡り……212
第三回　妖怪のことは、妖怪になればわかる〈前編〉……215
魂のブートキャンプへようこそ！……218
第四回　妖怪のことは、妖怪になればわかる〈後編〉……221
死者から妖怪に変化する異界の旅は、後半がすばらしい！……224
出典……227
索引……228

妖怪写真――①皿かぞえ

「皿かぞえ」は、鳥山石燕の『今昔画図続百鬼』に紹介されている妖怪だ。播州のあるお屋敷の下女が、主人の大事にしている皿を井戸に落としてしまい、その場で惨殺された。殺された下女の亡魂は夜な夜な井戸よりあらわれ、一から九まで皿の数をかぞえて、十を言わずに泣き叫ぶという。この皿屋敷伝説は全国に伝わっているが、その下女の名前が「お菊」ということは共通している。このお菊の怨念は「お菊虫」という虫と化し、その後も祟り続けたといわれている（P.197「お菊虫」参照）。

モデル：こもだまり、写真：野口さとこ、CG：福山智久

初出：『日本妖怪大百科』Vol.6（講談社、2008年）より

第一部

妖怪共生講座

妖怪共生講座

第一回

妖怪は見えない

見えないから「妖怪」だった？

昔から妖怪の絵はたくさん伝わっているし、誰もが妖怪のことをよく知っているのに、あえて言わせてもらうが、妖怪は見えない。残念ながら、見えない。というよりも、見えないから「妖怪」だったのだ。

その証拠に、妖怪の代表である「おに」は、もともと「おぬ（隠）」という言葉が源だった。隠とは、陰と同様に「隠れている」ことを意味する。しかし、姿が見えないのにそこにいるかのように働きかけてくる存在だから、「おぬ」と呼んだ。もちろん、私たちは今も「おぬ」につきまとわれている。花粉症やインフルエンザなどは最たる例で、季節が変わるとつぜん熱が出たり、頭がボーッとしたり、ばたばた人が倒れる。インフルエンザの原因になるウイルスは目に見えないから、これは「おぬ」のせいだ、ともいえる。

でも、隠や陰としての妖怪は「見えない」だけで、「おぬ＝居ぬ」のではない。ウイルスだってちゃんと実在する。なんかいるんじゃ

見えないイメージと妖怪の関係。ルネサンス期のフィレンツで流行した「グロテスク装飾」は、これを個別に見れば貝殻などの自然物の集積だが、やがて全体の中に隠れていた別の画像が、バケモノとしてあらわれる

イラスト：斎藤猛

ないか、と気配を感じるようなときも含めて、なにかそこにいないと説明がつかないような出来事が起きるとき、「妖怪が出る」と言いあらわした。なにしろ見えない存在が相手なのだから、「言った者勝ち」の世界である。「言いだしっぺ」としての責任だけとれれば、証明をする必要はない。したがって、誰かが「お化けが出た！」と叫べば、ほかの誰もそう思わなくても、妖怪は感知されたことになる。

それでも見えてしまう人もいる

ならば、その「言いだしっぺ」は誰なのか。妖怪の種類や姿がこれだけくわしく知れ渡ったのだから、張本人が一人ということもありえない。

平安時代は、夜になると都大路を妖怪の一団が長い行列をなして闊歩《かっぽ》したといわれる。これを「百鬼夜行」と言う。真夜中のうえに、治安も悪かったから、さぞや恐い「気配」が感じられたことだろう。でも、百鬼夜行は「おに」の行列なのだから、本来は姿が見えたわけではない。また、そこに夜盗やらゴロツキやら女郎さんといった「姿が見える人たち」もたくさん混じっていたわけだが、なにしろ闇の中だから見えなかったはずだ。

そういう聖俗どちらの闇にも目が利く人物は誰だろうか。昔の人はその候補者を、高い身分の貴族、金持ち、そして頭の良い高級官僚や学者だと考えた。また、ごく少ないが、神通力をもつ僧侶や方術者も、ここに入れていいだろう。こうした妖怪が見える人

鬼は目立つ！　薬の絵看板や的当てに使用された鬼のイメージ。古くは節分など「鬼やらい」行事の敵役として、追い払われる役をはたした

の話が文献に採録されて、人々の間にひろまった。たとえば『今昔物語』を読むと、陰陽師《おんみょうじ》の家元、安倍《あべの》晴明《せいめい》の少年時代の話が出てくる。ある夜、晴明は、陰陽道の先生だった賀茂忠行のお供をして、都大路を歩いていると、鬼の一団がやってくるのを目で見て、すぐに先生に注進した。幼い晴明が、見えないはずの鬼を見たのだから、「この子は貴族か高僧か偉い学者になるにちがいない」と先生は判断し、陰陽道の奥義を伝授したという。『宝物集』には、右大臣九条師輔という貴族の車が鬼の集団に出会ったとき、随身たちには妖怪がまったく見えず、右大臣だけ見ることができたそうな。要するに、エリートで偉くないと妖怪は見られない、という不公平な話なのだ。

陰陽師、安倍晴明の肖像（葛飾北斎『北斎漫画』11編より）。日本では戦国時代までバケモノ調伏の主役は陰陽師だった

絵によって妖怪情報の交換ができる！

だが、室町時代になって、妖怪はいきなり「姿が見える存在」になった。まずは芸能だ。神や霊を楽しませる心霊的雑技団だったお役所「散楽戸《さんがくと》」が官庁改革のあおりで解散となり、食えなくなった散楽の役人が民間に天下りして神様や妖怪の踊りを見世物にすると、お坊さんや巫女さんも踊念仏という芸能を身につけ、妖怪歌謡ショーを演じるようになった。これが民間に入って「盆踊り」や「仮装行列」になる。お盆や花見や祭りといった行事には、みんなが妖怪となって「あの世のものたち」と浮かれ騒ぐ。自分が妖怪になってみた。これで、妖怪の気分はわかった。能のようなお化けの出る演劇も始まり、この世で霊たちを楽しませるセクシーな歌舞伎も始まった。

次に絵師たちがさかんにお化けの絵を描き出した。室町時代の土佐光信や江戸時代の鳥山石燕《とりやませきえん》は、いろいろな妖怪の姿を描いて、水木しげるの大先輩となったのだが、これなら、誰にでもお化けは見える！　お祭り、芸能、そして絵は、見えないものを無理やり見せる方法となった。ちなみに、水木大先生はニューギニアやメキシコなど海外の妖怪を取材に行かれるとき、かならず日本の妖怪図鑑を持参し、現地の子どもに絵を見せる。すると、

「あ、これはいる、これもいる！」となって、妖怪の情報交換ができるようになり、比較研究が飛躍的に進む。見えない妖怪採取はこうして実現し、学者も気づかなかった妖怪千体説を編みだされた。世界中どこへいっても、妖怪の姿は同じようなものが千種ほどいる、という研究成果だ。

妖怪を「まぼろし」にする術

じつは、このような「見えないものを見えるようにする術」は、古くから発達していた。その初めは「夢」。夢ならどんなお化けも見ることができる。夢を見るためのま

ニューギニアの仮面は、見えない精霊を可視化しようとした古代の人たちの発明だ

じないやお籠《こ》もりが流行し、また夢を解釈してくれる夢占い師も繁盛した。ただし、夢は眠らないと見えない弱点があったので、さらに強力な「目覚めていても見られる夢」の技術が誕生する。それを「まぼろし」と呼んだ。まぼろしとは、手品のことだ。種を仕掛けたうえで、ありえない現象をこの世に引き起こす術。マジックはまさしく「まぼろし」といえる。でも、これを「インチキ」と呼んではいけない。あくまでも「無理やり見せる方法」なのだから。馬を一頭飲んでみせる大魔術「呑馬術《どんばじゅつ》」も、姿の見えない妖怪を描いた漫画や映画も、この世では起こりえない珍事を本当に現してみる、という点で同じ役割を果たす。

無理やりつくりあげた妖怪を見て、妖怪を知ったつもりになる。これでも、この世と異界とのおつきあいがうまくいくのは、『ハムレット』の台詞じゃないが、「この世は夢を原料にできあがっている」からだ。

妖怪は食える

妖怪を食べた猛者《もさ》たち

今、地上にのさばっている私たち現生人には、ほんの二万年前まで、血の近い兄弟がいた。ネアンデルタール人という。でも、私たちはかれらを食べ尽くしてしまったらしいのだ。兄弟を食べ尽くしたくらいだから、この地上に生きていた妖怪も、食べた。

幽霊と異なり、妖怪はしばしばこの世に出てきたり、あるいは病気や寿命で死んでしまうので、私たちはこれを料理したり煎じたりして飲食した。したがって、妖怪は「食べることができるほど」実体をもった実在物となり、単なる霊体とは違う。

たとえば、カミナリが鳴るときに空から落ちてくる妖獣「雷獣《らいじゅう》」を食べた記録がある。『甲子夜話』という本に、あるとき秋田藩主のおつきのサムライが、カミナリとともに屋根に落ちてきた雷獣を捕まえ、煮て

妖怪は食える……かもしれないが、
腹をこわすかもしれない
(写真：野口さとこ、人魂CG制作：
福山智久)

食べたところ、毒もなくおいしく食べられた、とある。

龍とドラゴンも、食べれば不老不死になれる滋養豊かな食べものだ。エチオピアではドラゴンが長寿になる食べものとして人気があったし、龍は中国ではたまに死体が見つかるので塩漬けにし、みんなで食べた。漢の和帝の時代に老衰で死んだ龍が空から落ちてきたので、みんなで羹《あつもの》（肉スープのこと）をこしらえて会食した。張華という中国の学者はもっとすごい。龍の生肉を酢でしめて鮨にして食べた！

妖怪は精力剤だった!?

なんだ、そんなの神話時代の伝説じゃないか、と首を振るあなた。とんでもない思い違いをしないように。妖怪は近代になってもちゃんとした食べものだったのだ。江戸時代には妖怪を大切な食品として海外から輸入していた。それも薬品と書いたほうが正確なくらいにすごい滋養と薬効があった。妖怪輸入食品ベスト三は、西洋の妖怪であるユニコーンの角、ミイラの肉、そして人魚の干物で、万病に効き、長寿が得られるという

妖怪商店街。京都にある一条妖怪ストリートは平安時代に百鬼夜行があったという由緒正しい妖怪スポットだが、ここには妖怪ラーメン、妖怪コロッケ、妖怪ラスクなど、食べられる妖怪がそろっている

ので大人気だった。その証拠に、「人魚の干物」を売る輸入商店の引き札（カタログ広告）が残っている。また、人魚、ミイラ、ユニコーンなど代表的な妖怪を食べものないし薬として紹介した大槻玄沢の『六物新誌』という有名な科学書も出版されている。玄沢は、人魚が実在すると言い切っているのだ。

また明治時代では、あのエドワード・モースが大森貝塚を発掘したときに、大きな怪物の骨を見つけた。「ちょっと顎が突き出た大きな猿」らしい骨だった。モースは古い記録を調べ、大きな猿が日本にいなかったかどうか探したところ、狒《ひ》狒《ひ》という妖怪にぶつかった。中国にもいたバケモノで、笑うときに上唇を反り返らせて目を覆うのが特徴。日本では岩見重太郎という豪傑が信州で一匹を退治した。モースはこれの骨かもしれないと結論した。その骨が貝塚から出たのだから、縄文時代の人は狒狒を食べていたはずなのだ。

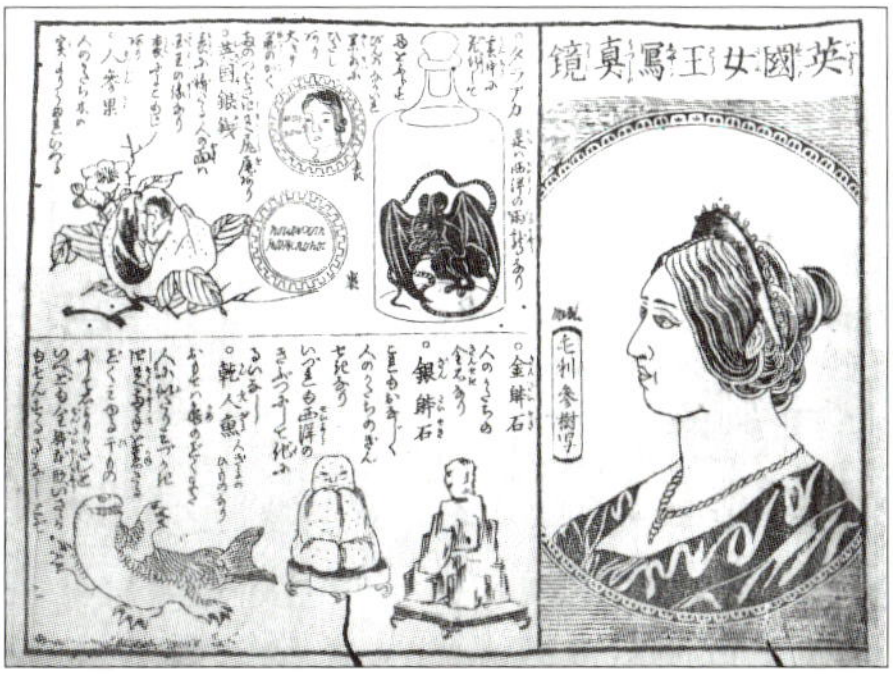

江戸末期に出た舶来品の引き札。左下に人魚の干物がある

妖怪を食べて不老長寿になろう!!

さて、グルメをいちばん喜ばせた妖怪食といえば、なんといっても人魚がいちばんだろう。

これを食うと八百歳まで生きられるのだから。秦の始皇帝のお墓には「人魚の膏《こう》でつくったロウソクが永遠に光っている」という中国からの情報も手伝って、人魚がたまに獲れると女性たちが男を押しのけて真っ先に食べた。そのおかげで、日本の女性は世界一の長生きになれたとか。江戸時代の大学者で妖怪研究家の平田篤胤も、秋田で人魚の干物が入手できたとき、奥さんほか家族でなかよく分けて長寿の薬として食べた。

一方、男に人気だったバケモノ食は、「封《ほう》」または「肉人」と呼ばれる肉の塊みたいな妖怪だった。これを食べると怪力となり、武運もよくなるというのだから、当然だ。天下の武将徳川家康の駿府城に、この肉人があらわれた話が知られている。慶長一四年四月四日のこと、お城の中に「子どもみたいでまるっこい、肉人とでも呼べそうな異人」が迷いこんだ。家康公にもおしらせしたが、別に悪さをしたのでないから城の外へ出せと命令され、肉人を追い出した。それがあとになって、「あれこそ、食べれば武運に恵まれるという封ではなかったか」とわかり、一同、主君に食べていただかなかったことを嘆いたという。この封は、「ぬっぺふほふ」とも呼ばれる。九州地方で「ぬっぺ汁（ダンゴなどを入れたとろみのある野菜汁）」というのがあり、こうした食感がある肉の塊（封）なので名がついたのだろう。

ところで、怪奇情報を伝えるので有名なサイト「x51.org」に二〇〇五年に載った記事がすごい。封によく似た、食べられる妖怪「太歳《たいさい》」らしき怪物体が写真入りで紹介されている。「中国は広東省佛山市、南海区獅子山にて、石のような姿をした謎の物体が発見され、伝説的に知られる謎の生命体「太歳」ではないかとして、話題を呼んでいる。調査にあたった研究者らによれば、物体は重さ二キログラム、丸みを帯びた形をしており、

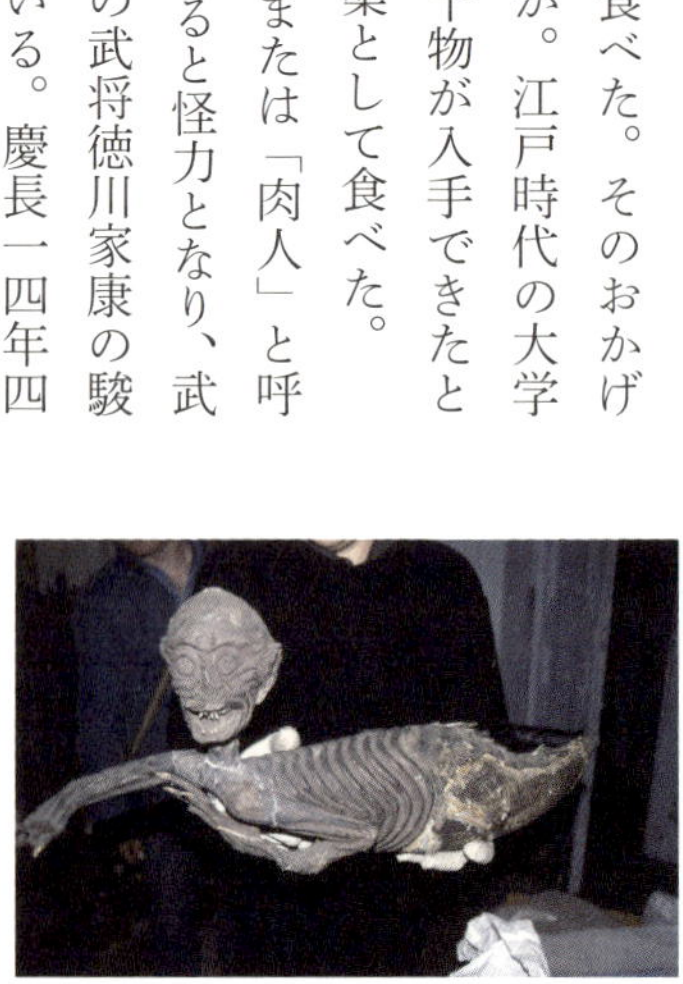

サンクトペテルブルクの自然史博物館「クンストカンメラ」は妖怪も自然物の一つとして、日本で制作された人魚を展示していた

表面を傷つけると粘液のような物質が身体から滲みだし、自己治癒するという特殊な能力をもつ」と、ある。もし太歳なら、始皇帝時代から知られる仙薬だが、地元の長老は「掘り出せばたたりがある」と警告したという。

余談はさておき、水木しげる先生の鬼太郎シリーズにも、妖怪と食べものを関係づけたお話がたくさんある。たとえば、見上げ入道が開いている寺子屋の「妖怪学校」に、鬼太郎が入学する話がある。見上げ入道先生がおこなう授業は、いたずらな子どもを妖怪に養成するためのカリキュラムになっている。一時間目は「妖怪はどうやって増えるか」、つまり性教育だが、二時間目は食教育となり、主食である空気のおいしい食べ方が講義される（もっとも、うまく食べるには一〇年や二〇年の修行では無理だそうだが）。この妖怪教育を受ければ、つらい浮世を生き抜く基本ノウハウがマスターできるのだ。

ちなみに、私が境港の水木ロードを訪れたときの話もしよう。行った目的は、冬場の境港の名物、おいしいカニを食べることだった。でも、行ってみて、おどろいた。水木ロードの名物は「人だまの天ぷら」と「目玉おやじのおまんじゅう」であった。人だまの天ぷらといえば、ねずみ男がのっぺらぼうにつくってもらい、おいしくたいらげたエピソードを思いだす。そう、妖怪は元来、人間にとって、食べるもの、にほかならなかったのである。

それどころか、鬼太郎も食べられる。燻製にして食べると、とてもおいしいらしいのだ。すでにねずみ男が鬼太郎を燻製にして、片手をワシワシと食べるエピソードもあった。なんでも食べるのっぺらぼう（さざえ鬼）が、臼で鬼太郎を搗《つ》いておもちにして食べようともした。

妖怪共生講座

第三回

妖怪は弱い

昔は東京にも弱いお化けがうようよいた

昭和三〇年代以前の、テレビが存在しなかった東京では、東北の田舎と同じように夜になるとお化けが出た。「モモンガー！」という叫び声で脅かされればトイレに行けなくなり、同居するおばァさんの布団に引きずりこまれれば今度は「置いてけ堀」のお化け話が待っている。おばァさんの声が昼間とちがって鬼気迫り、陰にこもっておどろおどろしく、

「夜にお堀の前を、魚籠に魚いれて通りかかると、お堀から、オイテケ～、オイテケ～、と声がするんだよ。怖くて逃げ帰るとね、魚籠の中が空っぽになってるんだよ！」

と、くる。子どもは布団をかぶって震えおののき、「どんな姿したお化けなの？」と訊く。でも、答えはいつも「オイテケ～、オイテケ～！　って声だけが

お化けは怖い？　この挿絵はお化けが怖くて蚊帳の中に逃げ込む弱虫を描く。しかし、本当は、怖がっているのはバケモノのほうかもしれない（明治時代の「東京朝日新聞」に載った挿絵）

聞こえるんだよ」と、それだけ。妄想が妄想を呼び、眠る子どもの心に悪夢が結ばれる仕掛けとなる。

したがって、妖怪といえば、恐い、という印象が日本人の脳に刷りこまれた。でも、それは一面で正しいけれど、本質的には違う。今回はその偏見を改めようというお話だ。

民俗学者、柳田國男によると、堀に住む妖怪が「置いて行け」と強盗まがいの脅迫をするのは東京くらいのもので、田舎のほうではたいてい、「持って行け」と逆に荷物を押しつけられるそうだ。姑獲鳥《うぶめ》の話はその典型で、赤ん坊を抱いていてくれ、とお化けの赤ん坊をもってくる。これは一種の「挑み」であり、スフィンクスの謎掛け神話と似たようなものだ。このチャレンジを受けて立つと、お化けはあわてて逃げ去ってしまう。

じつは、多くのお化けはコケおどしなのだ。柳田の『妖怪談義』でも、妖怪に挑まれた人が、逆に妖怪を威圧すると、妖怪が驚いて逃げ去るという「豪傑ばなし」をいくつも紹介している。しかも、たいていは置き土産まで残して。妖怪から逃げたければ、逆に相手を脅かすのが最良であり、実際にこれは山の中で危険な獣に出会ったときの対処法を援用したものといえる。山で暮らす人たちは、たとえば熊やオオカミといった危険

『本所七不思議之内 置行堀』
（歌川国輝・画、出典：Wikipedia）

な動物に出会ったときの実践的な対処法を、「熊山はうるさく、犬山はしずかに」と教える。熊に出会わないためには、鉦を叩いたりしてわざと騒々しく歩け、狼なら逆に静かに歩けば危険は減る」と教えたという。こうした「チャレンジ」は、元来、マレビトと呼ばれた「怖いものの正体」の役目だった。そう、ナマハゲのこわさにも通じる。お化けのこわさとは、人々にバケモノを退治させるための心理的な演出だったのだ。

敵前逃亡するお化けたちの秘密

お化けを恐いと思っているのは人間のほうで、妖怪本体はじつは弱くて臆病だという知識は、広島県三次《みよし》に伝わる実話談『稲生物怪録《いのうもののけろく》』からも受け取ることができる。主人公の稲生平太郎は七月の一カ月間、ほぼ毎日妖怪たちの訪問を受ける。襲来とか、攻撃ではなく、ただ訪問してくる、という点に注目してほしい。まわりの大人たちは怖くて逃げ去ったり、退治しようとしたりするのだが、元服を了《お》えたばかりの平太郎は逃げなかった。とうとう最後の夜に、妖怪大将「山《さん》ン本《もと》

三次に残されている『稲生物怪録』の絵巻。妖怪たちは稲生平太郎に対し一カ月にわたって肝試しを行った。最後に平太郎に出されたのは、「いちばん嫌いな虫類」だったが、驚かなかった

平太郎の前で降参した妖怪大将、山ン本五郎左衛門は、平太郎に木槌をプレゼントした

五郎左衛門《ごろうざえもん》」が白旗を揚げて出現する。ただ、逃げなかっただけなのに？

理由は現地調査してはっきりした。平太郎がお化けたちに訪問されたのは、小さな支藩だった三次藩がなくなり、本藩に吸収合併された時期にあたっていたのだ。田舎武士は臆病とからかわれた。しかも、まだ本社から声がかからない中学卒の入社予定者みたいな立場にあった若い平太郎は、「現地採用社員」たちの豪胆さを本社に認めさせたかった。そういう若い苛立ちがあったのだろう。だから、お化けの前から逃げ出すわけにいかなかった。一方、お化けの側からすれば、人間の子どものほうがなにをやらかすかわからず、恐ろしい。いろいろと平太郎の苦手なお化けを繰り出した挙句に、手詰まりとなり戦わずして降参した。したがって、妖怪は弱い。弱いから、相手を怖がらせることしか手段がない、ともいえるのだ。

よく見れば、弱い妖怪のオンパレードじゃないか！

たとえば、小豆洗い。あれは小豆を洗っているだけだ。「小豆とごうか、人取って食おうか」とか歌っているけれど、それは一種の「戦わずして勝つための防護策」ともいえる。また、たとえば、「豆腐小僧」。あれはただ豆腐をもって立っているだけ。唐傘も提灯も、ぬらりひょんも座敷童子《わらし》も、ちょっと家に上がりこんでくる

『絵本百物語』より「小豆洗い」
（竹原春泉・画）

だけで、なにもしない。もし戦っても、人間のほうがはるかに強い可能性がある。

だから、お化けたちは心理戦で対抗する。柳田の『妖怪談義』にはそういう弱い妖怪の話がいっぱい載っている。道端で旅人に挑みかかるお化けは、ターゲットを見つけると「飛びつこうか、引ッつこうか」と威しをかける。ここで、「じゃ、飛びつけよ！」と逆襲すると、お化けはあわてて金銀のつまった袋をどさりと乗せて、逃げてしまうのだ。

明治一〇年ごろ薩摩の阿久根で起きた話だそうだが、ある土手から「崩すぞ、崩すぞ」と声がしたので、「じゃ、崩してみろよ」と言い返したところ、土手が崩れてたくさんの自然薯《じねんじょ》が手に入ったという。お土産を置いて逃げていったのだ。

越後の南蒲原郡の昔話には、「通行人が怖がる道があって、「バロウ、バロウ」と闇から呼ばれる。バロウとは「背負われよう」という方言で、ある剛毅《ごうき》な人が「じゃ、おぶってやるよ」と言い返し、バケモノを縄で背中にくくりつけて村へ連れ帰った。それは悪キツネだった。近隣には、村でキツネを煮て食ってしまったという話もある。ただし、食ったら当たって死んだという落ちもあるのを、忘れずに！

したがって、妖怪は弱い。角川映画が『妖怪大戦争』を製作した際、私は京極夏彦さんと一緒に三池崇史監督に「妖怪は弱い、ずるい、しかもエッチ」という基本三原則を説明する係をおおせつかった。が、納得してもらえるまでに半年を要した。「そんな弱い妖怪が戦争やって勝てるわけがないから、妖怪は戦争を盆踊りだと思っている。これは反戦でなく、非戦というか無戦映画なのです」と説得したら、三池監督はついに判然と悟られ、妖怪大翁《だいおう》役の水木しげる大先生に「戦争はイカンです。腹が減るだけです」の名文句を語らせた！

妖怪共生講座

第四回

妖怪はエッチである

ちょっと子どもたちには早すぎる話だが……

ＳＦ作家の筒井康隆さんが、腹の虫をくだすのに画期的な方法を思いつき、それを小説にしたという話がある。腹の虫の中でも飛びぬけて気味が悪いサナダムシは、女性のお腹によく寄生して、困らせる。そこで、この虫を肛門の外に誘いだすのに、モデルさんにきてもらい、セクシーなポーズで誘惑したところ、スケベなサナダムシがにょろにょろ外へ出てきた……というのだ。

ところが筒井先生はこの小説を書いたあと、偶然にモデルさんたちと話をする機会があった。すると、やせるためにサナダムシを体に入れることもあると、元ミスユニバースの女性から聞かされてびっくりしたのだとか（『私説博物誌』）。たしかに、生野菜は若い女性が好きなので、サナダムシが女性にとりつくという話は、いかにもありそうに聞こえる。

妖怪にもすけべ心はあります。なぜなら、妖怪は人間とあわせ鏡の存在だから（写真：野口さとこ）

で、サナダムシと同じく、妖怪もちょっとエッチなところがある、という話をしよう。妖怪研究の基本書で柳田國男の『妖怪談義』は読んで怖いが、きわめてマジメな内容であって、品のない話は出てこない。ところが、同じ古典でも江馬務の『日本妖怪変化史』になると、男女の執念の話やら恋愛のもつれやらの「オトナの話」がたくさん載っている。こっちで見ると、どうも人間と妖怪は相思相愛になったり、セクハラみたいなストーカー関係になったりしているらしいのだ。

たとえば筑後国柳川の河童は、子どもの姿をして美しい人間の奥さんを誘惑するというマセた妖怪だ。お茶屋にいればベタベタまとわりついてくる。お堂の中で香を焚けば手を握ってさそおうとする。あんまりしつこいので、河童の手をピシャリと叩いたら泣いて帰っていくのが子どもっぽい。でも、そのうちトイレに侵入してお尻などをさわりまくるので、奥さんが怒って河童の手を斬った。どうか、良い子は、真似をしないように。

もちろん、ラブラブの話もたくさんある。古代では異類婚といって、人間が動物と結婚し子孫を残す神話や伝説がある。日本では、ハマグリの女房をもらった猟師の話「ハマグリ女房」や、魚のエイの腹側を見てムラムラし、エイと交わって息子をもうけたという

橘小夢・画『水魔』は明治から昭和にわたり活躍した妖魅感覚あふれる画家だが、この作品は当局から発売禁止を申し渡された。その理由はおそらく……

「豪傑」男の話もある。有名な葛飾北斎にもとびっきりのエッチ感があふれる化けもの絵がある。大タコにかどわかされる海女さんを描いた『喜能会之故真通《きのえのこまつ》』という本の挿絵はすごい。無修正ではここに載せられません。

人間が動物や化けものと結婚したがるのは、どちらかがムラムラしたりラブラブになる結果だけれど、体力や知力や霊力に勝れた子孫を得たり、妖怪から富を授かって繁栄するというオマケもあるからである。でも、かならず人間のほうが約束を破るので、結婚は解消され、もとの貧しい境遇に戻るという展開が多い。浦島太郎の話もこの部類で、明治以前の原典では、太郎と竜宮城で暮らす色っぽい乙姫は、美女ではなくて「亀」なのだ。また、「河童婿入り」では、水不足を解消する代わりに人間の娘と結婚できる約束をもらった河童が、結局、娘に逃げられる。妖怪が人間に愛を感じたのを利用して、妖怪パワーをいただいてしまうという詐欺みたいなこともあるのだ。

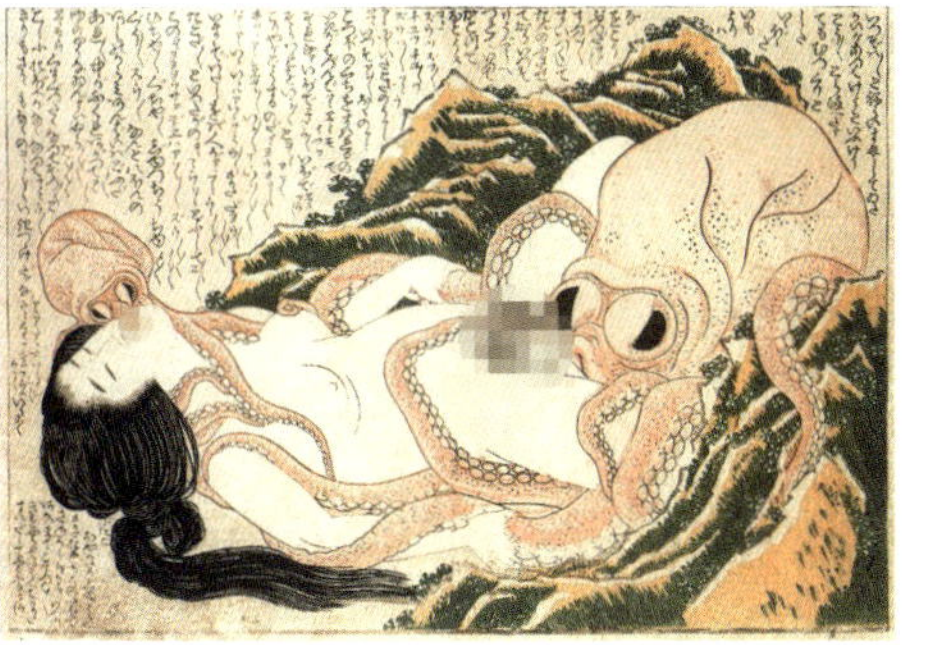

葛飾北斎・画『喜能会之故真通』の一場面。少し修正してある

妖怪の形は、どうも「あそこ」に似ている

たとえば、妖怪画の大家、鳥山石燕が描いた「ぬっぺふほふ」の顔つきをよーく見ると、どことなく「おちんちん」に似ていることがわかる。じつは、ほかにもたくさんの妖怪の顔や姿が人間の性器に似ているのだ。その気になって妖怪画を眺めなおすと、顔

が赤くなるほどだ。じつは、人間のあそこの部分は、古代から子授けや子孫繁栄のシンボルだった。ご神体としてその姿が各地に祀られており、火事やら災害やら家庭の繁栄を破壊する邪霊を鎮圧するときにはキモノの前をはだけて股をひろげてみせる風習もあった。つまり、妖怪のエッチな形とは、かれらがもともと子孫繁栄や豊饒をつかさどった神様であった名残りなのだ。そのうち、洒落が好きな江戸の画家たちが、おもしろおかしい「妖怪の姿」を創作し始めた。石燕と同じ江戸時代の浮世絵師だった勝川春章などは、『百慕々語《ひゃくぼぼがたり》』というヘンチキリンなお化け絵草紙を描いているが、驚くなかれ、オチンチン顔の妖怪のオンパレードだ。私が水木しげる先生と東南アジアのリゾート地バリ島へお供したときも、ボマーという神様がいて、『百慕々語』のそっくりそのまま、ありがたい金精様が垣間見えるお姿を観察できた。

鳥山石燕による「ぬっぺふほふ」の図（出典は『画図百鬼夜行』）。どことなくなにかに似ている。この妖怪は20ページに書いた「封」にも似ている

妖怪も人間もエッチ好きは用心が必要

このように妖怪のエッチ好きは半端ではないので、おつきあいするにも十分な用心が要る。奄美大島には、「片耳豚《かたきらうわ》」という豚の妖怪がいて、人間の股ぐらをくぐり抜けるのが大好きだ。人間のほうも、股をくぐり抜けられるときのゾクリとする快感がいいので、

つい許してしまうが、そのときに魂を抜かれてしまう。もしも運よく一命をとりとめても、性器をダメにされて一生腑《ふ》抜けになるといわれる。その危険を知っていれば、大切な食料でもある豚とつきあえるはずだ。泉鏡花の有名な『高野聖』でも、馬の腹をくぐり抜ける美しい山姥が出てくる。その妖しさにうっとり蕩けてしまうと、豚に変えられることを知って、僧は九死に一生を得る。江戸末期に妖怪情報を精力的に集めた学者、平《ひら》田篤胤《たあつたね》の門人たちは、妖怪女に顔を舐められたりエッチなことをされた稲生平太郎の記録の分析や、天狗と暮らしたと自称する寅吉少年の聞き取り調査をした。たとえば、「天狗や仙人は美少年をよく神隠しにするが、あれは人間の女性でなく美少年のほうが好きだからか」と大胆に質問すると、寅吉は、「天狗はホモじゃないから男の子を好きになったりはしません」と答えている。でも、こんなこともあった。門人がふざけて、「われわれ人間の男子は夜になると睾丸が光るので、明かりに使うぞ」とからかったら、寅吉はだまされて、自分のものを光らせようとしたがダメだった。すると門弟が「睾丸は毛が生えないと光らないのだよ」といって、子どもの寅吉を落ちこませた。人間の大人はひどい。

妖怪共生講座

第五回

妖怪はごろつきである

ごろつきの実体をさぐってみると

折口《おりくち》信夫《しのぶ》先生の『ごろつきの話』というのを読んだとき、「そーか、妖怪はごろつきだったか！」と納得したことがある。ごろつきの歴史は古くて深いので、くわしいことは先生のご本に譲るとして、妖怪のごろつきぶりを少し書きだしてみる。

まず、ごろつきはやたらにうるさい。だから、その語源はカミナリ様の「ゴロゴロ」いう音響に由来するといわれる。現代のごろつきも、大声出したり、バイクをふかしたり、花火を鳴らしたりする。妖怪も同じだ。キツネは、四国の丸亀のほうでは、騎馬のいななきやひづめの音をたてて騒ぐ。これが夜明けまでつづくというから、音響障害もはなはだし

ごろつきの語源は、「御霊憑き」である（写真：野口さとこ）

い。鬼も出現するときには数百人の人声、二万頭の馬のいななき、といった大音響をともなう、と『古今著聞集』にある。タヌキになると、腹鼓だけでなく、汽車の音や電車の音まで発するというのだから、おそろしい。

それから、ごろつきは山の中などに隠れていて、夜になると集団で町を荒らしてまわる。その語源が、行方定まらず「ごろごろ」していて、へんな格好を好み、徒党を組んでうろつきまわる者、とするのは、納得のいく説明だ。現代でも、暴走族だの、原宿族だの、ガングロ族だの、異装の集団がいて、たいていは派手なファッションとメークをしている。こういうごろつきを昔は「かぶきもの（乱暴者）」とか「ふりゅう（異装）」などと呼んだ。足を高く上げたり踏み鳴らしたり、お化けの被りものをして踊りまわる新しい芸能は、だから「かぶき」なのだ。こういう足芸は昔の陰陽師が担当した儀式、「反閇《へんばい》」に由来すると、折口先生もおっしゃる。たとえば、歌舞伎には「六法《ろっぽう》」という足芸があるけれども、これは荒くれのごろつきがふるまう「無法」を意味し、六法＝無法なのだそうな。

歌川国芳・画『源頼光公館土蜘蛛妖怪図』では、幕府の財政を考えずに好き勝手をやってきた「ゴロツキ」どもの親玉が、ヤマト朝廷に逆らった土蜘蛛になっている。背景に描かれた妖怪も、すべてが幕府への恨みをもっている

ごろつきは集団で暴れる

妖怪が見せる集団ごろつき芸の極致といえば、あの「百鬼夜行」だろうか。真夜中になると都大路に妖怪の行列があらわれる。このお化けの行進はいろいろと絵に描かれているが、その異装ぶりもなかなかすさまじい。『今昔物語』なんかを読むと、真っ黒い一つ目の大きな鬼が街中を夜中にたくさん歩きまわる。また、輪入道や片輪車のように、火がついた牛車の車輪に乗って通りを走りまわり、場合によると家の中にまで飛び込んでくることもあった。これなど、妖怪の暴走族だ。

もっとすごいのが、夫を女に奪われた前妻が夜叉みたいな扮装をして親戚の女どもを集め、頭のろうそくを立てて夜中に集団で女の家に押しかけ、家を壊したり奇声を発したりして威嚇する「うわなりうち」だ。女同士の出入りだから、さ

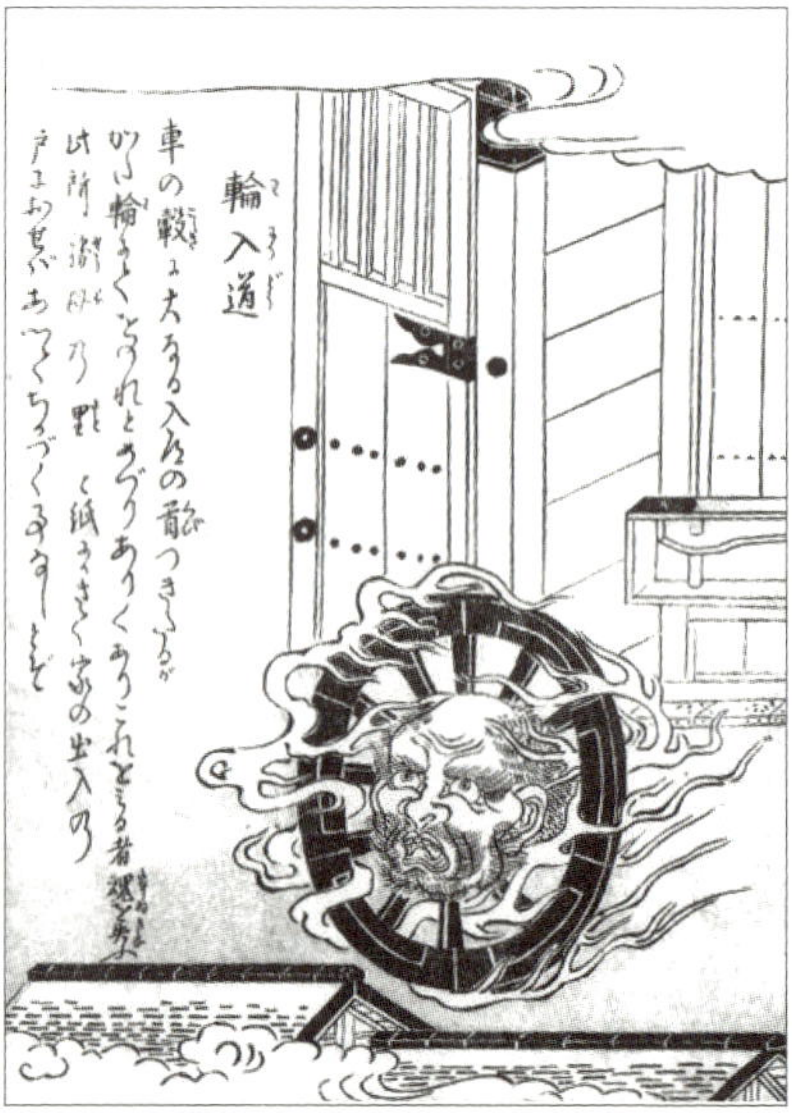

鳥山石燕・画『今昔画図続百鬼』には、輪入道が入っている。お化け行列の花形であった

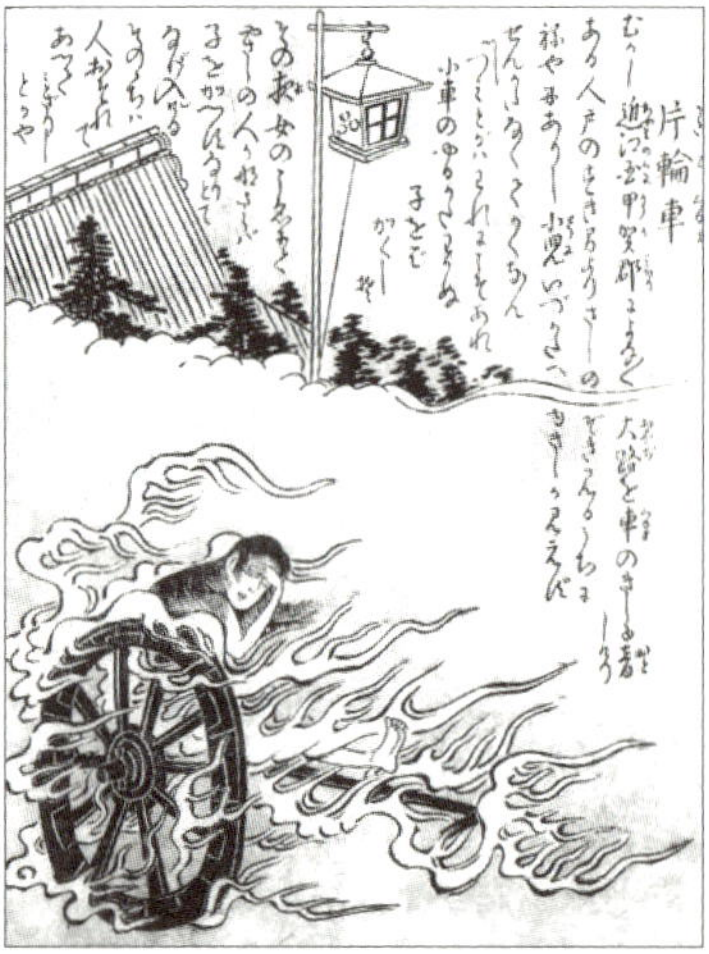

鳥山石燕・画『今昔画図続百鬼』より「片輪車」。こちらに描かれた絵には女性の姿があり、近江の国に夜な夜なあらわれた。ある女性が好奇心を抑えられず、のぞき見したため、子どもを奪い去られたという

ぞや見ものだったろうに。『絵本妖怪奇談』という本にも、部屋で酒を飲んでいた武士の前に身長一〇センチばかりのちいさな冠服の行列が一四～五人、いきなり入り込んできて、酒の肴を盗んでいこうとした話がある。あまりの狼藉《ろうぜき》ぶりに、武士が矢を射て追い返したところ、正体はねずみの化けものだったという。また、嵐香という俳人が出会った話に、上州玉川の山中で大名行列と行きあった僧が、行列の者にいきなり取り押さえられ、縛られたうえに首をはねられそうになったという、物騒なものがある。この大名行列はキツネの化けものだった。私はこの話を読んで、ある夜に親父狩りの若者たちに取り囲まれたときの恐怖を思い出した。

でも、ごろつきだから、弱い物をターゲットにする。相手が強いと、とたんに逃げだす。江馬務先生の『日本妖怪変化史』にも妖怪がもっとも苦手とする敵ベスト四があがっていて、その一つが「勇士」になっている。

妖怪の名はなぜ、ゴロゴロいうのか

それから、妖怪には「ゴロ」という言葉が名前の一部にある例が多い。つまり、「五郎」という名がやたらに出てくるのだ。妖怪大将として名高い西の山ン本五郎左衛門《さんもとごろうざえもん》、東の神野悪五郎を筆頭に、もうゴロゴロ登場する。河童のふるさと、田主丸に伝わる弥五郎河童、宮城県の人をだますキツネ藤五郎などなど。それで、ごろつきにも「ごろ」がつく。これはいったいどうしたことなのか、と長いこと不思議に思っていた。でも、あるときヒントをみつけた。私の妹の嫁ぎ先になっている鎌倉で、「御霊《ごりょう》神社」という社に出会ったのだ。なんでも、ここは鎌倉幕府が開かれる以前からこの地にあった平氏五家を祀る「五霊神社」だったのが、後年そのうちの一家「鎌倉権五郎景政」だけを祀るようになったので、「御霊神社」になったそうな。そう、五郎は御霊（たたりがみ）だったのだ！　そういえば、カミナリゴロゴロは最強の祟り神とされた菅原道真につながるし、田主丸などでも五郎を名乗る河童は平家の恨みがこもった「御霊」ともいわれている。

さらにおもしろいのが、やくざや悪党、かぶきものや婆娑羅《ばさら》といった政治と文化両方の乱暴者たちもまた、御霊にとり憑かれて魔物と化した人間、すなわち「御霊つき」が転じて「ごろつき」になったという説があることもわかった。とすれば、ごろごろして変な格好をしている街の不良がごろつきでないわけはない。だって、御霊っていうのは、恨みを呑んで妖怪に変身した怖い霊のことなのだから！

折口先生も、『ごろつきの話』の中でおっしゃっている——ごろつきは政治権力の外にあって、どうにも手に負えない存在だった。山伏だの、虚無僧《こむそう》などもこの「ごろつき」の部類であったので、取り締まる役所もない。駆け落ち者だの、亡命者だの、泥棒だのもごろつきの仲間に潜りこめば、寺社奉行にも幕府にも手が出せなかった、と。ごろつきには、警察も学校も役所も関係ない。まるで、「ゲゲゲの鬼太郎」のテーマソングそのままではないか。したがって、自信をもって言おう。

妖怪はごろつきである、と。

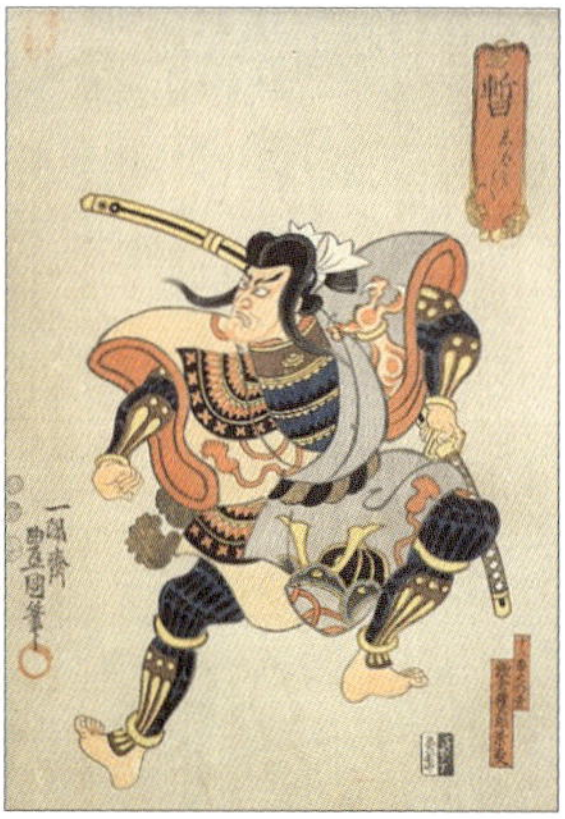

鎌倉権五郎景政。一陽斎豊国『歌舞伎十八番』より

妖怪共生講座

第六回

妖怪は「大食らい」である

化けものたちはいきなりきて、たらふく食べて帰る

テレビで途方もない大食いぶりを発揮しているさる女性タレントは、おどろいたことに、大きなウンコを一日六回もするんだそうだ。それで若い人たちは、こういう大食いのことを「化けもの食い」と言うのだが、それって、じつは怖いほどピッタリの表現かもしれない。今回は化けものがじつによく食い、よく食わせる、というありがたい話をする。妖怪のもてなし方と、もてなされ方がわかるはずだ。

ぬらりひょん、という妖怪がいる。妖怪の総大将ともいわれ、とつぜん他人の家にあがってきて、お茶だのお酒だのをすすり、つまみを食べて、またあっさりと帰ってし

ぬらりひょんが座敷に勝手にあがる姿は、昔よくお母さんが玄関先に駄菓子を置いて売っていたことを思い出させる。子どもはいつも駄菓子屋に入り込んだものだった（写真：米沢耕、取材協力：下町風俗資料館）

まう。特技は、ただ、それだけだ。この妖怪は、ぬらり、ひょんの名が示すように、元来のっぺらぼうの一種で、まったくとらえどころのない、正体のわからない化けものだったらしい。しかし、後世になり、妖怪の親玉に祭りあげられ、勝手にやってきて飲み食いする妖怪のイメージに収まったことには、やっぱりルーツなり理由なりがあったにちがいない。

まず、なぜ化けものがいきなり訪ねてくるのか。その答えは、異界からきたお客だからだ。メッタにこない、見知らぬ異様な訪問者だから、「異人」とか「マレビト」、沖縄では「ニイルピトゥー」などと呼ばれる。神だか化けものだか仮装行列だかわからない旅人が、とつぜん、一晩泊めてくれと訪ねてくる。顔を隠し、笠をかぶり、蓑《みの》を着ているので、いかにも遠い世界からきたことはわかる。そんな身元不詳の客を、それでも泊めてやろうというのは、ずいぶん親切な対応だが、客のほうも恩に感じて、たいてい「お土産」やら「ご馳走」を置いていく。とくに、農産物や水産物といった基本的な糧を。そこで人間側も得をして、以後は「よくいらっしゃいました」という供応関係が生まれる。もし、土産がなかったなら、その客を婿か嫁にするか、いっそ殺して身ぐるみ剥いでし

鳥山石燕・画『画図百鬼夜行』より。この本では名はぬうりひょんとある。駕籠でとつぜんやってくるうえに、なにか料理を食べていくのだから、さぞかし世話の焼ける客だったのだろう。ただし、大食いだったかどうかはわからない

まうのも、よい。
ちなみに、このへんのことは、「マレビト」あるいは来訪神の問題とつながっているので、くわしくはそれらの項目でもお話しする。

損して得を取るのが、おつきあいの鉄則

典型的なのが、沖縄の化けもの神たちだ。石垣島には、農業の神というか、糧や幸や富を運んでくるマユンガナシがいる。また、その近所の小浜島、西表島などにはアカマタ・クロマタがいる。顔を手ぬぐいで隠し、クバの葉の笠を被り、緑の葉や蔓で全身を覆った、見るからに畏怖を感じるニイルピトゥーだ。日が暮れると、異人たちは森から出現し、家々を訪問して五福（富貴・繁栄・長寿・健康・豊作）を授ける。かれらは無言で茶や酒を飲み、出された料理をもらって、夜明けにニライの国へ帰っていく。これだけだと、人間の側が一方的持ち出しの大赤字みたいに見えるが、じつ

山形県の「化けものまつり」より。じつは、いきなりやってきて歓待を受け、しかも丁重にお帰り願うという妖怪のスタイルは、その起源ともいうべき「マレビト」の行動そのものなのだ。定期的にやってくる来訪神は、たらふく料理をふるまわれるからだ（写真提供：天神祭実行委員会）

はその年が豊作になり、暮らしが豊かになる。もし、貧乏臭い格好なので泊めてやらないと、あとで異人に報復を受ける。これが、牛頭天皇（祇園）やスサノオの祟りの本質なのだ。

また、山形県鶴岡市では、毎年五月二五日に「化けものまつり」という有名な行事がおこなわれる。祭りの当日、町の衆が編笠をかぶり、手ぬぐいで顔を隠し、派手な長襦《ながじゅ》袢《ばん》を身につけ、手には酒と盃をもち、町中を練り歩く。この「化けもの」に出会った人は、振舞われる酒を飲み干さなければならない。しかも、無言で酒を注がれるから、気色が悪い。また、赤の他人の家や、電車やバスにも、ズカズカと入り込んできて、無言で酒を飲ませる。葬式の振る舞い酒や葬式饅頭のように、むやみに飲食させる。

それもそのはず、このお祭は一種の霊送り、追悼の祭りみたいなものだからだ。送られる霊は鶴岡天満宮の御祭神・菅原道真、つまり天神様だ。道真といえば怨霊である。政敵の藤原時平に陰謀の罪を着せられ大宰府に左遷と決まったとき、道真を慕う人々が、時平らにはばかって、顔を隠して会いに行き、惜別の酒を酌み交わしたことから生まれた祭りだそうな。ちなみに、道真は農業の守り神でもある。三年間化けものを演じてバレなかったら、

精霊あるいは来訪神の装束や仮面を精力的に収集する国立民族学博物館で、この写真のような異形の精霊を多数見ることができる。妖怪の起源か？

どんな願いも叶うという土産を得る。

見えないのでなく、見せないのかも……

これらの「お客様」妖怪は、みんな顔を隠して笠や蓑をつけている。つまり、姿を見せないようにしてくるのだ。なぜなら、異界からきた客は「異貌・異相」だからだ。岩場の海中に住む磯良という妖怪は、顔にフジツボやイガイがつき、全身に海藻が生えてしまったので、自分の醜さを恥じ、布で顔を隠すようになった。まるで映画『パイレーツ・オブ・カリビアン』の亡霊船長みたいなのだ。神も妖怪も、人間が見たらものすごいブスに見える。だから、姿を見せないようにする。

それでも、かれらは人間の信仰を糧にして生きているから、たまに人間へも「顔出し」しなければいけない。それで、わざわざ富や糧という土産をもち、顔を隠して忍んでくるとは、まことに健気ではないか。人間のほうも、せいぜい大盤振る舞いをしてやらねばなるまい。そして、その異貌を見ないように気を配ることも忘れるな。

化けものに変身する道具としての仮面や仮装は、こうして始まった。祭りの仮装や被りものは、誰が誰だかわからなくする道具だ。人間も無様に妖怪の真似をするので、化けものはそこに混じって自分の異貌を気にしなくてよくなる。こうして、妖怪はお客様として迎えられる。

めでたし、めでたし。妖怪は人間に迎えられたがっている。どーーか、かれらの顔が見えないふりをしながら、妖怪をもてなしてあげなさい。きっと、すごい土産を置いていってくれるはずだから。

妖怪共生講座

第七回

妖怪はゴミである

変な妖怪のグループ、それはゴミ

妖怪のなかで、かなり由来の古いと思える変なグループがいる。その名を九十九神《つくもがみ》という。山や海や空の精霊ではない。ましてや死者でもない。人間がこしらえた器物が、使い捨てられボロボロになったあげくに妖怪に変じたものだ。つまり、毎週決まった日に出してよいことになっている「燃えないゴミ」や「資源ごみ」、あるいは「粗大ゴミ」のこと、といってよい。

九十九と書いて「つくも」と訓《よ》ませる。九十九なので、百に一だけ足りない。それで、百という漢字から一を引いて「白」と洒落た。九十九歳のことを白寿というのも、同じ発想だ。白は白髪を意味し、途轍もなく長生きしたことをあらわす。それゆえに「白髪」を九十九髪と書き替え

昭和の家には、まだいろいろな小物が置いてあって、九十九神の候補になる古めかしい家具と一緒に暮らしていたものさ

(写真：米沢耕、取材協力：下町風俗資料館)

て「つくもがみ」と読ませた。器物が正しく使われ、長い間、機能を発揮できる環境にあると、その器物は少しずつ霊を宿し、百年を間近に控えた九十九年目に、化けて出たり人語を話したりできるようになる。また逆に、ぞんざいにあつかわれたり捨てられたりすると、怨んで妖怪になる、ともいわれた。こういう妖怪たちを「九十九髪《つくもがみ》」ならぬ「九十九神」と呼ぶのだ。

この九十九神を描いた図には、有名な真珠庵所蔵の「百鬼夜行絵巻」があって、たしかに出てくるわ、出てくるわ、鍋だの釜だの沓だの角盥《つのだらい》だの、ざっとかぞえて五〇体以上ものゴミ・ガラクタが妖怪になって都大路を練り歩いている。ゴミの処理ができなくなった東京あたりでいえば、明け方にカラスの大群に突かれて道に散乱する生ゴミやプラスティックゴミの悲惨な光景に、そっくりなのだ。おまけにこのゴミ妖怪たちは、最後になって、空中から突如降ってきた大きな火の玉に蹴散らされる。よく、いろんな解説本に、この火の玉は「太陽だ」と書いてあるが、夜明けの太陽は下から出てくるはずで、天から降ってなぞこない。じつは、この火の玉こそ、妖怪の正体がゴミであることを証明する小道具なのだ、といいたいのだが、その説明は最後にする。

ゴミ妖怪の由来をたずねると

この九十九神に関する文献で、よく挙げられるのが、東京国立博物館に所蔵されている「付喪神絵巻」だ。付喪神と書いて、やっぱり「つくもがみ」と訓《よ》ませる。昔、日本には「煤《すす》払い」という年末の行事があった。古い年の霊（歳神）を宿したものをぜんぶ捨てて道具を一新し、新年の歳神を迎えるための用意だ。一年間あるいは数年間使った器具類を、家の外に容赦なく捨てる。こうすることで、去年の道具に宿った古い歳神（九十九神）たちは家から一掃されたのだ。しかし、捨てられたうえに焼かれる歳神にすれば、冗談じゃない、ということになる。かれらは、陰と陽の勢いが反転する節分の夜に妖怪と化し、百鬼夜行を開始する。だからこの絵巻では九十九神を「付喪神」と書き、「捨てられたもの（喪）についた神霊」をあらわす。

この話の大きなポイントは、年末行事の煤払いが妖怪を生み出す点だ。だから、各家から出たゴミは一カ所に集められ、正月が明けた一四日の宵か、あるいは一五日の朝に、古物は火で焼いて浄化された。京都の宮中行事では「左義長《さぎちょう》」、東京あたりでは「どんど焼き」という。ゴミ妖怪は、この火を恐れたはずだ。

馬上ゲートボールと燃える大玉

では、もう少し、このどんど焼きの由来に迫ろう。どんど焼きという言い方自体もかなりミステリアスであって、もとは中国で爆竹を鳴らした正月行事だったところから、爆竹の音に由来するらしい。しかし一説に「どんど」は「とうと（尊し）」が変化したものという。焼きながら「とうと、とうと」と囃した習慣によるそうだが、やっぱり古い歳神を焼き捨てるうしろめたさに起因するのだろうか。

この風習の原型とされる宮中行事「さぎちょう」は、さらにミステリアスな名だ。本来は「三毬杖」と書き、中国から伝わった「打毬《だきゅう》」こと、馬に乗ってボールを打ち合う宮中遊技用の、長い杖状スティックが「毬杖《ぎちょう》」である。一年間遊んで壊したギチョウを三本集めて三脚のように立て、青竹を立てて色紙や書初めし

左側が、『百鬼夜行絵巻』の最後に出てくる謎の火球
（写真提供：大徳寺真珠庵）

た紙や扇などを飾り、陰陽師が踊りながらこれを焼いて、新年の吉凶を占ったらしい。のち、お祭りになって、青竹の上に杉玉の頭を飾り、妖しく派手な仮装行列の踊りで盛り上がったあと、これを燃やした。この段階で、すでに百鬼夜行の情景が浮かんでくる。織田信長も安土城で毎年これを行い、化けものみたいな格好で踊ったそうな。みんな九十九神になって百鬼夜行を楽しんだわけだ。だから、九十九神を倒す大玉は、左義長の燃える杉玉を連想せずにいられない。

アラマタはこのゴミ妖怪が好きだ。左義長にからんでいるのが、なおステキだ。なぜなら私は「ひだりぎっちょ」だからである。じつは、馬上ゲートボールこと「打毬」は芸能化されて「打毬楽」という舞楽になった。毬杖を左手に持って踊った舞人が出たので、それを「左ぎちょう」と呼んだのが始まりという。九十九神に妙な親近感があるのは、このせいにちがいない。

白容裔（しろうねり）。鳥山石燕『百器徒然袋』より。使い古された雑巾が龍のような姿でなびいている

箒神（ほうきがみ）。鳥山石燕『百器徒然袋』より。使い古された箒が今度は神と化す

妖怪共生講座
第八回

妖怪は友人である

泉鏡花と折口信夫のとある会話より

昔、幽霊についての権威だった池《いけ》田《だ》彌《や》三郎《さぶろう》という先生が『日本の幽霊』という名著を書かれた。この本は、戦後初めての「お化けを研究するための手引き書」だったような気がする。で、この本に出ていた「田中河内介」にまつわる実話（？）怪談は、今でも私がいちばん怖いと思っている怪談噺《ばなし》だけれど、それに関してはあとでくわしく語るとして、それより前に、この本に出ていたもう一つの話を紹介したい。それはこんなお話だった……。

池田彌三郎といえば、古代文学と精霊信仰の研究で名を知られた折口信夫の弟子であるが、この折口師匠が怪談作家・泉鏡花と怪談のことを話し込んだときの聞き書きを披露されたことがある。鏡花はもちろん、『高《こう》野《や》聖《ひじり》』という魅惑的なバケモノ文学を書いた作家だけれど、その怪談噺

たまには妖怪と銭湯に出かけて、背中の流しっこをしたいものだ。これが真の「混浴」といえるのだから
（写真：米沢耕、取材協力：下町風俗資料館）

の専門家が、晩年になって亡くなる直前に、折口先生と次のような話をなさったのだ。

泉鏡花がこんなことを告白した――、

「自分は長い間お化けを書いてきたが、『四谷怪談』のように怖くて陰惨な話は性にあわなかった。どうもお化けはそういうものじゃないのかもしれないと思い、恨みをもたぬお化け、怨霊でないお化けを書こうとしたんですが、結局それができませんでした」

折口先生はそれに対して、こう返事をした。

「そういえば、泉さんの書かれたものには、深い恨みをもったお化けは、案外に少ないのではないですか？」

すると鏡花が言下にそれを否定し、次のごとく返事した。

泉鏡花は好んで妖怪が出る小説を書いた。そして、どの話でも、妖怪は結婚したいという気にさせるほど、情がこまやかだった（出典：Wikipedia）

竹原春泉『絵本百物語』より。日本の幽霊のなかでもっとも醜く、性悪なのが「かさね」とされ、村中の人間の悪口を言い、悪事をばらした。が、それでも子孫はその後に幸せになったという……

「とんでもない！　少ないどころか、じつはろくなものが書けていません。たとえば江戸末期の国学者、平田篤胤の『稲生物怪録』などに出てくるお化け、稲生武太夫が武者修行の途中で出会うお化けは、武太夫に対して恨みをもって出てくるお化けではない。ただ、次々に出てくる。私はああいう話を書きたかったのです。まるで、近所づきあいでもするような」と言ったそうだ。

平田篤胤。江戸後期にあってもっとも深く神霊の問題を研究した。また、仙界へ行ったり前世をおぼえていたりする異能の人々を調査したことでも有名。亡くなった妻の死後を知りたくて、ついに最後にはこの世とあの世が陸つづきで往来可能なことを突き止めた

『稲生物怪録』に描かれたご近所づきあいのお化けたち

ここに出てきた『稲生物怪録』のことは、すでに「妖怪は弱い」の項目で書いたけれど、稲生武太夫（幼名は稲生平太郎）という少年が夏の一カ月間、毎夜さまざまな妖怪の来訪を受けたのに、実害がほとんどなかった。せいぜいが妖怪に顔をなめられたりしただけだ。最後にはとうとう最後に山ン本五郎左衛門という妖怪大将までが出てきて、「以後はすべてのお化けがあなたの言うことを守り、いつでもお助けに参ります」と援助まで約束してくれる。つまり、お化けは善き隣人であり、非常にフレンドリーなお仲間であったといえる。のちにこの話は絵巻や絵入り冊子に描かれ、子どもへの寝物語のような絵本的役割も果たしたようだ。

ともあれ、折口先生は泉鏡花の意外な告白を聞き、なんにもしないお化け、人を恋しがるお化けという「友好的なバケモノ」に大きな関心をもったそうだ。一生、お化けばかり書いた人が最後にそう結論づけたのだから、これは傾聴に値する説だと思う。最近読まれている怖い怪談や因縁話は、あれは仏教などが因果応報を説明する材料として地獄などをからめてつくりあげた話の延長であって、由来の古いものではなさそうだ、と池田彌三郎も書いていた。本来の日本のお化けは怨霊ものでなく、もっと日常的で人情味のある「ご近所のお化け」だったらしいのだ。怖くもなんともなく、ただそこにいるだけ、という江戸期の妖怪は、その実例だろう。

そうだとすれば、怪談噺は伝統的なお化けとのおつきあいの仕方を記録した資料というふうに読めるはず。人とお化けとが対等につきあい、愛しあった時代さえある。なにしろ、『牡丹燈籠』にでてくるお露さんは、愛を囁きかけてくる「やさしい恋人」オバケだったのだから。

篤胤は『稲生物怪録』の主人公稲生武太夫にも関心をもち、世にでまわった資料、また講談にまでおよぶ物語の突合せを行い、さらに死後にいたるも現地三次へ調査人を派遣し、妖怪大将からもらった木槌があることを明らかにした

最怖！　実話怪談「田中河内介の最期」

それでも人々を驚かせ、怖がらせる妖怪は、存在するかもしれない。その実例が、冒頭に出ている池田彌三郎が書いた「田中河内介」の話だ。参考までにお話ししよう。

徳川夢声という元「活弁」の演者だった有名な文化人が、趣味で開いた「百物語」（みんなで夜中に一人ずつ怪談噺を語りあう催し）の席で、飛び入り参加してきた人がいた。どうしても田中河内介という人物にまつわる秘話を聞いてもらいたい、と懇願するので、急だが、話をしてもらうことにした。「河内介の話をするとよくないことが起こるというので、誰も話さないが、私は河内介の最期について真相を知る最後の一人になってしまったから、ぜひにも話しておきたいのだ」と前置きされた話というのは、幕末に起きた悲劇的な事件だった。尊王攘夷の志があつかった田中河内介（明治天皇の養育係を務めた学者）が、皇女和宮《かずのみや》の徳川家への嫁入りに反対し、京の所司代《しょしだい》などを襲撃する計画を立て、偽の錦の御旗を使って行動をおこそうとした。そのとき、島津久光が軽挙妄動を阻止すべく藩士を寺田屋に遣った。田中父子ら首謀者は捕縛され、船で薩摩に護送の途中、洋上で殺害のうえ遺体は海に捨てられた。

この事件は、河内介が明治天皇の信頼があつかったこともあり、ずっと口外無用の処置がとられていたらしく、たしかに語ることはタブーであった背景があったらしい。

たぶん、怪談会に飛び入り参加した人は、そのタブーをやぶろうとしたのだが、「さて、その真相は……」という段になると急に話が支離滅裂になり、何度話しても肝心の真相までたどり着かなかった。そこで出席者がいったん休憩をいれていると、飛び入りの人物がその場で急死してしまったのだ。話の真相はついに語られることがなかった、そうだ。

こういう怪談がおそろしいのは、それにかかわった人間の運命や悲劇や怨念に恐怖するからで、バケモノというよりは「人情」がそうさせるものだ。江戸時代末ごろまでには、かつて畏怖の対象だった神や精霊の話が、因果応報思想に裏打ちされた人間社会の「人情」の話に転嫁していたことのあらわれだ。

そこで、明治初期のころから怪談噺も変化し、この田中河内介の話のように、内容は全然語られないのに、話の仕立て方や精神への効果が重視されるようになった。明治期の怪談噺の名人といわれる三遊亭圓朝も、恐い話の本質は神罰や超自然の力ではなく、神経に作用する「話し方」にあるという企業秘密を明らかにした。圓朝の十八番怪談噺も、『真景累《かさね》ヶ淵』も、「真景」とある題名は因果応報の真相を意味するのでなく、ただ「神経に働きかける」ことを主眼とする「神経の話」を意味するシャレだった。

折口信夫や泉鏡花、あるいは柳田國男が、そんな明治の思潮のなかで妖怪談に関心をもったのは、そういうストーリーテリングを脱したあとに残される「神や精霊への根源的な心情」を探りたかったからだ。その成果の一つが「怖くない怪談」への関心であり、妖怪とフレンドリーな暮らしが成立していた時代の精神構造を解明する研究だった。

妖怪共生講座

第九回

孔子も妖怪をちゃんと語った

中国における怪異小説ブームの背景

女性にとって恋愛は、現代でも関心事のトップに数えることができる。だが、これを「悪」だと決めつけた古い社会は、その認識をどのように正当化したのだろうか。少しだけだが、中国の思想背景にも目を向けたい。

中国に芽吹いた漢民族によるライフスタイル、とくに儒教は、東洋が生んだ偉大な経世の学であり、とくに「礼」を重んじたことが秩序ある社会を生み出したといえる。とくに明の時代には中国だけでなく日本までもが、「理」すなわち「ことわり」を柱に据えパワーアップした儒教ともいうべき、システマティックな学問「朱

妖怪小説（志怪小説）は、大昔の中国でもブームだった（写真：米沢耕、取材協力：下町風俗資料館 ※このカフェを再現した展示は、現在撤去されています）

子学」がもてはやされた。この朱子学が、科挙での合格を左右する模範解答を用意した。現代に置き換えると、合理の思想を重んじた形になる。合理はルール化ともいえるから、ルールから外れた考え方は「異端」となり、この力によって中国思想は最高に強化された。日本では徳川幕府も朱子学を公的な学問とみなし、この研究を奨励したので秩序が固まり、徳川三百年の基盤がゆるぎないものになったのだが、男にとっては大きなストレスの源でもあった。

物事には光の部分があるかわり、かならず闇の部分も存在する。中国の社会システムにあって後世から見て問題となりそうな不都合な部分といえば、極端なエリート中心主義が世の中に蔓延したことだ。強力な朱子学で固められた思想は、徐々に固定化され、束縛にさえなる。また、それを科挙試験のような制度が下支えする。権威主義が横行し、異端は闇へと追い込まれる。

その明時代に、世界交易により経済力を備え、柔軟な発想と個人の倫理を重んじる「自由な秩序」が求められ始めた。結果、合理ではなく「心」こそが物事の善悪や価値を決めるという「情の儒教」とも呼ぶべき考え方が流行する。日本でも「陽明学」としてひろまり、その実践的な教えが「心学」という名で庶民にひろがった。小説家、陽明学者である馮夢龍《ふうむりゅう》の活動もこの流れから発生するのだ。たとえば、「情」を大切にし、女性を尊び、奇なる物事を愛でる態度。これが明の時代精神を大きく変貌させた。

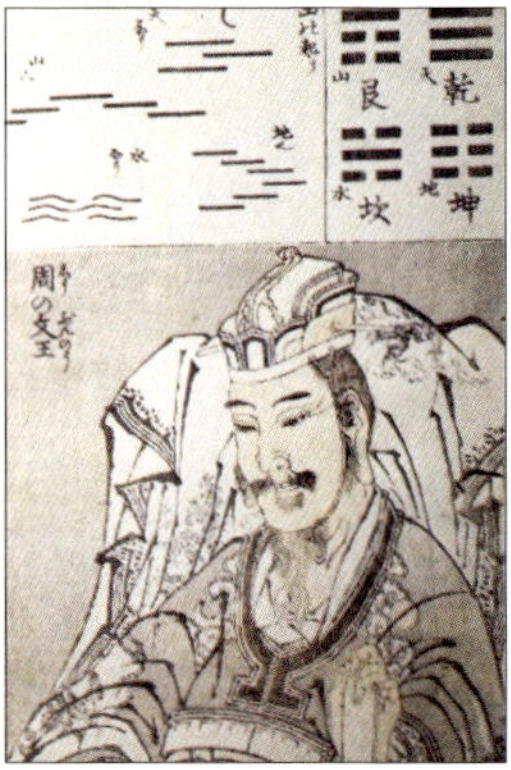

易は帝王の必須教養だった。中国文明の基礎を築いた周の文王は、易を学び、「周易」というシステム完成させ、孔子は周を理想の王朝と賛美した

この型破りな思想が、儒教によって固定化された社会を揺るがした。その担い手は経済人と遊民的な生活を楽しむ文人たちだった。中国では基本的には朱子学など、儒教をベースに置いた学問が尊重され、自由な個人的発想を生かせる場がなかった。しかし、経済と文芸は例外だった。ここだけには「創造」と「想像」が存在した。世の中の仕組みについて独自の理論をもつフリーシンカーやベンチャー商人たちは、どんなに頭が良くても試験に合格できない制度に疑問をぶつける。そうした「頭がいいのに連戦連敗」だった人たちは、やがて疑問を力に変えた――これはどこかおかしいんじゃないか、人間よりも秩序を尊重する発展性のない社会ではないのか、と。そうなると、教養層もダメ組とエリート組が分かれ、さらにエリート組の中からも自分自身を批判する人たちが出てくる。

そういう頭が良すぎて評価されない人たちの発言を促す受け皿の一つが、怪異を好む「志怪」や「伝奇」の世界だった。科挙に失敗して現世に絶望した人々が関心をもつようになったのは、昼間の世界に対抗する霊の世界。この世で出世試験に受からないのであれば、いっそのこと仙人になって自由に暮らし、長寿を全うしようか。あるいは妖怪とつきあったほうが幸せになれるのではないか、と考える人たちがあらわれる。なぜなら中国にはまだ古代中国人が有していた古い神や妖怪への関心が残存していたからだ。元来、中国にひろまった神仙思想とは、そうした関心を思想化し技術化したものなのだ。神仙たちは不老不死の肉体を有し、世俗の垢にまみれることを嫌って山中に自由な暮らしを求めた。ならば、自分たちも同じことができるはずだ。

孔子も「易」を研究し、朱子も「鬼」に熱中した

そもそも、儒教の開祖であった孔子は、怪力乱神については、怪しい神々や荒っぽい化けもののことをことさらに語らなかったけれども、まるで無関心だったわけではない。孔子すらもじつは易学のような神秘的な学問に熱中していた。中国では孔子の時代にすでに、「鬼」あるいは「鬼神」と呼ぶ死者と化けものを総合したお化けの体系が築かれていた。これにさまざまな造形も加えられ、いわばお化けだらけの世界になっていったといえる。したがって孔子はそうした俗説に与せず、むしろ易のような宇宙モデルによって、眼に見えないが実在するらしい異空間の存在を説明しようと考えていたふしがある。

実際、孔子の一族というのは、元来お葬式の管理や葬礼に関係した一族だったといわれる。霊とか魂とかの問題の専門家筋でもあったのだ。孔子が唱えた「古えの神君、名君への敬慕」は、「礼」をもって祖先霊を祭る儀式に源を発した可能性が高い。葬儀というのは基本的には霊の世界を鎮めることだから、孔子一族には霊とのつきあいやルール、考え方というものが家業と結びついていたことにもなる。

日本でも銅鐸《どうたく》などがたくさんつくられたが、あの銅鐸は霊を鎮める葬礼の楽器であった可能性もあり、もとは孔子一族やら菅原道真の先祖一族のような葬礼と墳墓づくりを担った「神霊知識」の専門グループなどが生み出した霊的産業技術の一例とも考えられる。

孔子の話に関連して重要なのは、今でも日本人がしばしば使う『史記』に出てくる有名な成句だ。それは「韋編三絶《いへんさんぜつ》」という言葉だ。何度も本を読んだために、本を結んでいる皮ひもが三回も切れてしまっ

孔子の肖像

た。それくらい一生懸命勉強することの譬《たと》えである。問題は、誰がどういう本を愛読して、三回も綴じひもを切ったか、ということだが、出典となった『史記』にくわしく書いてある。本（当時は竹簡を綴じた体裁の本）を綴じた皮ひもを三回切った本人は、じつは孔子であった。それも晩年の話だ。そして、彼が熱心に研究した本は「易経《えききょう》」だった。

孔子は、韋編三絶のエピソードにからんで、「あともうちょっと寿命をくれたらこの『易経』のシステムを解明して、みんなに残すことができたのになあ」、と悔しがったという話を残している。このエピソードからも推測できるのは、彼が魂や宇宙の問題にも大きな関心を有し、実際に葬儀の礼に関係したと同時に、世界の運行を占い知る易をも研究していた、ファウスト博士のような立ち位置なのだ。

一方、異民族のもとに支配されたあとふたたび漢民族の文化が再興されたとき、宋や明といったその担い手たちは、怪力・乱神の話をしたがらなかった儒教を改革に導いた。その代表が朱子だ。元の時代以降、中国には仏教が浸透し、また道教にも関心が向かった文化状況の中で、儒教だけがお化けに知らんふりをすることができなかった。しかし、儒教は体制の学問であるから、お化けと一緒に浮かれ騒ぐわけにはいかない。朱子は理論体系として未整理だった儒教の思想を「理」の立場から抜本的に改革し、そのシステムの中心に「気」という目に見えないエネルギー物質（あるいは空間）を置いた。つまり、眼に見えなくてもこの世と同じ物質でできた異世界を考えついたのだ。

朱子は儒学者として、先人たちがいちばん弱かった「鬼神」の問題を真面目に解き明かそうとした。当時、多くの人から朱子は質問を受けている。「お化けっているんですか？　鬼神ていうのはどんなものなんですか？」と。

こういう質問に対し、朱子は自信をもって答えている。「もちろんおりますよ、なにを言ってるのかね、あんたは。鬼神もお化けも仙人だって、ほんとにいるでしょうよ。ただ、こういう連中が住んでいる世界は、見えないのです。そもそもわれら中国人が信じている万物の源、すなわち「気」自体が見えないわけでしょう。陰陽の二気がいろいろと化合しあって、この世の神羅万象をつくりあげ、われらはそうした創造物を通して気を見るんです。眼に見える世界はいわば、いろんな見えないものが混じりあって色や形を成した〈ごった煮料理〉ですよ。純粋じゃない。

しかしね、ごった煮にならず、純粋な気の状態でできあがった世界もある。見えないけれど、ちゃんと研究できるし、この世ともかかわりあっている。なぜなら、この見えない世界も、理すなわち知的なシステムにしたがって、できているからですよ。鬼だってちゃんといる。でも、民間のお化け小説なんかに出てくるような化けものやら幽霊やらは、あれはウソですよ。というよりも、見えないものを無理やり見えるように小説や絵を利用しただけのことです」と。

これで朱子学は、仏教や道教のお化けいっぱいの世界観と対決できるようになった。化けものですら、理という合理システム内の研究対象となった。まるで、最先端脳科学とオカルト科学の対決だ。いずれにしても、理と情、双方の陣営でもお化けについて解明の手立てを提示する必要が出たといえる。そのなかで、私たちのようなお化け好きは、どちらの陣営につくにしても、古今東西、中央から辺境まで、お化けの事例をコレクションすることに情熱を傾けた。

妖怪共生講座

第十回

妖怪はノーベル賞である

むつかしいけど、最後まで読んでね

今回のテーマは非常にむつかしい。妖怪という存在は、ノーベル賞に値する価値がある、という、かなり突拍子もない話だからだ。

たとえば、本物の妖怪を捕まえられたら、捕まえた人にはノーベル賞が与えられてもいいのだが、あいにく、妖怪は絶対に捕まらない。すくなくとも、私やあなたが本や映画で見るようなお化けや妖怪は、誰かの想像の産物なので、手で捕まえられるような実体をもっていないのだ。

じゃあ、どうしたら、妖怪でノーベル賞を取れるのか。それは、たった一つの疑問を解決する仕事にある。妖怪は、いくら探しても現世に存在しないものなのに、なぜ存在を感じたり、存在するかのように思えるのか、という不思議を解くことだ。存在しなくても存在感がある。こういう種類の存在物を、仮に「影物質」と呼ぼう。影は現象としては存在するが、物体ではない。影は、光と物体によるつくりものである。この光の代わりに、人間の心と物体をかかわらせると、実体はないけれどもちゃんとリアリティーをもつ妖怪がつくりだされる。

心がまちがえるから、妖怪も生まれる！

まず、妖怪をつくりだす心の働きのうち、古典的なパターンというものがある。「見まちがい」と「思い込み」だ。井上円《いのうええん》了《りょう》先生が「誤怪」と呼び、三遊亭圓朝が「神経のせい」と教えたように、勘違いの産物とする。そう、妖怪とは「まちがえることで存在する」という、大変にめずらしいものといえる。つまり、まちがえないと捕まらない。この「まちがえる」という行為のおかげで、妖怪が生み出され、怖さやおもしろさが実感される。思いちがいをした人だけが、妖怪を感じる権利をもつ。

では、見まちがいや思い込みとはなんだろうか？　自分で自分をだますことである。「だます」という行為は、非常に高等な知能を必要とする。信じ込ませなければいけないからだ。

これには、二通りのタイプがある。まず、いちばん自主性の低い「だまされる」という段階。偶然にできる自然現象、たとえばお化けみたいな形の樹、カッパそのままの大

井上円了は近代日本に「哲学」を導入した。晩年は講演旅行に尽力したが、妖怪の話をすることは人々の関心を引くことに効果があったという（出典：Wikipedia）

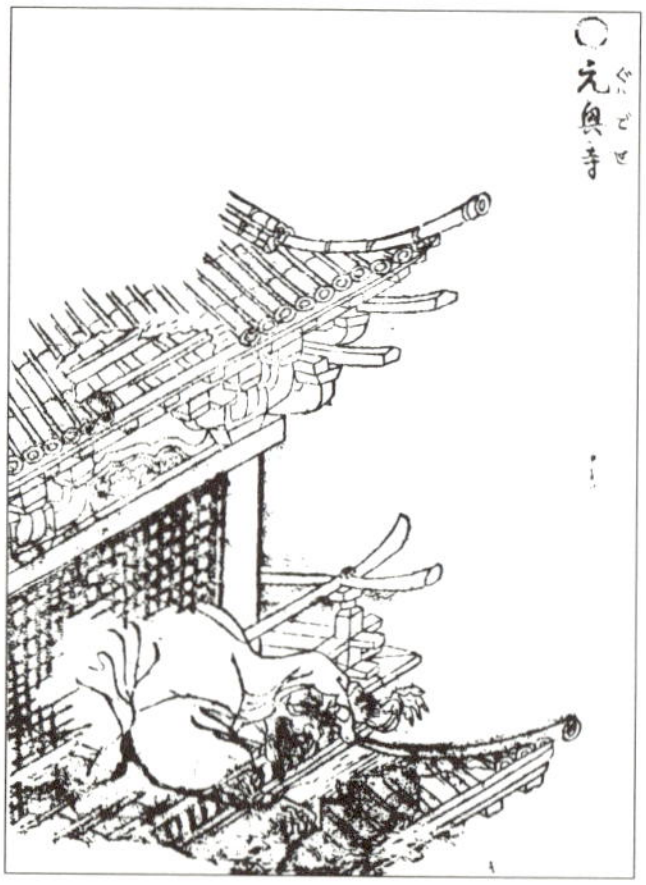

「ガゴゼ（元興寺、という古い寺の意）」は、お化けだぞー、という代わりに、「ガゴゼ」と叫んで子どもをしつけた決め言葉。ここに鬼が住んでいたからだが、「ゴジラ」のようにガ行が「恐い音」だったせいもある（出典：鳥山石燕『画図百鬼夜行』）

きなスッポン、などを見まちがえる。第二に、もっと上の段階が、「まぼろし」をつくりだすこと。意識的にだまして、信じ込ませるためには、心が「お化け」と認識できる具体物を人工的につくりだす必要がある。人間がこしらえたへんなモノは、芝居、祭り、扮装、被りもの、映画、絵、アニメ、フィギュア、曲芸、手品など、ぜんぶが「まぼろし」と称される。これが、つねづね水木大先生のいわれる「無理やり妖怪を見る」ということなのである。

しかし、それだけでは、お化けの「お化けらしさ」、ぞっとする感触は、まだ生まれない。そういう具体物（つまりモノ）に、お化けらしいリアリティーを与える「妖しい気配」、あるいは本物のお化けの匂いがついてないといけない。この「気配」こそが、冒頭に書いた「影物質」なのだ。子どもが初めてヘビやウニを見たときに、妖女メデューサの顔を見たかのように凍りつく。あるいは、柳田國男先生がかつて指摘したように、「ガゴゼ！」とか「モモンガ！」という音を出すだけで、子どもはお化けが出た、と泣き叫ぶ。ただの動物や、ただの音が、なぜそうした妖怪性を実感させるのか。そこになにか本物のお化けの影があるからだ。

ギュスターヴ・ドレ「神曲」より。光は闇を照らし、怪しいものを映し出す

「影理論」のキモをお話ししよう

ありがたいことに、影は、日本で大昔から二つの意味をもっていた。一つは、光が物

体に当たって生まれる「シャドー」。もう一つは、私たちについて力を振るう霊。物事がうまくいったときに「おかげさまで」と守護霊に感謝したり、影膳《かげぜん》を据えて「そこにいない人（魂）」にゴハンをだす風習は、その実例だ。影は霊体そのものではないが、霊体の威力や情報をこの世にコピーし、出力してくれる。

西洋にも、影の威力を知る象徴的な伝承がある。絵は、影が教えてくれた発明なのだ。古代ギリシアで、恋人と別れなければならなくなった娘が、別れたあとも恋人に会える方法を発明した。娘は、恋人のシルエットを壁に投影させ、影の輪郭にそって線を引き、恋人に生き写しの影絵をこしらえた。恋人本人のコピーだからこそ、その影絵は娘に、「カレがきてくれた！」という奇跡的なリアリティーを与えてくれたのだった。つまり、私たちは、「本物のお化けの影」を引っぱる「つくりもの」に触れた瞬間、「お化けらしさ」を実感するわけだ。この能力を、「妖怪感度」と呼びたい。で、妖怪感度が極まれば、人間に想像力と創造力の両方を教えたこの「影」の正体が、解明できるかもしれない。

ヨゼフ・ブノワ・スヴェー「絵画の発見」より。プリニウスらが伝えた影と怪が発生の関係を示す図。プラトンも影と知の発生の関係を論じた

妖怪は受験失敗者の味方である

中国でもっとも有名な怪談は、なんといっても、『牡丹燈籠《ぼたんどうろう》』（原題は「牡丹燈記」）という恋愛幽霊譚の傑作をおさめた短編集『剪燈新話《せんとうしんわ》』ではないだろうか。

この『剪燈新話』を描いたのは、一五世紀明時代の人、瞿佑《くゆう》だった。頭が良い学問好きだったが、立身出世のためにクリアーしなければならない公務員試験「科挙《かきょ》」になかなか合格できず、安月給の教師や小役人の一生を送った。現世がひどく冷酷に感じられたが、幽霊や妖怪が出てくる不思議な話を愛し、とうとう怪談作家になった。ところが、中国の「表の学問」にはげんで科挙にも合格したエリート教養層は、お化け話などという裏の学問、ましてや死者と生者が恋愛するとかいったばかばかしい話を世に流すとはふとどきであると考え、瞿佑の著作の販売を禁じた。

科挙不合格者が満たされぬ心のガス抜きのために書いた怪談なぞ、現実の社会に毒を仕込む有害物に等し

鍾馗様の屋根飾りは京都に行くと今でも見られる。邪気を払う力があるが、じつは鍾馗様は受験失敗者で、自殺までした人だった

い、と見えたのだ。

恋愛怪談が弾圧され、ご禁制にすらなったこと自体は、今でいえばポルノグラフィーみたいな風俗違反の悪書が禁止されることと似ている。でも、科挙不合格者の折れた心を癒せる恋愛怪談には、どこかに「社会から落伍した人」を救う力があったのだろう。孔子が怪力乱神を語らずといって言明を控えたような死後の魂の問題を、恋物語に涙し感動するのと同じ感覚で物語化し、「情」を通じて読者に訴えかけたことは、とても斬新だった。以後、中国の文学界には「伝奇」小説というお化けの文学の系譜が生まれた。

怪奇の世界に新風を巻き起こした『剪燈新話』が出たあと、永楽年間（一五世紀前半）に、四川省の長官をつとめる胡子昂という人が『剪燈新話』の改訂版を出版し、また李禎という高官の愛読者が、続編を著した。さらに清の時代に入って、中国で最高最大のバケモノ小説集とされる『聊斎志異《りょうさいしい》』を著した、蒲松齢《ほしょうれい》という人が出る。映画で『チャイニーズ・ゴースト・ストーリー』という作品があったが、あれはこの本の映画化だ。彼は幼いときから秀才で、科挙制度を引き継いだ清朝の下で高級官僚になることを目指したけれど、失敗だった。

有名な中国伝来の怪談「牡丹燈籠」。その作者は出世できなかった学者だったが、最後にたどりついた幸福は「亡霊の美女との恋愛」だった

でも、彼は連戦連敗の受験生生活の中に、ある趣味を見出した。それが傑作『聊斎志異』を描くことだった。

そういえば、日本でも子どもの守り神として大事にされている鍾馗《しょうき》様という、中国の武勲者がいる。じつは鍾馗様もまた、科挙に挑戦して失敗した不合格者だった。鍾馗様は嘆き悲しんで自殺した。すると、唐の有名な皇帝である玄宗が、その墓を見つけてねんごろに葬ってやった。鍾馗様はこれで魂が救われた。しかし、あるとき、玄宗がひどい熱病にかかり、生死の境を行き来する重体になってしまった。このとき、悪魔みたいにおそろしい一人のバケモノが現われ、病魔をことごとく退治してくれたという。鍾馗様は、たましいを弔ってくれた皇帝へのお返しのつもりだった。玄宗は、助けてくれた魔物が鍾馗と知ると、彼の姿をかたどった神像をつくって祀ったという。

日本の子どもは、五月五日に五月人形を飾るが、この中にいる大男が鍾馗様だ。子どもの守り神は、じつは科挙に失敗した人だったのだ。

お化けが好きな人の心は、お化けが救ってくれる。たとえ、この世があなたに味方してくれなくても……。

京都では魔除け札になっている角大師。この人も天台宗の高僧で、鍾馗様によく似た由来がある

妖怪写真——②絡新婦《じょろうぐも》

蜘蛛はその外見から、不気味な生物のように思われがちである。しかし、そんな蜘蛛が化けると、たちまち美しい女性の姿に変化するという。蜘蛛のなかでもとりわけ大型で、強い糸を張るジョロウグモは、その網にかかった昆虫を捕食している姿がショッキングに映ることもあるが、放射線状にひろがるジョロウグモの巣は、幾何学的で大変美しく見える。黄金色の巣の中心で獲物をじっと待つジョロウグモは、まさしく優雅な捕食者といえよう。

モデル：高橋藍、写真：野口さとこ、CG：福山智久
初出：『日本妖怪大百科』Vol.8（講談社、2008年）より

第二部

妖怪分類コレクション

―マレビト、人怪、自然、中国、日本―

イントロダクション
～妖怪の全体像はどのようになっているか～

本書第二部はいよいよ、妖怪たちをくわしくご紹介するパートに入る。題して「妖怪分類コレクション」としたい。

妖怪には、いろいろな分類の仕方があるが、本書では「発生系統」の発想と方法を採用したい。ダーウィンの進化論に使われた系統樹の考え方に近いかもしれない。といっても、むずかしい話をしたいわけではない。肝心なことは、最初なんだかよくわからいが私たちの命をコントロールする力、あるいはこの本で仮に「名がわからない、おそろしい方々」と呼ぶ。

存在が、どのように理解され、名前や性質が記述されていったか、その歴史を追うことである。

この方法は、早い時代に生まれた妖怪を最初の幹とみなし、そこから次々に枝分かれしていった新しい発想やアイデアを辿りながら、順々に時代を下って、現在のいちばん新しい系統樹にたどりつく。

そうやって整理すると、妖怪の進化の流れがはっきりしてくるのではないかと考える。

その大まかな系統樹を初めに紹介しておきたい。むろん、各分類グループは、いわば代表的なものを挙げるだけにとどまるけれど、妖怪を眺める指針としてはいくらか役に立つのではないかと期待する。

左に、その内容を一覧にした。詳細については各妖怪の項目を見ていただきたい。各論のほうには図を入れたが、図の使用にはさまざまな制約があるため、載せて問題がないと思えるものだけにとどめた。しかし、どうしても必要と認めた図については、妖怪をこよなく愛すイラストレーターの斎藤猛氏と東雲騎人氏にお願いしてオリジナルな絵を描いていただいた。その労苦に感謝したい。

「妖怪分類コレクション」一覧表

グループA
原始の妖怪

人間が理解不能な力を発揮する、なんとも名づけようのない相手。ずっと後世になってから、それぞれの地域で崇拝の対象にするが、固有名詞ではくくれない。素朴に「あの名づけようもない、怖い、あのお方」というほかにない相手たち

グループB
自然の妖怪

自分たちが暮らす海や山で良いことと悪いことをなし、
破壊もするが創造もする圧倒的な存在

1 マレビト （神と妖怪に分化する以前の呼び名、常世の方々）	2 人怪 （人間と比較可能になり、固有名詞を獲得した方々）	3 自然怪 （自然現象のうち理解不能な力を人間におよぼす方々）

例：ナマハゲ スネカ 方相氏 など	例：鬼女 紅葉 飛頭蛮 魍魎 など	例：孕のジャン ブロッケンの妖怪 頽馬 など
➡P.72〜	➡P.90〜	➡P.118〜

ション」一覧表

グループC
人間界に編入された妖怪

人間が自分たちの制度にある名前と地位を与えた存在
（戸籍ができ、住民票をもらった方々）

4　個別妖怪

中国の妖怪
（日本の妖怪となった
異国の方々）

例：麒麟、白澤
狛犬 など

➡P.135～

日本の妖怪

例：天狗、猫又
玉藻前 など

➡P.145～

その他の地域の妖怪

5　器物の妖怪

例：矛担ぎ、笙の鬼、釜神 など

➡P.176～

グループD　博物学の妖怪

知的な研究対象になった、捕獲可能を前提とする妖怪。医学的にも究明が試みられた方々

6　本草学

すなわち妖怪になった方々

例：ツチノコ、お菊虫 など　➡P.188～

7　心理学の妖怪

例：桜姫の分身　➡P.201～

グループE　【付録】

本文の項目別記述を補足し、別の切り口から妖怪全体、
あるいは別種の括り方で妖怪の世界を説明した方々

8　「妖怪共生講座」

（本文では最初に配置した）

➡P.12～

9　「妖怪史雑録」

（本文では末尾に配置した）

➡P.208～

グループF　現代の妖怪

例：グレムリン　➡P.204～

マレビトたち
～たまにきて、こわがらせて、お土産を残して去る方々～

　ここでは、目に見えない恐ろしい力に対して、人間が最初にイメージ化した名前と造形について、見ていくことにする。

　仮に「マレビト」という名前をつけたけれど、このような考え方を広めた学者、折口信夫先生に敬意を表したいからという理由しかない。一般的には「精霊」とか「地霊」とか、あるいは最近では「仮面の神」「来訪神」などともいう。

　このような方々は、本来姿が見えないことを大きな特徴としていた。超自然的な存在だからであり、ただただ畏れるほか反応のしようがなかったのだが、人間が目に見え、理解できる方法として、名前と姿を決めることにした。そのなかでも、人間の世界で地位を占め、敬われ、大事にされるマレビトたちは、「おやしろ」という住まいを与えられ、身分制度の中のトップに位置する「位《くらい》」と「神名」を贈ることにした。たとえば、大宝《たいほう》律令《りつりょう》という社会制度が日本で創始されたとき、マレビトたちもそれぞれの神名と位と地位を手にした。その筆頭が、神名アマテラスオオミカミ、お住まいは伊勢のお宮にいらっしゃる神だ。この神をトップとする神様たちの階層ピラミッドがつくられた。

　しかし、人間に太刀打ちできないパワーをもつ「物《もの》」や「事《こと》」は、無限にある。人間界のまわり、とりわけ塵芥《じんかい》の中心になる都《みやこ》から遠く離れた各地方には、あいかわらず無名のパワーが猛威を振るっていた。

　そのなかには、なんとか地元民が独自に折りあいをつけた古いマレビトも、なお残っていたらしい。日本だけでなく、世界各地には、そうした原始の「おそろしいもの」に対する信仰が、今日までかすかに伝わっている。つまり、由来がよくわからないほど古くからおこなわれてきた祭りには、最初の「おそろしいもの」のイメージが伝わっている、と考えられたのだ。これが一九世紀以後、考古学や民俗学となって好奇心の対象になった。マレビトという発想も、そういうなかで誕生している。

　では、人間は最初にどんな名と姿を、こうした原始的な「おそろしい方々」に与えたのだろうか。さすがに「名前」は記録として残す筆記法（記号や言葉）がないと不可能だけれども、姿なら残す方法があった。絵に描くことだ。どうも最初のイメージは、強力な力がある巨大な猛獣や、めったにあらわれない大型獣、あるいは神聖な大樹であったらしい。とくに命を再生できる生きものからもっとも強力な方々が選ばれた。とりわけ死んでも復活できるという最大級の能力と結びついている。

二万年前から残されてきた壁画に、そのような「マレビト」の姿も描かれているが、とくに目につくのが、仮面や毛皮を身につけて扮装している人間だ。これを言い表す名前でいちばん古そうなものが「マレビト」だけれども、要するに「あのお方」としか言いようのないパワフルな存在だ。マレビトの形を決めたとで、人間はマレビトに「化ける」ことができるようになったのだ。おそらく、ここから「化ける」という行為の不思議なパワーが生み出されたにちがいない。

このパートでは、今も残る古いマレビトの名前と姿を探求してみよう。

『山海経』は、今では妖怪の書とされるが、じつは中国周辺の自然、塵、民俗を調査した博物調査記録でもあった。妖怪じみた「方々」は異界のマレビトだったと思われる

異界の「神」とマレビト（西洋の古い金属彫刻より）。頭に角を生やし、リングとヘビの力を所有する霊的な存在の基本イメージだった

マレビト
Marebito

仮面、被りもの
～見えないから感じる、見えるから付き合える方々～

仮面は、顔につけて本来の自分の顔を隠すためにつくられた面のこと。しかし、頭からすっぽり被る頭巾や被りものも、ここに含められる。

隠すということは、この世であらわにしている自分の正体を見えなくさせることであり、いわば、これだけで「見えない、パワフルな何者か」に変化できることを意味する。

ナマハゲは、古い「マレビト」の姿を残す。髪の毛や笠、蓑で姿を隠し、言葉を発せず、恐怖を与え、それに打ち勝てば「土産」を置いていった。「泣く子がいねがー」と叫ぶのは、ずっと後の話だったと思われる

自分の姿を隠す、見えなくする、というのは、人間がもともと生き延びるための手段として選んだものだった。驚くなかれ、人間は最初、闇にまぎれて暮らす夜行性の獣だった。いや、人間だけでなく哺乳類全体が「闇の住む方々」だった。そうして姿を隠していた。

なぜなら、昼間の陸上には恐竜をはじめとする強くて獰猛《どうもう》な動物が闊歩《かっぽ》していたからだ。弱い哺乳類は、昼間は穴を掘って隠れていた。嘘だと思う人もいるだろうから、証拠を見せよう。哺乳類は、猫や犬でよくわかるように、赤や緑といった色を識別できない。いわば白黒映画のような世界に生きている。なぜなら、夜行性で穴倉に暮らす哺乳類に、色覚は

いらないからだ。

じゃあ、どうして人間に色が見えるのか。じつは哺乳類の中で人間と、それに近い高等なサル（ゴリラやチンパンジーなど）だけが色覚をもっている。恐竜などの怖い存在が絶滅し、哺乳類の天下がやってきたので、哺乳類はやっと穴から出て、昼間の太陽の下で暮らせるようになった。そうなると、色が見えないと困ることが起きる。樹上に暮らして果物を食べるサルの祖先は、赤く熟した実や、まだ若くてやわらかい緑の葉を見つけなければいけない。でも、明暗しかわからない目では、赤と緑は区別すらつかない。

つまり、赤緑色弱の状態なのだった。そこへ偶然にＤＮＡに変異が生じ、赤と緑を識別できる二色型の視細胞を得た。でも、最初はメスだけに色が見えたらしい。今でも、赤緑の色弱はほとんどが男性にしか出ないという現象は、このような進化に関係しているのだ。

そんなわけで、人間は色が見えて世界を目で認識する動物になった。が、昔、闇に暮らした時代に活用した匂いや気配や音といった「視覚以外の感覚」を使わなくなったため、目に見えないものを感じ取る能力を失ってしまった。

こうなると、すべてのものに、目に見える形を割りつけなくてはならない。どうするか？　今までは隠すために使ってきた被りものや仮面を、今度は「化けて出る」ことに利用することだ。これなら、色も武器になる。そして、「化けて出る」のだから、なにも自分の本性をさらす必要はない。もっと別の存在、もっと恐ろしい存在に化けて、うわべだけパワフルになることもできる。この術こそが、芸術の起源でもある。仮面および被りものは、化けるための手段だったが、描くこと、おどること、演じること、歌うことという「化ける魔術」に進化した。人間はこうして、眼に見えないパワフルな力に化ける方法を見いだした。

ここから、神や妖怪は具体性をもって人間の文化にかかわれるようになるのだ。

穴居人が描いた壁画によれば、一万年以上前、日本で縄文時代が始まったころから、人間は力の強い動物や樹木に化け始めた。仮面をつけ、毛皮や葉、草に体を包むと、本人が「見えない方々」にすり替われる。

かくて、動物や植物の姿を取った「見えない存在」たちが、マレビトとしてこの世に出入りできるようになった。以下の項目から、マレビトがどのような姿で登場するようになったかをお見せしたい。これこそ、最初の妖怪のイメージだったと思えるからだ。

蓑や笠をかぶり、顔を隠すのは「見えない」ということの表現。また、マレビトは本来異国の「方々」だったので、言葉は通じなかったはず

マレビト
Marebito

ナマハゲ、スネカ、アマメハギ
～「名をいえぬ、あのお方」たち、誕生～

二〇一七年にユネスコ無形文化遺産に登録された「来訪神　仮面・仮装の神々一〇件」は、じつのところ神々ではなく、妖怪の原イメージにとても近い「現存のバケモノ」とみなしたほうがいい。来訪神という言葉は、マレビトが「人」なのでおさまりが悪いということで、動物も植物も含めることができる「神」に言い換えたものだが、かえってわかりにくくしているように思える。なぜなら、神というアイデアは、起源形態というよりも最終形態と思えるからだ。昔は「鬼」を「カミ」とも呼んだが、そういう意味でなら「オニ」といってもかまわなかった。マレビトという考えを創始した折口信夫も「此等の神は、じつはその性質が鬼に近づいてきている」と書いている。

私は、このようなマレビトの本質を、もっとズバリと表わせる呼び方を知っている。こういう古い精霊、人間の制度に組み込まれていない、古いふるい「おそろしいもの」を、イギリスのファンタジー小説『ハリー・ポッター』の物語集では、「名をいってはいけない、あのお方」などと呼んでいた。まさに、あれでいいのだ。ナマハゲもスネカも、名をいってはいけないし、その正体もわからないし、見えもしない「あの方々」なのだ。

で、その「お方」たち、ユネスコ無形文化遺産に登録された一〇件のマレビトは、東北地方と九州沖縄地方に五件ずつ、きれいに分かれている。つまり、日本の北と南の辺境に残った「妖怪の化石」のようなものなのだ。代わって日本列島の中央部分を占領したのが、名前も身分もはっきりした「神」だった。神の名前は正式な学名みたいなものだが、マレビトはそういうシステムにはなっていないから、それぞれ地元の「俗称」で今も呼ば

（イラスト：斎藤猛）

れている。「秋田のナマハゲ」「能登のアマメハギ」「岩手吉浜のスネカ」「宮城県登米の米川の水かぶり」そして「山形県遊佐の小正月行事」といった具合に。

東北に残された妖怪の原イメージのうち、もっとも有名な秋田県男鹿市の「ナマハゲ」は、長い乱れ髪で顔を覆った赤い鬼が、雪国らしい藁の蓑をまとって、一二月の大晦日に村へ押し寄せる。このイメージはまさしく「鬼」であり、「泣く子はいねぇが」と子どもを問い詰めると、たいていの子はおそろしさのあまり泣いて逃げまわる。

男鹿半島のナマハゲ。きみたちは、こうした東北の恐いマレビトが、じつは節分やハロウィーン、クリスマスとも関係していることを知っているか？（写真：バカボン君、リンク元：写真AC）

「スネカ」は黒鬼、「アマメハギ」は赤鬼、「遊佐の小正月行事」は角の生えた赤鬼が出現する。そして特徴も共通している。すなわち、マレビトとされる存在がぜんぶ鬼の姿をしていること、それから、そういう存在の名前が共通して、イロリやこたつで暖まり仕事をしない人間の足にできる「火の斑《はん》」を意味していること。そして新年一月一五日の「小正月」（正月の終わりの日を指す）に登場し、厄払いを兼ねて家々をまわること。

どれもマレビトの特徴だが、いちばん重要なのは、みんなが蓑《みの》（と笠）を身につけていることかもしれない。蓑や笠は藁を材料としており、稲作や雨降りのとき用いる民具だ。しかし、もっと昔は「隠れる衣」だった。天狗の「隠れ蓑」はもちろん、風の又三郎も着ていた「姿が隠れるマント」、そしてマレビトたちの衣装、これらはもともと身を隠すための装備だったし、神や鬼のような超自然的な存在の着るものだった。一本足で立つ案山子《かかし》に蓑を着せるのも、この一本足のぼろをまとった案山子が、本来は山からきたマレビトであった名残りだろう。一本足、そして一つ目は、山の神の姿でもあったのだ。

最後にもう一つ、東北の鬼たちには、「怖い方々」がかならずそなえている最

吉浜のスネカ 。オニが子どもたちを脅かしたり、怠け者を説教するのは、かれらがマレビトだった証拠である

大の特徴がある。それは無言、ということだ。しゃべらない。いや、しゃべれない。常に沈黙を守り、人間とのコミュニケーションを拒否する。それは、異界の存在であることの印だ。

でも、ナマハゲは「泣く子はいねぇがー」としゃべるじゃないか、と思うかもしれないが、あれはずっと後世にできあがった特徴だろう。最初のナマハゲは、まちがいなく無言で村々の子どもたちをおどしたにちがいない。それがわかるのは、これらの鬼たちが「ウォー、ウォー」と吠えたり、鳴り物を叩いたり、アワビをぎりぎりこすりあわせたりすることをもって、出現の合図とすることだ。決して人の言葉ではかたらない。ここがコミュニケーション不能の「異世界の客」であることの証明なのだ。

名も知らず、正体もわからず、つねになにかに身を隠してあらわれる鬼たち。妖怪は、初めはそういう「方々」だった。

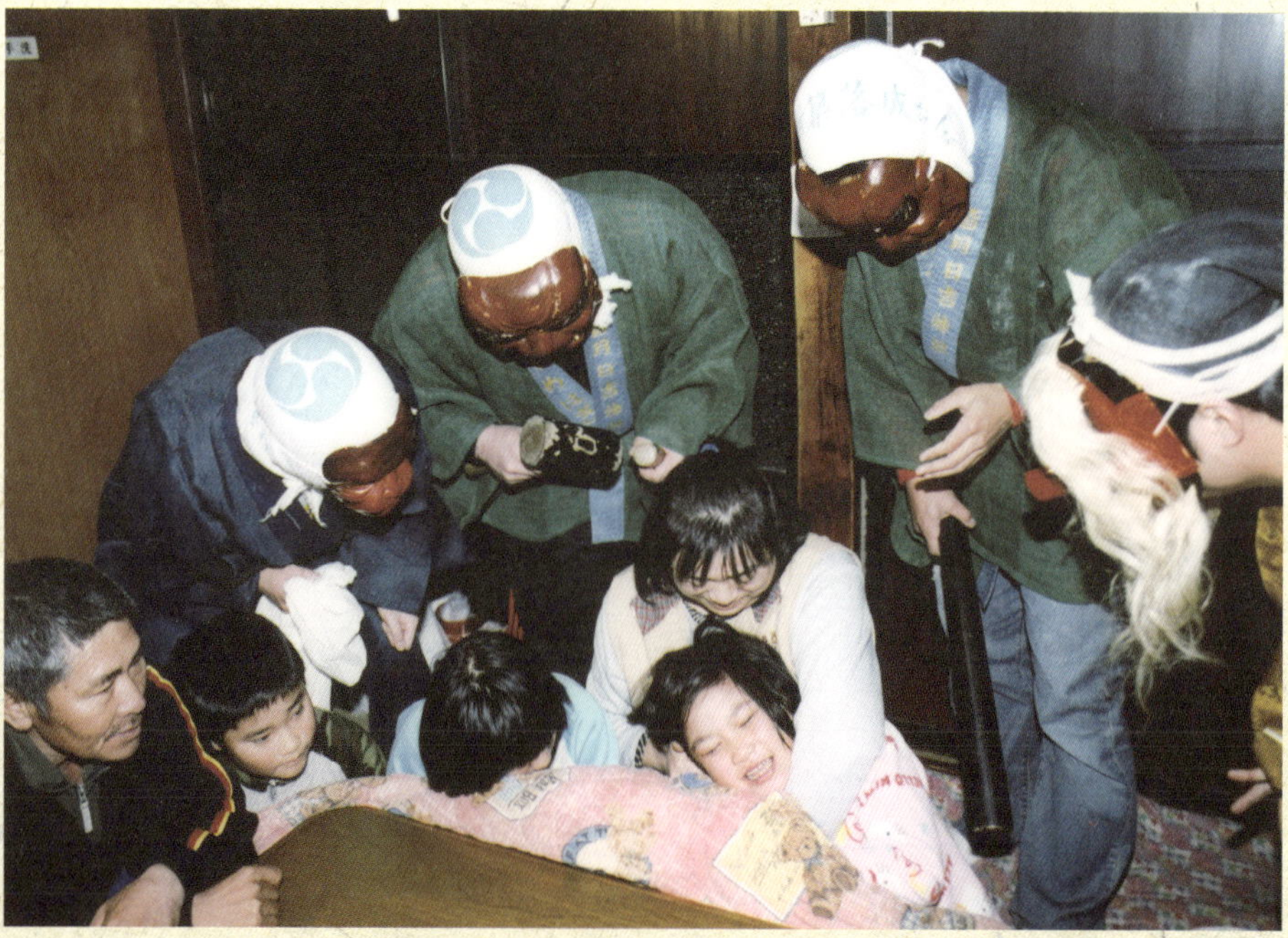

アマメハギ（能登町秋吉）。鬼や天狗、猿などのお面をつけた異貌の集団が突如として家にあらわれる。「アマメこハグだぞー」、これは怠け者を脅かす合図だ。（写真提供：「能登の里山里海」世界農業遺産活用実行委員会）

マレビト

パーントゥ、トシドン、カセドリ、ボゼなどを知る
～南からきたバケモノたち～

一方、ユネスコ無形文化遺産の「南バージョン」は、東北勢よりもさらに原始の香りをただよわせた存在だ。まず、これはほんとに日本のバケモノなのか、と目を疑ったのが、悪石島《あくせきじま》の「ボゼ」だった。後述する太平洋の離島の精霊たちに、驚くほど似ており、その姿も草や蔦に覆われているのだ。

以下、南の「あのお方」たちを紹介しよう。佐賀市見島の「カセドリ」は蓑と笠を着て一言も発しない点では、まだ東北勢との共通点がある。鹿児島県川内市の「トシドン」も、東北の鬼に似た姿をしている。が、九州を離れ離島から沖縄に向かうと、その姿は一変する。原始というだけでは足らない。未開のジャングルの化けものたちに近づく途方もない姿なのだ。鹿児島県硫黄島の「メンドン」もすごい。全身草に覆われ、赤いうずまきの耳（?）、赤と黒の格子模様の顔をした化けものが、とつぜんあらわれて祭りを妨害したり、いたずらを始めたりする。しかし、もっとも異様なのは沖縄県宮古島の「パーントゥ」だろう。全身泥だらけで草と蔓で覆われ、ふれるものすべてに泥をつける。ほとんど悪夢のような行動だ。しかも南島では、このようなマレビトの儀礼は秘密結社に守られ、よそ者

どう見ても日本のお化けではない悪石島のボゼ。南方のマレビトの生き残りだ。この役を演じるのは秘密結社に属する男たちで、よそ者には見せなかった（写真提供：十島村教育委員会）

鹿児島県硫黄島のマレビト「メンドン」。これも一種のサンタクロースである
（写真提供：三島村教育委員会）

には一切公開しなかった。ますます原始世界の遺物と思わざるをえない。

これを見た読者も、きっと心でつぶやくはずだ——たぶん、これが本来の妖怪のイメージだったのではないか、と。自然の恐い力を素朴に表現したマレビトを描くならば、たぶんこういう方々になるだろう。本体は、泥に覆われた真っ黒な顔で、体から異臭を放つ、木とも草とも、また人とも動物とも思えない、理解不可解な存在。その泥は、人がふれれば、血反吐のようにべったりと張りついてくる。現代アートのように大胆に省略された造形の仮面は、どうしてもニューギニアやアフリカのジャングルでひそかに製作されるマジカルな仮面を思い出してしまう。

佐賀のカセドリは、東北と同じように「小正月」に登場する。この姿は神の使いとされる鶏とされるが、人間世界に訪れると顔を伏せ、一言も発せず、青竹を畳や床に叩きつけて悪例を払う。川内市の「トシドン」はナマハゲに似るが、怖がらせた子どもに「お年玉」の餅を与える「歳神」だ。こちらは大晦日の夜に行われる。村の青年がトシ

宮古島のパーントゥ。私はこれを初めて見て、妖怪の起源を確認した。これほど「怖さ」を創出できる「方々」は、世界にそういない。これも本来は秘密儀式だった

ドンに化ける姿は一切公開されず、撮影も禁止されている。

しかし、ほかの三件は、南島のマレビトに属し、出現するのも「夏正月（お盆）」と決められている。南島では、昔は夏正月が新年の始まりだったからだ。硫黄島の「メンドン」は、島内にある神社での太鼓踊りをいきなり邪魔し、村人に悪戯を仕掛け、夜中まであちこちに出没する。

悪石島の「ボゼ」はインドネシアやミクロネシアの祭りと類縁関係にあるらしく、ほとんど奇祭と呼びたくなる。これもお盆が終わり死霊たちが帰ったあと、この世を清め厄払いする精霊として登場する。盆の旧暦七月一六日に、顔に赤土と墨で塗られた面をつけ、ビロウの葉の腰蓑、手足にシュロの皮をつけたボゼが、男根そっくりの棒を振るって村人を追いまわし、棒の先につけた赤い泥を擦りつける。この行動から、なぜ「あのお方」たちが人々を追いまわし、泥をなすりつけるのかという謎にも答えが与えられる。ボゼがもつ棒は、じつは男根であり、子宝をさずける力があるからだ。ここでもボゼは本来公開が許されぬ秘密のマレビトであった。

そして、もっとも妖怪の源を思わせるマレビトが、宮古島の「パーントゥ」だ。こちらは私も見たことがある。どこか秘密の泉（「ンマリガー（産まれ和泉）」と呼ばれる）で取れる悪臭のひどい泥を全身に擦りつけた、泥の化けもののようなパーントゥが、誰かれかまわず泥を塗りつけ、家の中に上がり込む。この大暴れシーンだけはよそ者の見物が許されており、大騒ぎに巻き込まれる。祭りの起源は数百年前といわれるが、ここに古代の習俗が隠れていることはまちがいないと思う。

宮古島や八重山諸島の新城島などには、もっと秘密度の強い「アカマタ・クロマタ」という祭がある。ここで行われる秘儀と、登場するマレビトについては、口外すら許されず、内緒で写真撮影を行えば命の危険もあるといわれた。しかし、アカマタ・クロマタの姿を写したといわれる写真を見ると、全身を釣り草などで球形に覆った奇怪な姿になっている。

この存在は、ニライカナイ（常世）からやってきたマレビトとされ、かなり古くパプア・ニューギニアから伝わったマレビト信仰から派生したといわれる。次の項目で、くわしくお話しする。

マレビト
Marebito

トーライ族の「精霊＝妖怪」

～南の神様はどれも妖怪である～

　妖怪も神も未分化だった古代日本にあらわれた「名も知れぬ、あのお方たち」が、どういうわけか南方の精霊によく似ているという話が、ひろく伝わっている。私は三〇年程前に、そうした仮説を自分の目で確かめたくて、仮面、仮装の文化が発達したパプア・ニューギニアに出かけたことがある。

パプア・ニューギニアでの妖怪調査。水木しげる先生は島々で仮面儀礼を見物し、村人に妖怪の絵を描いてもらい、「妖怪千体説」を打ち出した

　妖怪マンガでおなじみの水木しげる先生の異文化探訪にお供するというかたちではじまった旅だったが、いきなり、水木先生が戦争中に出征したラバウルで、山の種族「バイニング族」の火祭に参加して、世にも異様な山の精霊を見てしまった。バイニング族は、「山奥の種族」を意味する名だ。しかし、元来は海に近い土地に暮らしていた人たちだった。よその土地から「トーライ族」という別文化の人たちに追われて、いたしかたなく山中深く逃げ込んだという。

　そんな「山にひそんだ部族」の儀礼らしく、火を焚いて踊りの儀式を開始すると、山の精霊が呼び出されるのか、どこからともなくおそろしいバケモノが加わってきた。最初はリンゲンという、草で身を包んだ「顔を隠したバケモノ」が登場する。長い竿を延ばしたような笠をかぶり、蓑を着た姿が日本のマレビトに似ていた。ちょっと西洋の森の妖精を思わせるところもある。だが、そのあとに出てきたカヴァットというバケモノがすさまじかった。本当にボゼやメンドンにそっくりだったからだ。全身を草や葉で覆い、とてつもなく大きな目と「耳」をもつ「仮面」を被っている。とんがったくちばしと赤いトサカが鶏を思わせた。

　これらのマレビトが、火を蹴散らしながら踊り狂う。見守る村人にも入り込んでいく。子どもがおびえて逃げまわる。たぶん、精霊は火渡りの儀式を見せて、人々をおどろかせるのだろう。

　冠婚葬祭や出産など重要な行事には精霊の火踊りが行われるという。この火の粉を浴びるのが清めや祝福になるという。ただし、精霊に化けることのできるのは男性に限られているそうだ。日本の来訪神も、それを演じることのできるのは男に限られる。外国人の研究者によると、この仮面や紛争は毎年変化するらしく、インスピレーション源はたいてい「夢」で見たバケモノだそうだ。

それはまさしく「ナマハゲ」といえた。ついでに、海の種族とされるトーライ族のも、バイニングに負けない奇想天外な精霊＝妖怪を登場させる祭り「トゥブアン・ダンス」がある。こちらは秘密結社に入会した男性しか参加できない。子どもや女は、その神聖な儀式のことをまったく知らされないという。そのため、死者をあの世に送るための儀礼だという名無しのほかは、精霊のことも秘密なのでよくわからない。

けれども、ちょうど八重山諸島のアカマタ・クロマタのように、トゥブアンと呼ばれる「母なる精霊」とその子どもだという「ドゥクドゥク」なる精霊が、セットになっている。トゥブアンはカヴァットのように大きな目玉がついた仮面をつけ、ドゥクドゥクのほうはリンゲンそっくりの「案山子」みたいな方々だ。

トゥブアンも、やはり乱暴ではげしく踊り、入信状態になる。みんながこうして踊りながら「精霊」に化けるのだ。このようなマレビトの妖怪マスクが、夢で見たデザインにちなんでいるという話を聞くと、それがますます妖怪の元型であるように思えてくる。

先住民のバイニング族を山に逃げ込ませた新興部族トーライ族のマレビト、ドゥクドゥクも秘密の儀式を盛り上げる。南方の仮面神はほんとうに心を揺さぶる

クランプスとクリスマス祭
～西洋にもあったマレビト信仰～

東洋に「マレビト」と共通する年越しや穢《けが》れ払いの精霊がいたことは、少しわかってきただろう。けれども、マレビトは西洋にもいたのだろうか。もし、いたのなら、そのイメージはいよいよ「妖怪」の元型に近づくはずだ。

そのような画期的な疑問を解こうとした人に、アレクサンダー・スラヴィクというオーストリア生まれの学者がいる。この人のお父さんは軍人であり、日本とロシアが戦った日露戦争の資料を集めていた。その影響で日本語を学ぶようになり、サラリーマンとして社会人になったあともウィーン大学で中国の研究にたずさわった。そのウィーンには、当時日本から斎藤茂吉のような、民俗学に関心をもつ留学生がいて、かれらとスラヴィクは日本文化と日本民族の起源を探る研究に力をそそぐようになった。途中、第二次世界大戦で研究は中断したが、戦争終結とともにウィーン大学に戻って日本研究を再開したという。

一九五〇年代には来日も果たしたスラヴィクは、「マレビト」という考え方に興味をもち、自分が育ったスラブ民族の古い習俗にも、これとよく似た伝承があることに気づいた。その事例の一つが、なんと、クリスマスの習俗だったのだ。

ヨーロッパには、季節が変わり年が新しくなる時期に、「ワイルド・ハント（野猟）」と呼ばれる魔物の来襲がある、という言い伝えがあった。バケモノや魔物

「ワイルド・ハント」とは、おおまかにいうなら、日本の「百鬼夜行」に近い。バケモノが集団で人の領域に入り込んでくる
（写真：Michael Becker、リンク元：Pixabay）

北ヨーロッパのクリスマスは、日本人が知っているサンタクロースにプレゼントをもらえるものとは違う。魔物のクランプスが、ナマハゲのように子どもたちのもとにやってくるのだ

や死者たちが馬を列ねたり、大群をつくったりして夜中に森や原野から村々に暴れ込む、というのだ。民俗学では、妖精の一種が野や森で狩りをするというかたちで民話化されていたけれど、夜盗の攻撃のように恐れられた。キリスト教会では、悪魔の仕業ともいわれた。村人がもしもこの方々に出会うと、そのまま地下の妖精国へ連れ去られると信じられた。あるいは、もっとおそろしいことに、夢の中で野猟に駆り出され、魔物にもてあそばれるのだという古老もいた。この話は、民話の元祖ともいうべきグリム兄弟の民話集でも紹介されている。

　この伝承は妖精信仰があるイギリスにもあって、古い北欧の神々による夜の狩りや夜宴と信じられていた。悪魔や魔女がクリスマスのころに山からあらわれ、村の子どもの部屋を覗き込み、仕事に精を出している子には褒美を、働かない子には罰を与えるともいわれた。

　そしてドイツ文化圏で民話や民謡を研究する民俗学が隆盛になるに従い、古代西洋に存在した古い異端の神々の信仰を伝える遺物と考えられるようになった。スラヴィクは、そうした古代西洋の「おそろしい神々や悪魔・魔女」の話に、マレビトと共通する要素を見つけたのだった。もしかすると、古代の神々を迎え清めをおこなう儀礼や習俗が、キリスト教の普及以後に「バケモノの乱暴」や「魔女の夜宴」にすり替わったのではないか。

　荒ぶる神、顔を見せない魔神、そして怖い試練を与える神を迎え、歓待し、送り帰すときに土産をもらう、という共通要素は、クリスマスの儀式にもたしかに認められる。なかでも興味深いのが、ヨーロッパ中部から北方にかけてひろがったクランプス信仰だろう。

　クランプスの起源はドイツ系の古代神話にまでさかのぼる。その姿は人間と牡ヤギとを合成したものとイメージされてきた。大きなヤギ角をもち、ヤギ（あるいは馬のこともある）のような尾をもつ。まさにマレビト時代のバケモノ神様を彷佛とさせる姿だったから、ギリシアのサテュロス、ローマのパンやフォーヌ、といった野山の獣神たちと混同されて、「悪魔」のイメージを決定する切り札に使われた。

　この魔物は、文字どおり「角をもつ悪魔」として中世にひろくヨーロッパに知れ渡った。頭髪も伸び放題の乱れ髪になっている。鋭いかぎ爪があり、これがクランプス（かぎ爪をもつ、の意）という名の源になっている。一九世紀に流行したオカルト復興において、魔女を支配する「山羊や羊の角をはやした悪魔」の姿の源泉ともなった。というのも、魔女の夜宴伝説で有名なハルツ地方からアルプス地方にかけて、クランプスが出現する年越しの祭りがもっとも盛んだったからだ。

　クリスマス・シーズンに出現し、ドイツのバイエルン地方や、ドラキュラのふるさとトランシルヴァニア地方では、セント・ニコラウス（子どもの守護聖人といわれ、一部ではサンタクロースと呼ばれる）と一緒に村々にあらわれるそうだ。それらの地域では、子どもにプレゼントを与えるのがセント・ニコラウスで、罰を与えるのがクランプスの役割だ。まさに、「泣く子はいねぇがー」と包丁で脅すなまはげと同じだ。ほかの地域では、セント・ニコラウスに代わって枢機卿のような高位聖職者が登場するところも多い。

　クランプスは一二月の上旬、とくに一二月五日の晩に村にあらわれ、村人を恐怖におとしいれる。場所によっては、子どもを捕まえて地獄に連れ去る籠《かご》を背負い、鞭《むち》を振り回して子どもを捕まえるという。このクランプスを儀式のときに演じるのが、若い男性という決まりになっているところも日本の来訪神と似ている。そうだとするなら、クランプスは悪魔とみなされる以前には、力の強い「原始の神」そのものだった可能性が高い。クランプスの扮装の一部に鎖をもつという決まりがあるが、これはキリスト教の下で信仰が禁止された異端神の暗示ではないか、ともいわれる。

　ちなみに、年の境目を一〇月末に設定していたヨーロッパ古代では、この時期に別のマレビトを迎える儀礼があったらしい。しかし、これもキリスト教化されると、「ハロウィン」の名に変わり、バケモノや死者が群れをなしてこの世に返ってくるという話に変化した。

　アメリカでは、鬼や悪魔の姿をして子どもたちが、家々を回って「トリック・オア・トリート（お菓子をちょうだい。いやならいたずらするぞ、の意味）」と声をかける。これも明らかに、マレビト儀礼の変形と考えられるのだ。

スラヴィクは日本と北ヨーロッパの文化の古層に注目し、「マレビト」を掘り当てた

マレビト
Marebito

方《ほう》相《そう》氏《し》
～魔をはらう鬼もいた！～

中国から伝わった「鬼《き》」のなかでは、もっとも影響が大きかった存在だ。その姿は、造形として大きな特徴があり、四ツ目の顔、乱れて伸び放題の髪、武具を手にもつこと、さらに黒い毛皮をまとっていたため、元来は熊に化身し新年をことほいだ北方シャーマンの仮面神に由来するのではないか、と言われている。特色ある四ツ目も、仮面をかぶっていた名残りではないかと思われる。仮面に二つ、実際のシャーマンの二つ目を加えて、マジカルな「四ツ目」が誕生する。

この目の数は、霊力の性質をあらわす鍵であるかもしれない。山の神や鍛冶の神の「一つ目」が有名だが、三つ目の妖怪や神も存在するので、それぞれ目の数に対応する鬼神力の区分けがあったのかもしれない。丁武軍「古儺文化の起源」（京都大学発行「DYNAMIS」二〇〇五年九月号）によると、古く夏《か》王朝にさかのぼる儀式であり、演劇の起源という。『周《しゅ》礼《らい》』という古書に、方相氏は熊の毛皮を着て、黄金色の四ツ目をもち、黒い衣と朱色の裳をまとい、盾をかかげ、百人も

方相氏は目が四つある奇怪な姿をし、熊の毛皮を身にまとったマレビトの姿をしている。古い年に穢れや災いをもたらした魔物を祓い清め、新年を迎える（鳥山石燕『今昔百鬼拾遺』より）

の眷属《けんぞく》を率いて宮中くまなく「疫《え》」を撲滅する。この儀式により、春を終わらせ、秋を達せしめ、また冬の寒気を送る、という。

これはすなわち、各季節を区切る「節分」に当たり、大きくいえば旧年を祓って新年を迎える儀式だったといえる。このような重大な宮中行事の執行役なのだから、鬼でさえもおそれて退散する姿をしている必要があったにちがいない。『周礼』に書かれた姿は、鬼とも熊とも、また武装した戦士とも見えるおそろしい出で立ちだ。そして、宮中の総ての部屋から鬼を追い払う役割は、日本にまで伝わって名残りを残しており、節分の豆まきに「鬼は外」と掛け声する起源だと考えられる。丁の論文では、時代が東晋《とうしん》から南朝にくだると、疫をはらった主役たちは家々をまわって人々に酒や肴を要求し、送迎を求めたというから、その本質がマレビトにあったこともわかる。ありがたいが、怖いし、厄介な存在として、やがて方相氏自体も「疫」のほうにまわされることになり、マレビトが妖怪化するきっかけをつくったようだ。

京都では、今も「追儺（ついな、おにやらい）」の儀式が行われている。さすがに宮中ではなく、仏教の節分とまじりあって、民間の重要な儀式として生き残っている。むろん、方相氏のおそろしい出で立ちも原型をたもったままであることは、奇跡に近いことかもしれない。おかげで、鬼や妖怪の起源を考えるヒントが、まだ残存する。

この追儺の主役である方相氏を源に考えると、京都で鬼を祓ういくつかの周辺習俗も理解できるようになる。まず、かつて「祇園社」と呼ばれ、悪疫神ともいわれた牛頭天王《ごずてんのう》を祭った八坂神社が興味深い。祇園祭の起源伝承に出てくる牛頭天王は、方相氏と似ているのだ。牛頭天王は神仏習合の代表的な存在であり、陰陽道にも関係している。その縁起譚によると、身長七尺五寸、また三尺におよぶ牛頭と朱色の赤い角があった。姿が恐ろしすぎて妃《ひ》が得られず、探し求める旅に出た途上で、親切にも宿を提供してくれた蘇民将来《そみんしょうらい》の世話を受けた。おかげでめでたく妃を見つけ八王子をもうけた帰り道、宿の提供を拒んだ者たちに罰を

鳥取県や兵庫県に残る「麒麟獅子舞」のお祭りにも、聖獣が魔を祓い子どもの成長と長寿を護る儀礼がある。映画『妖怪大戦争』にも登場した

くわえようとして八王子とともに災害を見舞った。ただし、親切だった蘇民将来だけはこの災害を回避できるようにするため、「蘇民将来の子孫なり」という札を門に貼っておくよう命じたという。これにより、悪疫や災害に遭わぬための「護符」が成立した。京都では、その護符は祇園祭で入手できる各「山鉾《やまほこ》」を模した粽《ちまき》になっている。

また、中国の宮中で、唐の時代に方相氏にかわる強力な「鬼を祓う者」も登場した。それが「鍾馗《しょうき》様」だ。鍾馗の像は今も京都の町やの屋根に置かれており、親しみある魔除けとされる。この鍾馗は、科挙に合格せず悲嘆のあまり自殺した受験生だった。が、唐の帝が骨を埋めてくれたことを感謝し、有名な玄宗《げんそう》皇帝が熱病に侵されて死地をさまよったとき、夢の中へ突如あらわれ、悪鬼を退治してくれた。玄宗はこれに感謝し、宮中だけでなく市内にも鍾馗の絵を護符として門に貼らせたという。また、天台宗でも中興の祖といわれる良源（元三大師）が、疫病に苦しんだときに悪鬼のような醜い姿に変身したため、悪鬼自体が逃げ出したという逸話をもっている。そこで良源は自分の醜い姿を絵に描かせ、「角大師」の像として配った。このお札が、今も京都の門前には貼られている。これら多くの魔除け札は、多かれ少なかれ、魔を払う鬼の元祖といえる方相氏に由来を追っている。

京都は、鬼が鬼を守る都であるともいえる。

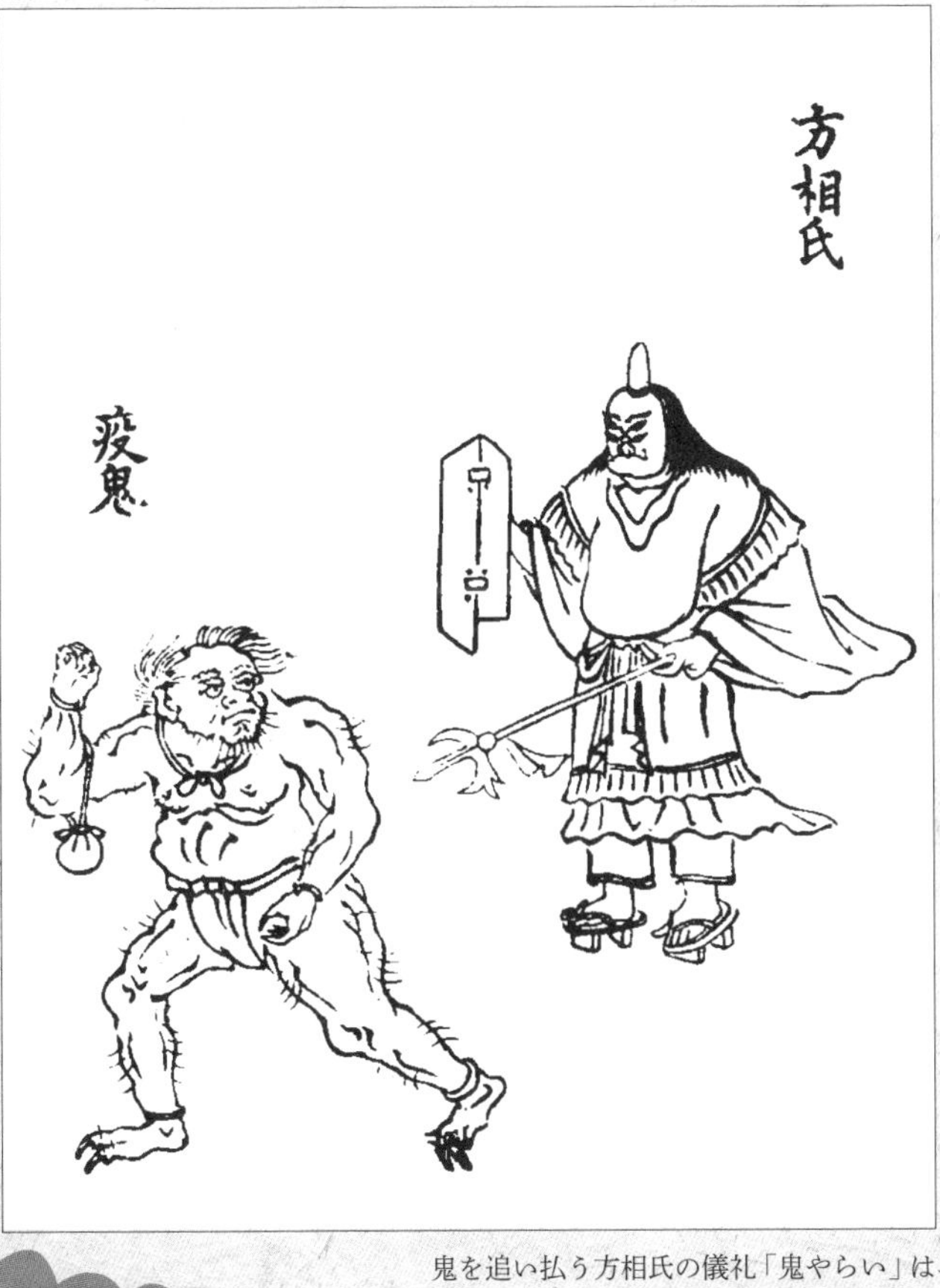

鬼を追い払う方相氏の儀礼「鬼やらい」は、民間の「節分」という儀式に変化した

イントロダクション
～「怪物人種」について～

地球の未開拓部、あるいは文明をもつがあまりに遠い土地に住む人種のうち、怪物としか思えない姿や習俗をもつ人種。これについては、古代末に『博物誌』をあらわした大プリニウスが、世界に生息する生物や人種に関する基本情報をとりまとめた。

しかし、中世になると、世界のあちこちで交易航海や探検航海が行われ、地球の辺境部分や海を隔てた異国に住む人々に関する新たな情報が交換されるようになった。一説によると、アフリカ大陸、アメリカ大陸およびオーストラリア大陸も、大航海時代以前から公開ルートが開かれていたといわれる。その民俗や物産についてもその一部は、かなり事実に近い報告もあったらしい。だが、あまりにもかけ離れた習俗、言語、そして人種などの特徴が理解されず、世に「怪物人種」といわれる異国民の伝説が生まれた。それらの伝承は、東の中国から、西の地中海諸国にまでひろまった。

まず、地中海諸国では、オリエントとの交易をほぼ独占していたヴェネツィアを中心に、アフリカやアジアの怪物種族に関する情報が出回った。プリニウスの『博物誌』などの博物地理百科も評判を勝ち得ている。というのも、古代にはアレクサンダー大王が中東からインドに遠征し、各地の産物や民族の情報をもたらしたからだった。さらに中世になるとヨーロッパで、「プレスター・ジョン」というキリスト信仰をもつ王がアフリカ

フランス中世の写本に描かれた異国の奇怪な人種。これらの怪物人種と出会おうとする好奇心が、アメリカ大陸到達などの出来事を生んだ

のどこかに豊かな国家を支配しているとの話が、交易する人たちの間にひろまった。プレスター・ジョンの国には宝石やスパイスが無尽蔵にあるというのだ。結局、プレスター・ジョンの王国は発見できなかったが、代りに商人たちの見聞により、アフリカに住む特異な民族の姿や習俗が伝わった。かれらは西洋人をおどろかすような「怪物たち」だった。オリエントやアジアについては、プレスター・ジョンの国を求めた遍歴騎士の一人、マンデヴィル（一四世紀の人という）が数々の驚くべき怪物人種を報告し、西欧世界に広めた。

他方、中国ではかなり早く、二千年ほど前から周辺の海に船を派遣し、各方面の地理、生物、そして人種の調査をおこない、のちに『山海経《せんがいきょう》』という書物にまとめられた。これには日本などの調査記録も含まれていた。そして西洋と同じく、各地に信じがたい異様な人々や動植物が存在すると伝えられたのだ。

こうして東西の大文化国が集めた「怪物人種」に関する伝承は、当時の世界情報というべき役割をはたし、中世を通じて宝探しや領地占有などの意欲をヨーロッパにもたらした。中国も同じく、『山海経』を筆頭とする地理風俗書の刊行が行われ、世界地図の作成にも貢献するようになった。

「怪物人種」とは、一言でいうなら異文化の国々に住む異貌《いぼう》の人間のことだ。そしてこの人々は、中国からも欧州からも遠く隔たっていたために、話には想像力が生んだ「事実でないもの」も多く含まれていた。しかし、それらは「人怪《じんかい》」と呼びたくなるような異質の民族を集めた、半分ファンタジーというべき基礎情報だったのだ。しかも、東と西にひろまった人種情報は、重なり合う内容が非常に多く、ひょっとすると同一の原資料が東西に流された結果ではないか、と疑われるほど似ていた。ここでは東西の文明国に伝えられた「怪物人種」を対比させながら、世界の怪物人種の類似性を調べる。未知なるものがすべてバケモノと扱われた時代の、一つの秩序立て方法と見れば、どの種族も大変に興味深い。いちじるしい類似例を以下に示す。

怪物人種の東西対比（資料には西洋がプリニウス『博物誌』、東洋では『山海経』などを用いた。描かれ方がひどいものもあるが、当時はこのように想像が想像を呼んだのであろう）。

①一目国（一目国）とキュクロペス Cyclopes（まるい目の意）

中国では北海の外で暮らす一眼の民族。西洋ではホメロスの叙事詩にもあらわれた。インドに住んでいたという。

②狗国《くこく》とキュノケファリ Cynocephali（犬の頭の意）

中国では男が毛深く狗の頭をもち、女が顔は人間に似ており、中国語もよく話せる。西洋ではインドに住み、犬の頭をもつ巨人族。十緋をまとい、剣なども使う。

③無啓国《むけいこく》 トログロディテス Troglodytes（穴居人の意）

中国では穴に暮らし、はらわたがないため、土を食べて暮らす。死んだら土に埋めると、また生きかえる民族。

④長毛国《ちょうもうこく》とアルバニアエ Albaniae（白い毛の意）

中国では全身に長毛がある民族。城、田畑などももつ。晉の時代に一人が捕えられたことがある。

西洋では、全身に白っぽい毛を生やした種族。フクロウと同じく夜目が利くという。

⑤女人国《にょにんこく》とアマゾネス Amazones（乳房がないの意）

中国では男がいない国。女だけなので、井戸に太陽を当てて子を産む。また、裸になって南風に当たれば妊娠できるという。

西洋ではアレクサンドロス大王と敵対した女だけの民族。矢を強く引くために右の乳房を切り落としていたという。

⑥長耳国《ちょうじこく》とパノティィイ Panotii（耳だけの意）

中国では無腹国の東にあって、非常に長い耳をもち、体には虎に似た縞模様がある。

西洋では巨大な耳をもつ民族で、インドの山中にいるという。

⑦西番国《せいばんこく》とアントロポファギ Anthropophagi（人食いの意）

中国では一名「鬼方」といい、人肉を食う。山林に暮らし、城や家をもたない。

西洋ではスキュテアやアフリカに住み、人肉を生で食べる。人の頭蓋骨を盃にして酒を飲み、生首を首飾りに、生皮を胸飾りにしている。子は育つと親を食う。

⑧穿胸国《せんきょうこく》とブレムミュアエ Blemmyae

中国では盛海の東にある国。ここの住民には胸に大きな穴がある。位の高い者たちはここに竹竿や木の棒を通させ、担いでもらって移動するという。

西洋ではリビア砂漠に住む民族。頭と首がない代わりに、胸に目鼻がある。背中に目鼻がある者もいたらしい。

以上、ほんの数例だが、驚くべき類似性が見つかるものだ。

中国でも『山海経』があらわされ、世界にいるさまざまな人種の情報が伝えられた

『山海経』には日本も登場し、かならずしも神話的な書物ではなく、古代の探検の成果だったといえる

人怪
Zinkai

鬼
〜山からやってくる「おそろしい方々」〜

この名称は、漢字としては中国、和訓の「オニ」としては日本の民俗に由来する。日本的なイメージによれば、このバケモノは人間とほぼ同じ形をしており、体格は人間よりずっとたくましい。頭髪は伸び放題で乱れており、顔はおそろしい形相をしている。しばしば人肉を食らう肉食の怪物だ。ふだんは山奥に住んで、人間とは生活領域を別にしているが、平安時代には夜になると都に行列をなしてあらわれた。夜行性らしい要素もある。西洋に伝わる「ワイルド・ハント」と同じような現象を起こす、マレビトの一種だと思われる。

オニの姿形は、牛の角をはやし、虎の皮のふんどしを締め、鉄棒をもち、牙をむきだし、赤や青の体色をもつ大男、とまとめられる。しかし、牛の角や虎皮のふんどしは、後世の添加物であり、鬼門とされた丑寅《うしとら》の方角を視覚化したといえる。

『今昔物語』など中世のイメージを残した文献には、鬼は「黒くてたくましい体をした、一つ目の怪物」だった。なぜ一つ目であるかは、鬼の体色という鍵から推測は可能だ。じつは西洋でも、山の神や来訪神の一部は「一つ目」だった。なぜかといえば、山の神は鍛冶《かじ》の業を習得しているからだ。ギリシア神話に登場するキュクロプス（単眼の意）、ローマの鍛冶神ウルカノスは、その一例だ。日本でも、天目一箇神《あめのまひとつのかみ》という単眼神がおり、

オニは、中国でいう「鬼（き）」と意味内容が違う。この絵のような日本の「オニ（鬼）」は、江戸時代になって定着したもので、古くは「マレビト」に近い異界の存在を意味した（イラスト：東雲騎人）

また「山の神」と呼ばれる化けものには一つ目が多い。

では、なぜ一つ目なのか？

民俗学の解釈で、いちばん独創的なのは、鍛冶の仕事の基本になる金属の生成法に由来するという山の民の仕事に関連した見方だ。鉄をつくるには、たたら（フイゴ）という道具で炉に空気を送りつづけ、高熱によって鉄鉱石を溶かし、鉄だけを溶解させなければいけない。火の状態を監視することで全身は真っ黒に火焼けし、光のために目も焼けて障害が出る。そのため、鍛冶の神は片目を損傷する可能性が多いのだ。若尾五雄《わかおいつお》というユニークな民俗学者は、鉄を取る山人（すなわち鬼）を赤鬼、銅なら青鬼というように、金属の色に応じた色をもつ鬼の特徴を解き明かしている。これがいちばんおもしろい仮説だろう。

しかし、これ以外にも考えるべき意見がある。それは元来両眼をもっていた鬼たちが、なんらかの理由で片目を失った、という見方だ。片目を失っても得なければならないものがあったのだろう。ヒントを与えてくれるのは、北欧の古い神オーディンの場合だ。オーディンは戦いの神であり、知恵を象徴する黒いカラスを引き連れ、嵐を象徴する「ワイルド・ハント」を指揮する荒ぶるバケモノの正体だといわれる。オーディンは古代の神の教えた文字とされる「ルーン文字」を得る代償として片目をミーミルの泉に置き去った。

日本の場合は仏教の教えから発展した鬼のイメージに、地獄の獄卒《ごくそつ》というものがある。地獄で死者をいたぶる数々の恐ろしい地獄に配置され、それぞれの亡者にふさわしい地獄で死者たちを責め苦しめる。しかも、昔描かれた地獄図を見ると、鬼はたいてい、包丁やのこぎり、鉄棒、金づちや斧をもって死者を責めてい

もう悪《わる》いことは
しません
この涙を
見てください
愛知県犬山市にある桃太郎神社には、オニのコンクリート像がたくさんある。それは、太平洋戦争で傷ついた子どもたちを元気づけるために造られた浅野祥雲の作品である

る。とくに、鬼が好んで用いたものに、船大工が造船のときに使用した船ノコギリと呼ばれる道具がある。かれらは金属の道具を使用しているところから、鍛冶師やたたら師が本業だったと推定できる。そうだとすると、鬼が山に住んで、一つ目であることに合理的な理由がつく。ついでに書くが、ナマハゲやアマメハギなどの来訪神も、ノコギリや包丁をもって年の変わり目に村々をまわる。かれらが鬼と呼ばれるのは、極めて自然な成り行きだった。ナマハゲなどは、仕事をしないで火に当たっているとできる「ナマミ（火焼けダコ）」を剥いでまわるところから、「ナマミハギ」と呼ばれ、現在では縮めた言葉「ナマハゲ」になったといわれる。皮を剥ぐ地獄の鬼のイメージも重なっている。鍛冶師が金づちで金属を鍛える姿を、罪を犯した死者に拷問を加えることにたとえたのかもしれない。

仏教の浸透とともに生じた「地獄の鬼」のイメージは、今なお日本に残っている。元来はこの集団が「百鬼夜行」の元型だったと考えられる

土蜘蛛《つちぐも》、酒呑童子《しゅてんどうじ》
～妖怪にされた先住民、異文化民～

日本に古くから伝承された妖怪では、日本がまだ日本でなかったときから住みついていた「先住民」ともいえるグループも、無視することはできない。姿はみごとなまでの妖怪だし、物語だって十分に怖い話になっている。だが、じつは人間同士のいざこざが、とうとう妖怪と人間の争いというかたちで定着してしまった。あわれ、妖怪にされた人々の真相も、妖怪を知るうえでは大切なのだ。

かつて日本が日本になったとき、ヤマト朝廷が武力と文明力とで先住していた人々をその傘下に吸収していったことは、書くまでもないだろう。だが、そんななかにも、政権になびかず、最後まで戦い抜き、独立を守ろうとした人々もいた。「蝦夷（えぞ、えみし）」と呼ばれた人たちはそのもっとも大きな勢力だったが、ほかにもたくさんの「なびかない先住民」がいたのだ。そういうグループは古い文献で、たいてい剛腕の化けものとして朝廷と対決した末に、策略にのせられて退治されるという運命をたどったことが、記されている。その代表が、この項目に取り上げられる「土蜘蛛《つちぐも》」ではないだろうか。

「土蜘蛛」とは、山中の岩穴などに隠れ住んだ原始的な先住民、といった意味をもつ差別的な呼び名だ。まさに上から目線の「あだ名」だといえるが、しかし、そこにたとえられた姿には、かなりおどろおどろしい気配がある。『古事記』には、東征してきた神武天皇に敵対した「八十建《やそたける》」という一族を「尾が生えた土雲《つちぐも》」と書いている。土雲といっ

土蜘蛛はある種の「たとえ話」である。日本列島の西に住んでいた先住部族の強さをたとえた言葉だろう。京都に土蜘蛛伝説が多いことも意義深い（イラスト：斎藤猛）

ているから、「たくさんいる荒っぽい原住民」といった意味だろう。

神武天皇は、穴倉に住むかれらに立派な料理をごちそうするふりをして、刀をもった部下を襲いかからせ、斬り倒した。だまし討ちにちかいやり方だ。

『古事記』には、そのほか、「那賀須泥《ながすね》毘古《ひこ》、『日本書紀』では長髄彦」がちょっとだけ登場している。このグループは今の大阪あたりまで領地としていた地元豪族だったらしく、最初の戦争で桓武天皇にひどい損害を与えている。桓武の兄がこの戦いで戦死しているのだ。しかしナガスネヒコは和平を結びにかかったとされ、その先は『日本書紀』において、神武天皇がわの饒速日命《にぎはやひのみこと》により殺されたとされる。

しかし、尾が生えた人といい、脛が異常に長い人といい、その姿の表現がひどすぎる。これら土蜘蛛は今の奈良県あたりに住んでいたと考えられるが、ヤマト朝廷の最大拠点になったところを見ると、たぶん神武天皇が最初に武力制圧した戦略上重要な地点だったのだろう。もちろん朝廷に服従した人たちもいたわけで、吉野にいたグループは「国巣《くず》」と呼ばれ、地元の神の子孫という「地位」を認められている。

一方、『日本書紀』はどうなっているのか。これと同じと思われる話を記す『日本書紀』では、尾の生えた土蜘蛛らを「蝦夷」と呼んでいる。ならば、『日本書紀』ではさすがに「尾が生えた一族」のようなひどい書き方はしていないかといえば、そうではない。じつは『古事記』よりももっとひどい妖怪の表現を用いて、土着の人々のうち朝廷に敵対したグループを書きあらわしているのだ。葛城《かつらぎ》にいた「土蜘蛛」という名称を使ったのは、そもそも『書紀』のほうなのだから。この一族は身長が低くて手足がとても長い、だから「土蜘蛛」と伝えている。土蜘蛛は今の京都にも塚があることから、京都盆地にまでひろく住みついて

歌舞伎などにも登場する土蜘蛛は、武士によって退治されたが、そこに新旧勢力の武力闘争のあとがしのばれる

鬼の片手を切り落とした豪傑渡辺綱など四天王を配下に持った源頼光の家系は、土蜘蛛から鬼までを打ち払い、「朝廷と都を守る武家」のイメージを確立した。安達吟光『大日本史略図会』より

都の威光にしたがわず、山に籠って自立した酒呑童子も、源頼光と四天王の手で退治された。鳥山石燕『今昔画図続百鬼』より

いたようだ。葛城地域は大和王朝の主要な支配地となり、そこにいた人々も「賀茂氏」という政権内の重要な地位を占めたので、おそらく降伏してヤマトの一員になったグループも多かったのだろう。今、京都には土蜘蛛を退治した場所が残り、その一方で怨霊をまつる「賀茂」の一族や、賀茂という名がある神社や川もある。京の都は、抵抗したグループと服従したグループとの運命を分けたところといえる。

　しかし、ヤマト政権に最後まで敵対した人たちは、それだけではない。おそろしい妖怪伝説の主人公となった近畿地方でもっとも有名な「まつろわぬ民（朝廷に反抗した土着民）」に、「酒呑童子《しゅてんどうじ》」という魔物がいた。

　酒呑童子は丹波にある大江山か、あるいは近江にある伊吹山に住んでいたといわれる。

　文献的に古いのは大江山とする本で、すくなくとも南北朝にさかのぼる。現存でいちばん古い『大江山絵詞』という絵入り絵巻は、一条天皇の時代に設定され、京の都に発生した貴人貴女の「神隠し」事件を占った安倍晴明が、大江山の鬼の仕業と探り当てた。源頼光は鬼を退治すべく、手練れの四天王を引き連れて山伏姿で入山し、酒呑童子に一夜の宿を申し入れた。

　そして油断させておいて毒酒を飲ませ、鬼の対象の首を切り取ることに成功する。この物語も、よく読めば朝廷側のだまし討ちであり、まつろわぬ民たちは武力では手ごわい敵だったことがうかがわれる。そのため、酒呑童子に至り、抵抗する蝦夷の人々を「鬼」にまで格上げせざるをえなくなったのではないか。

　ヤソタケルから酒呑童子、またヤマトタケルにだまし討ちされた熊襲建《くまそたける》を含め、いわゆる「土着抵抗部族」は、なぜこうも、酒に弱くてだまし討ちに気づかなかったのか。ここが、妖怪の泣き所だったともいえるかもしれない。妖怪は、元来がマレビトであり、人間たちが饗応するべき相手だった。したがって、酒と料理でもてなすことが、人間＝妖怪間にできあがった無言のルールだった。

　それゆえに、妖怪は供応を受けた。一方、このようにして政治的な事件を妖怪の話に置き換えやすかった別な理由があった。両者のルールには、「もてなされたら、土産を置いて、なるべく早く退散する」という約束事もあったのだ。ところが、この「土蜘蛛」たちは、この世に居座っていた。征服民にとって、先住民は「この世に居座る妖怪」とも言い換えられる相手だったのだから。

　人間は、そちらのほうのルール順守を妖怪に求めた。しかし、妖怪はどこうとしない。人間はそこで策に訴えた。相手を強制的に追い返し、土産を残させることだ。そういう排除が成功した物語として、領土の拡張を正当化したのだろう。妖怪からぶんどった金銀財宝や、女性たち、また名刀名剣は、その土産物だった。日本の古い話にはマレビトたる妖怪の運命が語られている。桃太郎やヤマタノオロチの話は、たぶん、そのような視点で読めるのではないだろうか。

歌川国芳・画「源頼光公館土蜘作妖怪図」は江戸時代の浮世絵。12代徳川将軍・徳川家慶を苦しめる土蜘蛛と化けものは、じつは江戸の庶民だった

鬼女 紅葉《もみじ》

～鬼とは山の文明を身につけたひとたちだった～

酒呑童子が山に住みついた男の「鬼」の代表であるなら、「女」の代表は誰だろうか。長野県の戸隠山《とがくしやま》に伝わる「紅葉伝説」の主人公がそれではなかろうか。この鬼女は能の『紅葉狩《もみじがり》』という物語としても伝わる。この鬼女は、京の治安を守る検非違使《けびいし》の家系を樹立したとされる平維茂《たいらのこれもち》と壮絶な戦いをくりひろげた末に死んだ。

紅葉に関する伝説の裏には、日本の山林に住みついて、山の民として男まさりの力仕事などをこなしていた女性が、かつてはたくさん存在したことを物語っている。山の中のことを非常にくわしく知っており、深い雪の中でも山の道案内や荷物運びをしていた女性もいた。明治時代にも、八甲田山遭難事件で道案内をした村人たちのことは、今でも「七勇士」として顕彰《けんしょう》されるが、映画『八甲田山』では若い娘も厳冬の山で活動する姿が描かれた。ああした山の女性たちは、実際に存在したと思われる。

しかし、山で過酷な暮らしに堪える女性には、山の民とは別に、平安時代のころから「山へ逃げてきた落人の家族」や「山伏と行動をともにする女性」も含ま

月岡芳年「平維茂戸隠山に悪鬼を退治す図」（『新形三十六怪撰』より）。この美女は、地元では「貴女」であった

れていたようだ。泉鏡花の名作『高野聖』に出てくる不思議な女性は、おそらく動物を供養したり幼獣を育てたりする巫女の役割をもっていたのだろう。山で一人暮らしする女性は、山伏とともに山の生活者に布教する「踊念仏の時宗」とも連絡を取っていたと思われる。

そして、このような女性こそが、里人のいう「鬼女」だったのではないか。そう考えさせる実例が、戸隠山の紅葉なのだ。

土蜘蛛に酒呑童子、そればかりでなく山に籠って朝廷を脅かす「オニ」には、女性もいた。長野県戸隠山の鬼女「紅葉」はその代表だ

伝承によれば、紅葉は大伴氏というヤマトの有力氏族の子孫であり、奥州会津に生まれた聡明な娘だった。京に出てからは琴の名手として評判になった。都の警護にあたる源経基《みなもとのつねもと》に寵愛され、一子をもうけた。しかし、彼女は織田信長のように「第六天の魔王」を信仰したので、その霊力にすがって奥方を呪殺しようとしたことが発覚し、戸隠山に流されてしまう。

山の岩屋に籠った紅葉は霊術を振るい、山の民の病気治療や歌舞音曲を伝授する「巫女」として人々に崇拝されるようになり、山中に「紅葉党」ともいうべき集団をつくる。そのなかには山に巣窟をもつ山賊も含まれていた。

当然、この山賊集団は都の脅威となる。鬼女紅葉を討伐せよとの勅令が出て、因縁深い平維茂がその任にあたることになった。軍団が戸隠に攻め入ったが、深い山の中であるため、自然の力に翻弄され、敗退を喫する始末。それに怒った維茂は現在の上田市にかまえた本陣を出て、別所の北向観音に一七日間かけて断食の願行をおこなった。願いは聞き届けられ、夢の中で授けられた「降魔の利剣」を携えると、みずから紅葉の征伐に向かった。維茂は観音の庇護を得て、魅力を発揮できなくなった紅葉の首をはねることに成功した。斬られたその首は、紅葉が散るように宙を何度もひるがえって消えたという。この話は脚色されて謡曲『紅葉狩』となった。

紅葉は、一見すると山賊の頭領《とうりょう》として京の平家に滅ぼされるという展開になるが、地元のイメージはまったく異なる。山深い僻地に医術、薬術、そしてなによりも「芸能」を伝えた「第六天魔王の姫君」なのだ。たぶん、仏教徒というよりも、時宗と同様の「死霊鎮魂」の霊的技術に長けた存在であり、『高野聖』の妖女のように、猟で狩られる動物の霊を鎮める重要な役割をもった女性だった。

なによりも彼女は山の民のリーダーであり、その力を結集する力を秘めていた。その証拠が、最後まで紅葉を守って奮戦した怪力無双の「おまん」という女戦士である。彼女は身長が八尺あり、その怪力は三五人の男の力に匹敵し、髪が異様に長かった。つまり「山女」そのままなのだ。しかも一夜に千里走れたという快速は、山の女ならではである。今でもおまんをまつる神社は「足神様」と呼ばれている。この女戦士は維茂との闘いに生き残ったらしいが、鏡石にふと写った自分の姿があさましい「鬼」であることを知り、仏に帰依したという。

とてもいじらしい話だが、おそらく山の民にとっては、女性もまちがいなく戦闘要員だったのだろう。『古今著聞集』には、鎌倉時代に「近江のお兼」という怪力女がいて、突進する暴れ馬を、その引き縄を下駄一つで踏みとめたという。この女性は、五本指を使っていっぺんに五本の矢を射ることができたというから、大の男が五人かかってきたとしてもひと払いで投げ飛ばせたろう。また、のちの歌舞伎では、お兼は布をさらすのを仕事にしている。さらした布は白くなるから、これはまぎれもない、巫女の印だ。

山の民は、野蛮だから妖怪にされたのではない。怪力を含めた野生の力と霊力が、農業を営む里人には「驚異」に思えたからこそ、「鬼」と呼んだのだった。

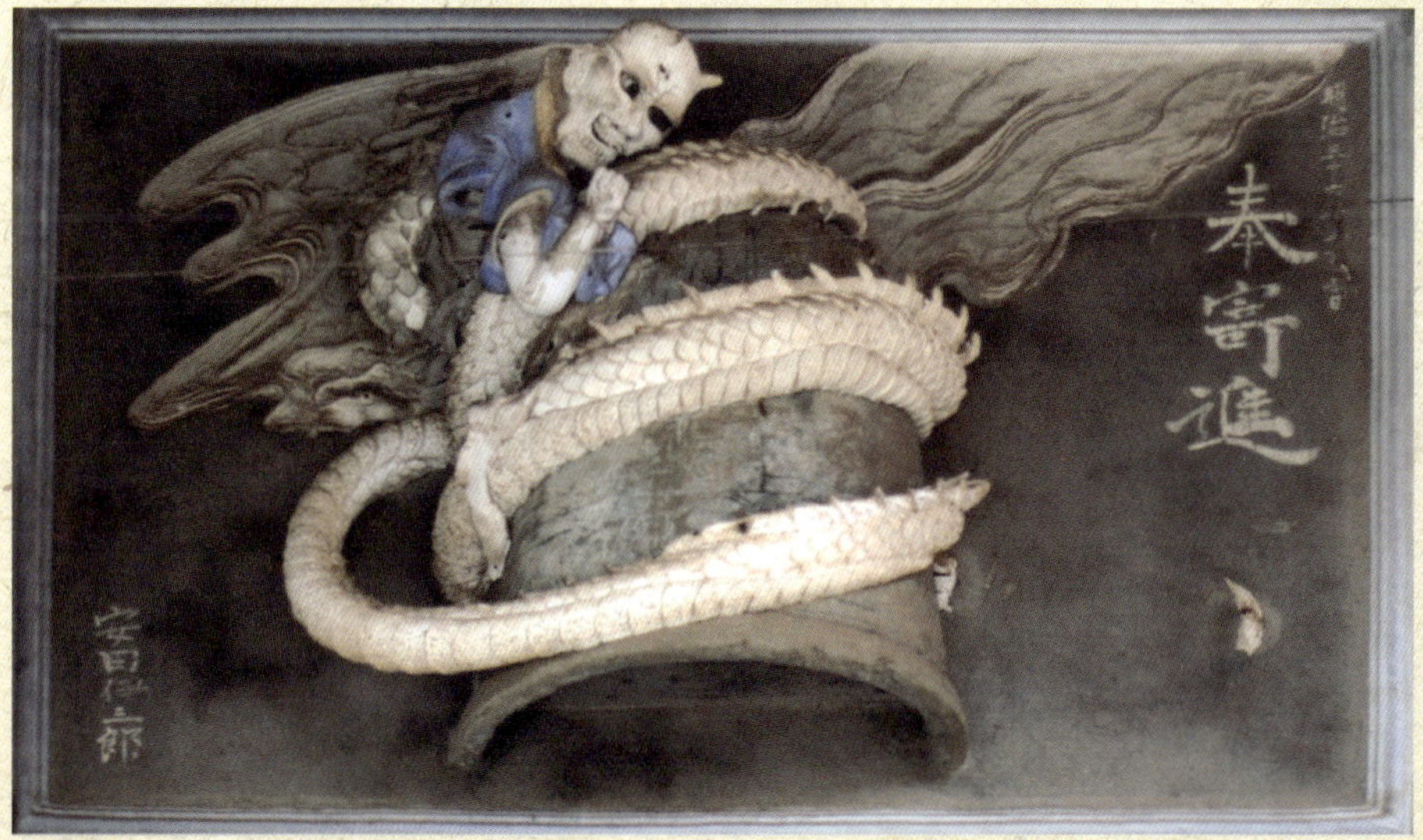

島根の鏝絵として有名な西往寺の「清姫像」。おそらく清姫も紅葉と同じく鬼女化された女性か

人怪

魍魎《もうりょう》
～川辺にくらす水の神～

中国や日本などの漢字文化圏では、昔から「魍魎《もうりょう》」という名のバケモノがいた。猩々《しょうじょう》に近い、人間型の妖怪で、『淮南《えなん》子《じ》』という古書によれば、大きさは三歳児ほど、赤黒色の体に長い髪と赤い目、そして長い耳をもつ。死んだ人間の肝や肝臓を食べて生きる「鬼」の仲間である、とも記されている。日本の河童が水中に入り込んできた人間を捕まえて「尻子玉」を抜く、と言い伝えがあるのは、水死者の内臓を食う魍魎の話が混じり込んだ結果かもしれない。

中国では、赤ん坊そっくりの声で鳴くので、水の中に住む水神の幼児という。『左伝《さでん》』という本に、魍魎は水に住むとあるので、『日本書紀』にも水神として記述されたらしい。水に関係があることから、河童のうち体が赤いものは、この魍魎が正体だとされる。また、死体を食うので、疫病を祓う神といわれた「方相氏《ほうそうし》」（別項目を参照のこと）が墓に入って魍魎退治を行ったと、『周礼《しゅらい》』にも書かれている。

魍魎は虎と柏の枝が苦手といわれ、そのため中国では墓に虎の石像と柏の枝を備えておけば、死体を掘り返されることはない、と信じられた。

一方、地上には、やはり人間の形をした鬼の一種として、「魑魅《ちみ》」と称する妖怪もいた。こちらは人の顔と獣の体をもち、陸を代表する魑魅と、水を代表する魍魎をあわせて「魑《ち》魅魍魎《みもうりょう》」とすることで、この世のバケモノを総称する呼び名が生まれている。

魍魎は、川辺に住む小さな妖怪で、水死者のキモを食べた。河童イメージの源か
（イラスト：東雲騎人）

茅原虚斎『茅窓漫録』より。この魍魎には「クハシャ」と読み方が示され、死者の亡骸を奪うとされた

鳥山石燕『今昔画図続百鬼』より。ここでは三歳児のように川辺で鳴く、赤い体の妖怪とされる

人怪

西洋の人魚

～人魚は未確認動物の代表だった～

人魚は、世界で古くから注目された「人怪」だ。北ヨーロッパや地中海では、人間によく似た海獣類が生息していたことが、その原因と思われる。古代中国では、どちらかというと人面魚に近い生きものと考えられ、それが日本にも伝わった。多くは上半身が人間で下半身が魚とイメージされ、鮫人《こうじん》とも呼ばれた。この鮫人の姿は、アザラシなどの体つきと同じであることから、すくなくとも西洋では人魚は海生哺乳類であったと考えられる。また、一九世紀に入り、フランスの博物学者キュヴィエらも人魚の正体をジュゴンとした。一九世紀に西洋の博物学者が唱えた説の影響だ。そうした説明が中国の博物学書である『本草綱《ほんぞうこう》目《もく》』などの注釈に使われただけであるので、中国で考えられた半人半魚の生きものの実体をすべて説明できるものではない。

この項目では西洋の人魚の歴史を語る。近世以降は架空動物としてあつかわれる生きものだが、近年に至って、未確認であるということを強調する「未確認動物」という呼称もひろまった。実在の海獣（日本では川や湖にいるオオサンショウウオも）と強く結びつけられ、むしろ現実に捕獲できる可能性のある生きものと考えられている。

西洋では、神話の段階から半人半魚は「神」として信仰されていた。まずバビロニアではオアンネスという海神が崇拝されており、下半身が魚の男性像として彫刻に残されている。これはさらにペリシテ人に受け継がれ半人半魚の主神ダガンになった。またシリアの月神アタルガ

シュメール時代のレリーフを参考にしたオアンネス像（イラスト：斎藤猛）

ティス（またはデルケト）は魚のひれをもつ女の姿であらわされた。この神は豊饒をつかさどり、ギリシアのアフロディテやローマのウェヌス（ビーナス）の原形となった。

　また古代ギリシアでは、海の精ネレイスや海神トリトンが人魚の姿をとると考えられた。これらの神々に姿が似る海獣（アシカやアザラシ）は、生きもの自体が神とみなされた。たとえばプリニウスの『博物誌』にはネレイスと呼ばれる海の生物についての言及があり、数百頭もの群れが海辺にいて悲しげな声で歌を歌うとしている。またトリトンは、人間の鼻と魚の鰓《えら》と広い口をもち、ネレイスたちを追いかける好色な海の神と見なされていた。これも、イメージはアザラシ類と思われる。

　ほかに、ギリシアに伝わる妖女の化けものセイレーンも、人魚の姿に近い。上半身が女、下半身が鳥というこの怪物は、その妖しい歌声でオデュッセウスの一行を魅惑し、海中へ引き込もうとしたが果たせず、怒って海に身を投じ魚に変じたといわれる。

　西洋での人魚に対する見解は、博物学時代に入って、さらに大きく変化する。「存在の連鎖」（生物は、上は天使から下は虫までが鎖のように連続する階層から成り立っている、という説）が有力だった一七世紀ごろまでは、海中にも陸上と対応する生物界が存在すると考えられ、海中の人間すなわち人魚の実在を当然とする見方が支配的だった。現に、各地の博物館や個人所蔵の標本には人魚の死骸と称する古い標本が多数残されている。これらは現在、エイやサメ、また一八世紀以後はサルと大型魚を組み合わせた「つくりもの」と解明されたものの、なかには本物にしか見えないみごとな標本もある。

　しかし一八世紀にいたり、動物学の進展によって人魚を実在生物ではないとする意見が優勢になった。リンネが初めて編んだ二名法動物分類学の体系（今の学名）から落とされてしまう。しかし、生きた人魚や人魚のミイラと呼ばれるものは、日本の細工物が流入したおかげで一九世紀を通じて各地で蒐集されつづけ、見世物にも登場した。

　この時期には日本製の人魚の剥製が圧倒的に出まわっている。その代表は、アメリカの興行師P・T・バーナムの一座が一八四二年に展示した「フィジーの人魚」だろう。あまりによくできていたため大センセーションを巻き起こし、各地の博物館が日本の人魚標本を奪いあった。

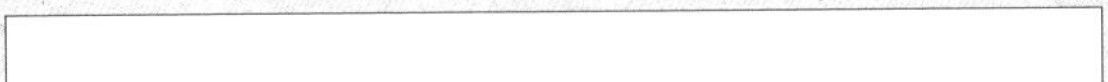

日本にも伝わった西洋人魚の代表的なイメージ。
地中海周辺でも見かけられた海獣類が起源だろうか

そのような西洋の人魚研究が日本に伝わったのは、一八世紀ごろのことだ。それも、人魚を薬と考える本草学（医学的博物学）の視点から、人魚の干物がジャワ周辺から輸入され、現物が取引されるようになる。『六物新誌』には、西洋の人魚のイメージも細かく伝えられた。

「……舶来の物品にヘイシムレルなるものがあって、人魚の骨のことだという。海外の書を調べると、（中略）これはスペインでベセブエルと呼ばれるものにほかならず、ベセとは魚、ブエルとは婦人の意味で、人魚のことである。また、アンブロシアス・パレの書に載った図には、オスメスとも両足があり、手には五本の指がある。メスは髪が長く乳房があり、耳は長くて角のように見え、オスも同じような容貌だが、その顔は老人のようにしわくちゃである。メスの顔は一六歳ほどの娘のように見える。またヨンストンの本では、オスメスともに子どものように見え、頭は長髪、手は五本指、足は亀に似ている。ともにへそから下は魚である。ファレンティンの『東インド諸島誌』では、メスの図だけがあって、姿は観音像に似ており、髪はまとめて結ばれており、手は五本指、それぞれ水掻きをもつ。丈が長く、左右にひれがある。ひれ尾の先に丸い球が三つ生じている（中略）。その姿は奇怪で、その成り立ちもよくわからないが、その原理は、石や草や禽獣にも人間の形にそっくりなものがあることと同じ事情によるのかもしれない。すなわち造花の妙というべきで、必然的な理由があってここに存在すると考えられる」

というのが、その内容だ。この本には、さらに、人魚をいけすで飼ったところ、人語は話せず、餌を与えても受けつけず、四日ほど生きていたがむなしく死んでしまった、と飼育記録もでている。

その結果、日本人も西洋的な人魚の姿をイメージに取り込み、江戸の後期から「人魚の標本」と呼ばれるつくりものがひろく見られるようになった。しかもこれが西洋人に受けて、西洋でも日本の人魚標本が人気を博する結果となった。

そういうわけで、一九世紀には西洋と東洋の人魚研究が一つになったといわれる。

日本の人魚については、別項「日本の人魚」を見ていただきたい。

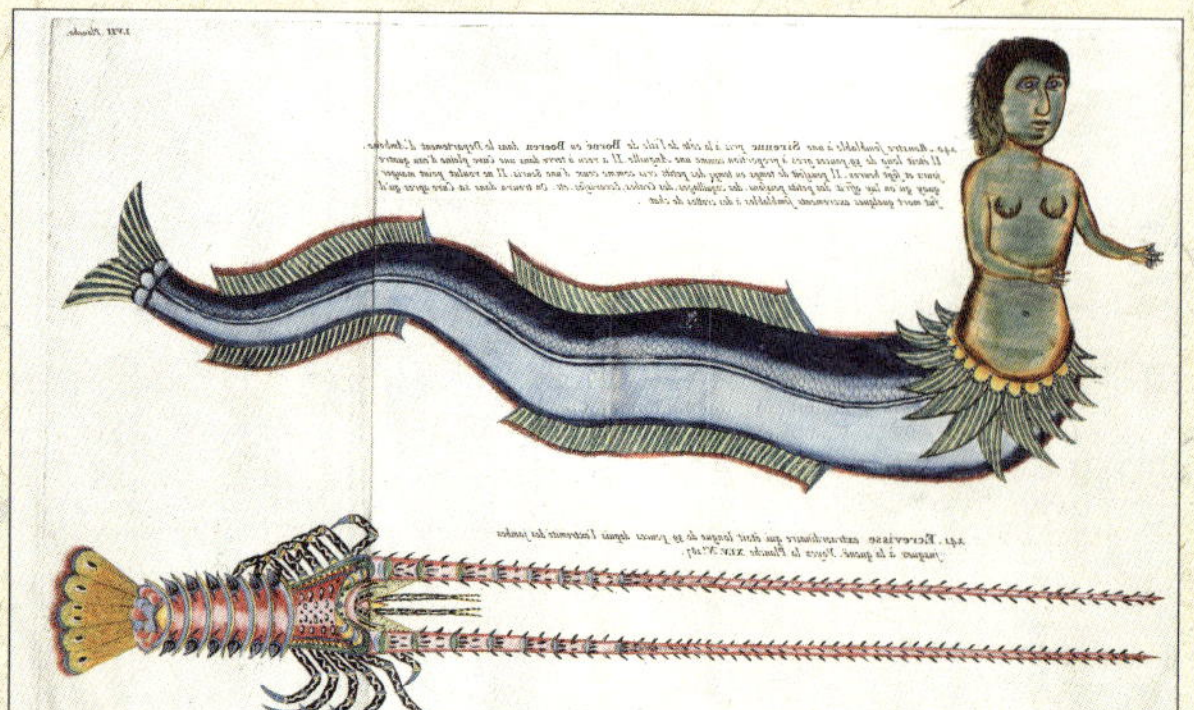

18世紀に製作されたインド洋の魚類図鑑に出てくる人魚。これは現地で実際に飼育されたという

飛頭蛮《ひとうばん》、ろくろ首、姑獲鳥《うぶめ》

～飛びまわる首の妖怪はアジアにひろがった～

中国には本草学《ほんぞうがく》と呼ばれた古典的な博物学が根づいており、バケモノも亡霊も中国的な分類学的に整理されていた。その延長線上に、不老不死の霊薬を求め神仙の世界にいたる方法などもくわしく研究された。秦《しん》の始皇帝などは、もっとも真剣に不老不死の行を実行した皇帝だった。仙人の住む別世界から霊薬を採取させるため、各地に学者を派遣したが、一人も成果を挙げなかったので、役に立たない学者たちを生き埋めにしたという記録さえある。

これに対し、唐の時代までには人間と動物、または妖怪たちがたがいに心を通わせ、殺しあいや化かしあいのような関係も生じたが、人とバケモノが恋をし、結婚して子どもをもうけるという異界を跨《また》いだ恋愛もたくさん報告された。これら人間と恋愛までできるほど近しい存在の話は、まず中国にたくさん生まれている。これが物語や伝説の形で読み物になったのが、「志怪《しかい》」あるいは「志怪小説」だ。志怪とは「怪をしるす」ことを意味する。

ろくろ首の伝承は、アジア各国にひろまり、それぞれの国で独自の妖怪を生み出した（イラスト：斎藤猛）

後漢から動乱の三国時代（日本では卑弥呼が出現する前後）に仏教が伝来し、今までの儒教や道教に代わる死者への関心が生まれ、霊となった人や妖怪たちとの交流も盛んになった。同時に不老長寿や煉丹術《れんたんじゅつ》のような「超人的パワー」を獲得する修行などがブームになる。また詩を中心とする華麗な文語表現の文学も盛んになって、「六朝《りくちょう》文化」が花開いた。人間とバケモノとの恋愛が、リアリティをもって人々に愛読された。これがのちに「牡丹燈籠」のような怪奇談に成長していくのだ。

志怪はそのような文芸流行のなかで、事実記録的な諸国噺を集めたもの、奇怪な噂話をしるした俗話ということで、取るに足らない話を意味する「小説」とも呼ばれた。ただ残念なことに、この「元祖小説」は完全な原本が現代に伝わっていない。多くは断片か別の書からの引用、あるいは後世の人が手を入れた再話ものだ。

志怪小説として有名な『捜神記《そうじんき》』は、日本語訳がある。原著者の干宝《かんぽう》という人は、自身の使用人が「死んでから十数年後」に蘇ったことに感動して、そうした奇談を書き記すようになったという。見本として、『半七捕物帖』の作者、岡本綺堂による翻訳「首の飛ぶ女」をお目にかける。

「秦の時代に、南方に落頭民《らくとうみん》という人種があった。その頭がよく飛ぶのである。その人種の集落に祭りがあって、それを虫落《ちゅうらく》という。その虫落にちなんで、落頭民と呼ばれるようになったのである。

呉の将、朱桓《しゅかん》という将軍が一人の下《か》婢《ひ》を置いたが、その女は夜中にねむると首がぬけ出して、あるいは狗竇《いぬくぐり》から、あるいは窓から出てゆく。その飛ぶときは耳をもって翼とするらしい。そばに寝ている者が怪しんで、夜中にその寝床を照らして視ると、ただその胴体があるばかりで首がない。体も常よりは少しく冷たい。そこで、その胴体に衾《よぎ》をきせて置くと、夜あけに首が舞い戻ってきても、衾にささえられて胴に戻ることができないので、首は幾たびか地に堕《お》ちて、その息づかいも苦しくせわしく、今にも死ん

中国では、超人的なパワーをもつ異国の民に関する情報が古代からあったが、飛頭蛮はその代表だ

『稲生物怪録』にも、首だけが動きまわる妖怪が登場し、中国の影響を匂わせる

でしまいそうに見えるので、あわてて衾を取りのけてやると、首はとどこおりなく元に戻った。

こういうことがほとんど毎夜くり返されるのであるが、昼の間は普通の人とちっとも変ることはなかった。それでも甚だ気味が悪いので、主人の将軍も捨て置かれず、ついに暇を出すことになったが、だんだん聞いてみると、それは一種の天性で別に怪しい者ではないのであった。

このほかにも、南方へ出征の大将たちは、往々こういう不思議の女に出逢った経験があるそうで、ある人は試みに銅盤をその胴体にかぶせて置いたところ、首はいつまでも戻ることができないで、その女はついに死んだという」（岡本綺堂訳）

これが「飛頭蛮」であり、お読みになった人は、「あ、これはろくろ首じゃないか」と気がつくはず。そう、中国では首が抜けて飛びまわるが、日本では首がうねうねと伸びていくというところが違う。しかも重要なのは、抜けた首が朝に戻ってきたとき、胴体を隠したり覆いをかけたり、あるいは位置が変わっていると、首は胴に戻れずに死んでしまうことだ。

首が抜けて飛ぶ、ということは、それだけ愛しい者がこの世にいることを意味している。たいていは恋人や家族、とりわけお産したときに死んでしまった母親は、亡霊となって首だけ戻ってきた。乳を飲ませて育てたかったのだろう。

日本ではこれが「姑獲鳥」という妖怪になって赤ん坊を護る話になった。中国では「姑獲鳥」は鳥の化けものだが、アジアでは産婦や看護婦のお化けとなり、日本では「死んだ妊婦」に変化した。墓から出てきた妊婦の亡霊が、お店で飴を買って赤ん坊に食べさせるという「子育て飴」の伝説にもなった。

この例のように、人間とバケモノはたがいに通じ合う存在といえる。妖怪の物語が人情にあふれ、ときに感動を与える原因が、そこにあるのではないだろうか。

日本では、この妖怪は「姑獲鳥」と「ろくろ首」となって定着したようだ

駕籠《かご》の女怪
～井原西鶴も妖怪に関心を寄せていた～

『好色一代男』といえば、ちょっと助平な物語と思い込んでいる人が多いと思う。しかし、作者の井原西鶴は、作家になる前は東の松尾芭蕉のライバルといわれた俳人だった。その西鶴が、文学を貴族や僧侶のためばかりに書く必要はない。これからは庶民のための文学が要る、と考え、日本で初めて一般町衆のために世間で生きるおもしろさを書いた大衆文学が、『好色一代男』だった。しかもこれは貴族が愛読した『源氏物語』のパロディだったのだ。一人の子どもが大人になるまでの五四年間（『源氏物語』の巻数にあわせた!）、たくさんの女性と浮名を流し、その女性と片っ端から関係をもつという、当時の町民たちが夢に描いた物語だが、今読んでみると、一般の社会の暮らしぶりやしきたりがじつに細かく書かれている。

絵心があった井原西鶴は、このような挿絵をみずから描いた

したがって、西鶴に妖怪の話や奇談集があっても、少しもおかしくない。なぜなら、江戸初期の町衆はお化けの話や妖怪に大きな同情と好奇心を感じていたからだった。

『西鶴諸国ばなし（別名『大下馬』）』は、いわば町人のための「異世界」のガイド本だった。この中にお化けの話がたくさん出てくる。昔だったらお坊さんとか武士が祟り神に鎮めるところが、民衆の物語になると、祟り神になるのは自分が捨てた女たちとなる。そんな『大下馬』こと『西鶴諸国ばなし』に出てくる不思議な人怪の話を、お目にかけよう。題して「姿の飛び乗り物」という。

この話にでてくる「乗り物」とは駕籠を示す。「姿」というのは美人の「人怪」を意味する。この美人の化けものが、空を飛ぶ駕籠に乗ってあちこちの町にたどりついては男を呼ぶという、とんでもない話なのだ。副題があり、「津の国の池田にありしこと」とある。摂津の池田というところに起きた実話だという前置きだ。

寛永二年というから江戸初期の時代、それも冬のことであった。摂津の池田というところに呉服神社という社があり、そこに「衣掛けの松」というものがあった。衣を掛けた松とは、意味深な名である。この衣掛けの松の下に、誰が捨てたか新しい女乗り物（女性専用の駕籠）があった。

芝刈りの子どもがそのへんの芝を刈っているうちに、とてもきれいな駕籠が置いてあるのを見つけた。その中に女の人がいるようだが、いったいこれはなんなのだろうと、町の大人に知らせたところ、大人がたくさん集まってきた。なんでこんな駕籠がここにあるかがわからず、ワイワイやりながら中を見ると、年のころなら二三、四の、都風の上品な美女が乗っていた。あまりにもきれいなのでみんな見とれてしまったが、正体がわからない。中を見ると、その女性とともに、非常にきれいな衣と、蒔絵《まきえ》の硯《すずり》箱や榧《かや》の実などもそこに置いてあり、お菓子が盛ってあった。ただ不思議なことに、そばにカミソリも一丁置いてあった。

なにやら妙な女性なので、村の人たちは尋ねてみた。

「なぜこんな田舎にあなたのような都の人がいるのですか。もし迷子になって置いていかれたのなら、我々が送り届けてあげましょう」

と言ったが、女はただ黙ってうつむいているだけ。ときどきじろっと上目を使うが、そう睨まれたときはぶるっと震えるほど怖いものがあった。その目で睨まれると、人々は家に逃げ帰ったりしていった。ところが、町の代官が、「そんな娘をあんな神社に置いておいたらオオカミの餌食になってしまう。お前たちすまないが、行って村まであの駕籠をおろして一晩みんなで番をし、朝になったら役所に届けてくれまいか」という話になった。人々が山の上に登ってみると、その乗り物はそこから南に一里下がった瀬川という西国街道の宿場の砂地に移っていた。

いったい誰が担いでもっていったのか。一里というから四キロくらいだから、遠いところに移っている。「いったいこれはどうしたことだ」と騒ぐうちに夜になってしまった。宿場町でその駕籠が発見されたが、そこは馬方をはじめ女性に弱いタイプの人が多かったので、夜になり風が吹いて人通りがなくなると、一人、また一人と女のところに訪ねてきた。そうして駕籠の中をのぞいて、今晩一緒に、お情けにあずかりたいという男が次々に出てきた。が、女は誰も相手にしなかった。

なかには荒くれ者がいて、無理やり引っ張り出そうとしたが、不思議なことに、手を出そうとすると女の体の左右から蛇の頭がのぞいてカッと威嚇をする。そして男どもにくらいついてひどい目に遭わせ、男は気を失ったりしたが、不思議なことに命だけは助かった。でもそういうふうに手を出そうとして蛇に噛まれた人々は、年も暮れ方になって難病を患ったという。

このようなことがやがて近隣の噂となった。摂津のあちこちで、「今晩はあの駕籠はうちの近所の旅籠屋にある」「うちの川のそばにある」といったことが京都にまでひろがって、「京都の松尾神社で見た」とか、翌日は「丹波の山の上に行ったらあった」というように、あちこち飛んでいく不思議な駕籠だとわかった。今晩はどこにいるのかさっぱりわからない。しかも中に乗っている美しい女性はときどき八〇歳の老女になったり、顔が二つになったり、化けもののような姿に次々と代わっており、見る人ごとにその姿は変わっていったという。これは化けものにちがいない。噂はたちまちひろまり、この籠が地上についているところを見るとたちまちみんな逃げ、夜道を歩いていて、乗り物が誰も担いでいないのにふらふら飛んでいるところを見た人などは、驚いて逃げるという状況になってしまった。

今、「久我縄手の飛び乗り物」と言い伝えられている怪談は、まさにそんな話である。慶安のころまでは、この駕籠は年中あらわれたといい、井原西鶴が描いた挿絵までついている。いつともなく姿を消し、淀川沿いの橋本や、狐川の渡し場に、見慣れない火の玉がその代わりにふわふわ出るようになったという。

――飛頭蛮にも通じる奇妙な話で、仏教の説話を飛び越えた純粋な奇談といえるだろう。

妖怪画の名手、橘小夢が描いた「駕籠の女怪」は、雨の中だ

人怪
Zinkai

鯉と人との「痴話」

～鯉と人間のあいだに生まれた人魚?～

　人間は、その気になれば、犬や猫といったペットを人のように愛することができる。しかも、愛されたペットがバケモノであったなら、本当に心が通じあい、結婚して子どもをもうけることだってできる。

　そのような物語は、「異類婚姻」と呼ばれる民話の世界だけかといえば、決してそんなことはない。れっきとした江戸の人が、かわいがっていた鯉に「こい」をした実話も残っているのだ。井原西鶴が一般庶民に読んでもらう文学として書いた『西鶴諸国ばなし』に載った、次のような「人怪」の話を紹介したい。題して、「鯉のちらし紋」という。

　ちらし紋というのは、鯉の体についている散らし模様のことであり、紋は模様という意味だ。井原西鶴は大坂（大阪）の人だから、「川魚は淀川のものを最上のものとしている」と書く。

　当時、川魚は食べ物として淀川で獲れたものが最上だった。大坂にちょっと近い河内の国に、内助が淵というところがあり、そこの魚はすごく味がいいので有名であった。昔から水が枯れたことがない池だという。

　この池の端っこに、内助が淵という名前の由来になった内助という漁師が一軒の家を建てて、一人暮らしをしていた。小舟を操っては一人で川の上に出て、たくさんの魚を獲っていた。とくに鯉を獲るのが上手で、しかもメスが獲れるとなかなかお金になったのだろうと思う。内助はこの池で鯉を獲るのを仕事にしていた。

　あるとき、獲り溜めておいた生け簀《す》を見ると、鯉の中に、メスではあるがとても凛々しい姿をした、すぐにそれとわかる模様のついた鯉がいた。とてもきれいなので、これは売るのをやめようとずっと売り残し、生け簀に入れておいた。するといつの間にか、鯉の鱗の一つひとつに、一つ巴の紋が生じた。つまり魂をあらわす火の玉のような巴紋が鱗にできてきた。

　なので、鯉にはトモエという名前をつけた。「おーいトモエ」と呼ぶと、鯉は

『西鶴諸国ばなし』（小学館ライブラリー）。怪談実話が流行した時期に西鶴があらわした奇談集

よろこんで内助のところへ寄ってきて、なついてくる。そのうちに水から出して、家の中で一緒に寝るようになった。ごはんも、普通の麩《ふ》とかそういうエサではなく、人間が食べるのと同じお米を食べるように慣らしているうちに、お米もちゃんと食べるようになった。一晩一緒に寝たあとまた生け簀に放してやると、元気に泳ぎ回った。そういう暮らしが一八年つづいた。鯉は長生きする魚だから、十分に可能なことだ。

　一八年も飼っていると、鯉もちょうど一五、六歳の女の人と同じくらいの背丈になった。そうして一緒に寝るわけだから、まるで鯉が恋人のようなことになった。

　あるとき、この内助という人に縁談がもちこまれた。会ってみるとちょっと年増の女性ではあったが、なかなか働き者の女の人だったので、これはいいとなり、初めて女の人を嫁にもらった。最初はどうということもなかったが、内助が漁に出て、夜に帰ってこない留守の日が一日あった。奥さんが一人で夫を待ちながら寝ていると、不審な女性があらわれた。衣の色は水色、そこに浪打模様がついたきれいな衣を着た女性が裏口から入ってきて、こう言った。

「私は内助殿と親しい馴染みで、このようにお腹に子どもまで宿している女です。ところが、不埒《ふらち》にもあの内助はあなたをお嫁様としてお迎えなすった。この恨みを忘れることは私はできません。私は前の恋人なのです。急いであなたは実家にお帰りなさい。そうでないと三日のうちに大波を起こして、この家を池に沈めてしまいます」

　そう言い捨てて、また闇の中に消えていった。女房は恐れおののき、もう眠ることもできない。朝までまんじりともできずに起きていて、帰ってきた夫にすぐこのことを話した。だが、内助は「ほかの女の人に手を出して、しかもその人が身ごもっているなどというのは身に覚えがない」と言い訳するばかり。

　その後、内助は、夕方からまた船に乗って漁に出た。ところが漁に出てみると天候が変わって波が立ち、ものすごい荒れ模様になったかと思うと、浮き藻の間から巨大な鯉が跳びはね、内助の乗っている船の上に降りてきた。そして、その大鯉はなにも言わず口をあけて、子ども形をした不思議な物を吐きだし、そのまま姿を消してしまった。内助がほうほうの体で逃げ帰って生け簀を見ると、あのトモエという鯉がいなくなっていた。

　井原西鶴は漫画の才能もあった人で、みずから描いた挿絵も残されている。大鯉が船の上に乗ってきて、赤ちゃんを口から吐いていく絵だ。これも考えてみれば、二股をかけると地獄に落ちるぞ、というような教訓話ではまったくなく、なんだか色っぽい女に、両方から責め立てられる話になっている。これも中国の妖怪恋愛小説が日本に伝わった影響と考えられる。

これも西鶴自身の挿絵で、鯉と結婚した男を描く

フィリピンで生まれた「飛頭蛮」の一種。日本の姑獲鳥と似ているが、さらにこわい（イラスト：斎藤猛）

マナナンガル
～フィリピンの姑獲鳥はおそろしい～

「マナナンガル」は、フィリピンに現れる妖怪だが、これをたどっていくと、アジアに誕生した妖怪の多くが、中国でつくられた原型から多様に発展したものであることを教えられる。

このバケモノは現在でもフィリピンでもっとも知れわたっている妖怪であり、現地では漫画にもなるほどの人気だ。この妖怪の姿は、普通とても美しい女性とされているが、ときにおそろしい老婆にも変身する。彼女たちは魔力を用いて近隣の村人に憑りつき、精気と美しさを吸い取ってしまう。まるで東洋版の吸血鬼のようなのだ。

だが、その正体はじつは悪魔と契約して霊力を得た「助産婦」だといわれる。この助産婦は四〇日の間、肉食を禁じられたとき、それを破って呪いの罰がかけられ、血をすすって生きる魔物になったといわれる。このような助産婦のバケモノは、妊婦や赤ん坊を餌食にしている。妊婦が出産直後にマナナンガルに血を吸われると、衰弱死するといわる。

マナナンガルは首だけが空を飛んで悪事を働く。しかも、その首からは臓物がぶら下がっているという。自宅に酢の瓶を具えていて、空を飛びまわって帰宅すると、引きずっている臓物を酢に浸し、小さく縮めて胴体に戻すらしいのだ。たしかに、このバケモノの呼び名はいずれも、「離れる」という意味をもつ。離れるというのは、首が胴体から離れること。「空を飛びまわる女の首」としてあらわれ、切れた首からは内臓がぶら下がっている。この化けものが夜にあらわれると、そうした臓物が蛍のように光って見えるのだそうだ。ただし、昼間その首は酢のおかげで胴体におとなしくつながっている。だから、バケモノに変身する助産婦は、つねに酢のにおいが漂っているのだそうな。

このバケモノを殺す方法だが、フィリピンで非常に賢い方法が伝わっている。マナナンガルは夜になると、首が抜けて内臓ごとそっくり引きずりながら飛んでいくので、残された体の向きを変えて置く。すると、血を吸って帰ってきたマナナンガルは、体に戻ろうとしても、向きがあわなくなり、死んでしまうというのだ。妖怪と人間の知恵比べは大変におもしろい。

では、マナナンガルはどうやって生まれたのか。じつはアジア各地には、首が抜けて空を飛び、人の生き血を吸うバケモノが、うじゃうじゃいるのだ。これは起源が中国の「飛頭蛮」と呼ばれる妖怪に発している。ろくろ首の原型だといわれる飛頭蛮は、中国の志怪小説集『捜神記』に登場する。この妖怪は夜に首が離れて空中を飛びまわる。呉の将軍朱桓という人物にやとわれた召使は、夜に首が胴体から離れて空を飛びまわったといい、首が離れた胴体は冷たくなるという観察記録まで残している。中国では、空飛ぶ首は両耳を翼のように羽ばたいて空を飛び、飲食物を求めるらしく、川で小動物をあさったり、油をなめたりする。この飛頭蛮を見分けるには、首に赤い筋があるかどうかを調べるのがよい、といわれる。

これが日本に伝承されて「ろくろ首」が誕生する。日本では夜中に首が蛇のように伸びる女とされ、首が離れているのではない。だが、古くは日本のろくろ首も胴体から首が離れ、空を飛んで人の血を吸うとされた時期もあった。たとえば小泉八雲の『怪談』の中にある「ろくろ首」に出てくるバケモノは、旅人を襲って食い殺す話になっている。

このバケモノがフィリピンではマナナンガルになった。バリ島などインドネシアにも伝わっており、タイのバンコクでは「ピー」という妖怪になった。ピーもろくろ首と関係がある。

さらにマレー地域には、「ペナンガラン」または「ハントゥー・ペナンガル」と呼ばれる女のバケモノがいる。この地域を民俗学的に調査したウォルター・スキートの書いた『マレー・マジック』によると、ペナンガランはヨーロッパの吸血鬼と同じ属性をもち、タイでは「クラスー」と呼ばれて、ラオスからカンボジアにまで知られている。このようにおどろおどろしいバケモノであっても、その起源は基本的に、子どもを産むときに死んだ不運な女性である、という言い伝えに根ざしている。つまり、フィリピンのマナナンガルが助産婦だというのは、もともとこのバケモノがお産のときに亡くなった妊婦であるからなのだ。

日本では、お産で死んだ女性の妖怪というと、姑獲鳥《うぶめ》が有名だが、これはおそらく首が抜けないマナナンガルだといえるだろう。それを裏づける物語に、タイのバンコクに伝わるもっとも有名な妖怪話「プラカノーンのメー・ナーク」というのがある。これはタイで何度も映画になった。子どもを死産し、自身も死んだ妊婦であるメー・ナークは、妖怪となって周囲の村人を次々に殺していく。しかし、なにも知らずに戦場から戻った夫は、この妖怪と死んだ赤ん坊とで家族の暮らしを取り戻す。しかしある晩、妻が床に落として物を拾うのに、体を動かさず、腕だけを蛇のように長く伸ばしたのを見て、妻が妖怪になった事実を知る、という話だ。

　これを見て、日本人がまず連想するのは、姑獲鳥とろくろ首ではないだろうか。幽霊飴の話も、ここにつながる。さらに、夫の帰りを待ちわびながら死んだ妊婦という流れから、中国の有名な怪異談『牡丹燈籠』と、上田秋成の『雨月物語』にある「浅茅《あさじ》が宿」も思い出すだろう。

　中国で書かれたオリジナルな『牡丹燈籠』は、生者に恋をした女の魔物が高僧の力で打ち払われると、怒りのあまり村々を滅ぼしていくが、日本版では、そのいちばん恐ろしい部分がカットされた。また「浅茅が宿」も、帰ってこない夫を待ちながら死んだ妻は、復讐のために村々を滅ぼしたりしないところが、日本のバケモノのやさしさといえる。

　もっとも、心やさしい妻の話「浅茅が宿」でさえ、妻が住んだ村は戦場となって焼き尽くされる。これは、妻がマナナンガルと化する代わりに、戦争が村を滅ぼすことにしただけで、恐ろしさの本質は変わらない。

　妖怪を各国で比較することは、とてもおもしろい研究に結びつくものだ。

『稲生物怪録』より。血を滴らせた姑獲鳥のイメージは、マナナンガルを思わせる

自然こそ妖怪だ
～バケモノの歴史を見なおす～

戦前のもっとも興味深い科学者の一人だった寺田寅彦は、バケモノ好きだった。科学者なのに、なぜバケモノなんかを好むのだといわれると、寺田先生はこう答えたという。

「お化けや妖怪に興味をもたない人が、どうして科学をおもしろがれるのかね。不思議なものは、みんなが関心をもつのだ。それで、昔はバケモノという説明を考えた。今はそれが、電気だの分子だのという別の仮説に変わっただけだ」と。

寺田寅彦は「化けものこそ知的進歩の源」と述べ、妖怪研究をすすめた
（出典：Wikipedia）

「……要するにあらゆる化けものをいかなる程度まで科学で説明しても化けものは決して退散も消滅もしない。ただ化けものの顔形がだんだんにちがったものとなって現われるだけである。人間が進化するにつれて、化けものも進化しないわけにはいかない。しかしいくら進化しても化けものはやはり化けものである。現在の世界中の科学者らは毎日各自の研究室に閉じ込もり懸命にこれらの化けものと相撲を取りその正体を見破ろうとして努力している。しかし自然科学界の化けものの数には限りがなく、おのおの化けものの面相にも際限がない。正体と見たは枯れ柳であってみたり、枯れ柳と思ったのが化けものであったりするのである。この化けものと科学者の戦いはおそらく永遠につづくであろう。そうしてそうすることによって人間と化けものとは永遠の進化の道程をたどっていくものと思われる。

化けものがないと思うのはかえって本当の迷信である。宇宙は永久に怪異に満ちている。あらゆる科学の書物は百鬼夜行絵巻物である。それをひもといてその怪異に戦慄する心持ちがなくなれば、もう科学は死んでしまうのである。

「私はときどきひそかに思うことがある。今の世にもっとも多く神秘の世界に出入するものは世間からは物質科学者と呼ばるる科学研究者ではあるまいか。神秘なあらゆるものは宗教の領域を去っていつのまにか科学の国に移ってしまったのではあるまいか。

またこんなことを考える、科学教育はやはり昔の化けもの教育のごとくすべきものではないか。法律の条文を暗記させるように教え込むべきものではなくて、自然の不思議への憧憬を吹き込むことが第一義ではあるまいか。これには教育者自身が常にこの不思議を体験していることが必要である。既得の知識を繰り返して受け売りするだけでは不十分である。宗教的体験の少ない宗教家の説教で聴衆の中の宗教家を呼びさますことはまれであると同じようなものであるまいか」

（寺田寅彦「化けものの進化」より）

さて、右のような引用を読んでいただいたうえで、読者に問いかけです。みなさんは、「化けもの」をどこで、どのようにして、ご覧になりましたか、と。

まず思い浮かぶのは、漫画や映画やゲーム。現代はバケモノ天国といえるほど、バケモノのイメージが氾濫している。今や、私たちはバケモノと友達づきあいをしているといってもよさそうだ。

けれども、本当は妖怪やバケモノは私たちの暮らす生活空間の中にいたのだ。しかも、妖怪なんていう名前もなかった。つまり、暮らしのぜんぶが妖怪との共生だったし、逆にいえば、科学の世界とか人間中心の文明世界なんてものもなかった。

だから人々は、いったいそういう世界に自分が住んでいるかもわからず、自然が教えてくれる楽しいことや怖いことを、ぜんぶ受け入れるしかなかった。そう、現実の暮らしがまるでゲーム世界だったのだ。

このリアル・ゲーム世界では、生き抜くには世界観を知らなきゃいけないし、登場するキャラクターもみんな知らなきゃいけなかった。

ところが！　目に見える相手は、まあ、なんとかなるにしても、この世界には目に見えないもの、原因がわからない出来事などがごろごろしていた。

そこでまず、見えない出来事を見えるようにしなければならなかった。急に雨が降ったり、夜になったり、雪が降ったり、雷が鳴ったり。そこには、なにかものすごい力が働いているらしいのだ。その「ものすごい力」を目に見えるようにするためには、キャラクターを設定して、名前もつけなければならない。でも、見えないから、想像力で形をつくりださなければいけなかった。それで、怖い出来事を起こす力は、うんと怖さが伝わるような、おそろしい形を想像した。たいていは、見えるもののなかでパワフルで恐ろしいやつがモデルにされた。熊みたいなやつや、毒蛇みたいなやつ、また支配権を握る力の強い人間どもの、もっと怖さをプラスした存在を造形した。頭が三つあるとか、眼が怖いとか、口から火を吹くとか。大木みたいなのが手足を生やして動きまわってしまうとか。

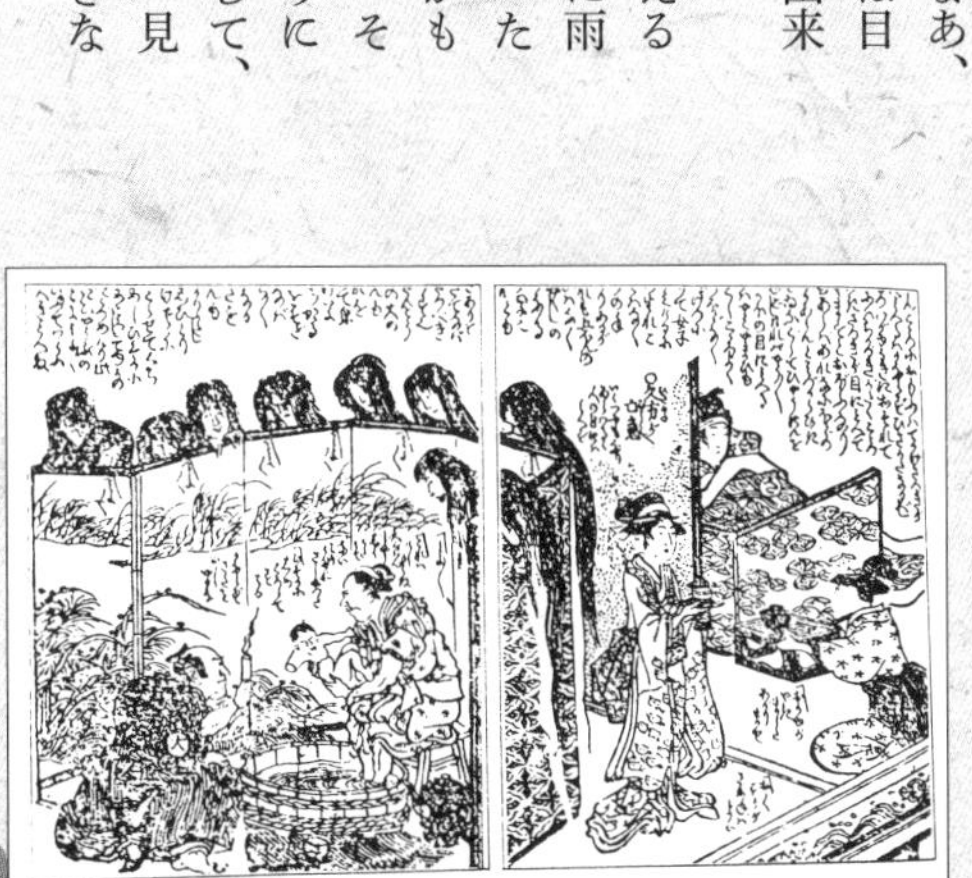

このおそろしい幽霊の絵も、科学的な視点でみれば「多重人格」の実像となる

こうして、この世はリアルなファンタジー世界になった。

見えるものと見えないもののミックスワールドだ。こういう創造物が増えれば、ゲームはどんどんシビアにおもしろくなる。でも、安心して暮らすには、それらの暴走を押さえなければいけない。人間が思いついたのは、「リアル」と「ファンタジー」を理性の力で区分けすることだった。リアルな物に対しては、それを人間のために役立てようとし、ファンタジーなものは「ただの嘘」ということで力をはぎ取った。せいぜいがお話やゲームの世界でだけ生かせるようにした。

そうしてできあがったこのミックスワールドでは、眼に見えない恐ろしい力は、ひとまとめにして「バケモノ」という名前にした。そして「バケモノ」に名前と位と住みかを与えて、人間にやさしい隣人にすることにした。その最初の名前が「神」だった。

神は人間がこしらえたファンタジーだけれども、しかしその源は「とてつもない自然の力」や「人間には理解不能な出来事」というリアルなものだ。だから、ときには途方もない怖い力を振るって、私たちの暮らしをめちゃくちゃに壊すこともある。これこそがお化けの恐さの源なのだ。そこで人間は「お祭り」という最初の「交渉術」を考え出した。

神にまつりあげて、やさしくしてもらったものはこれでいい。でも、本当に怖い存在は、人間を痛めつけるにも、やさしくしてくれるにも、半端ではない力を発揮する。それに、怖すぎるからその姿さえまだ形にできない。

そこで次に考え出した手立ては、なるべく重要なときだけ人間世界にきてもらって、普段はどこか遠い島や山の中にいてもらう取り決めをすることだった。そのかわり、人間世界にくるときは多少の乱暴も我慢するし、精いっぱいのもてなしをするのが条件だった。これで話がついて、本当にパワフルな存在は、霊界とか、常世とか、あるいは海や空のかなたに引っ込んだ。そして、毎年春の穀物の成長やら、山海の獲物たちの繁殖やらを開始する「年の初め」などに、人間界にお迎えした。そのとき、歓待された怖い力の持ち主は、帰るときにお土産をくれることも、取り決めのうちにあった。そのお土産こそが、豊漁や豊作、そして子孫繁栄の約束だったのだ。

今、そのような存在、「神」として飼いならすことができなかった本当にパワフルな存在を、かすかに思いださせる怖い祭りが、日本に残っている。今度ユネスコの無形文化遺産に登録された「秋田・男鹿のナマハゲ」「石川県・能登のアマメハギ」「沖縄・宮古島のパーントゥ」「鹿児島・甑島《こしきしま》のトシドン」、そして「悪石島のボゼ」といった怖い存在が、それだ。

「来訪神」という名前がついたが、本来は折口信夫という学者が「マレビト」という名で考え出した「神やバケモノがまだ生まれる前にいたパワフルな存在」のことだ。これのマレビトはどれでも恐ろしい姿であらわれ、子どもを怖がらせて大人に成長させる。

このマレビトがほぼみんな遠い辺境や海のかなたの島に残っていることに注目しよう。ナマハゲは遠い山から下りてきて、「悪い子はいねがー」と子どもを死ぬほど怖がらせる。じつは、このナマハゲの儀式と同じようなことが、西洋でも古代に行われていた。日本のマレビトに関心をもったオーストリアの学者アレキサンダー・スラヴィクという人が、ドイツ周辺や北欧にも、年末に遠方から「悪魔」がやってきて、子どもたちがまじめに生活しているかどうかを見てまわる。そして悪い子とわかるとお仕置きをし、いい子にはプレゼントを与える習慣があることを発見した。これって、マレビトだ。

この古い習慣がキリスト教の時代になって姿を変えたのが、クリスマスの祝いなのだ。サンタクロースが子どものプレゼントを運んでくる、という楽しい年末の習俗は、じつはマレビト信仰の名残りだった。だから、ドイツなどでは今もクリスマスには「クランプス」というバケモノじみた「鬼」が子どもたちのところにやってくる。妖怪が山から下りてくるのだ。くわしいことを、ぜひとも各項目で読んでほしい。

最近、日本でも流行り出したハロウィンも、キリスト教の時代まで生き延びたオリジナルな「マレビト」迎えの儀式だといえる。ハロウィンは一〇月末、クリスマスは一二月末、と時期が違うが、これは各地、各時代で旬が変わる時間の設定が違うからにすぎない。

日本でも、ナマハゲのようなお化けがやってくる時期は、東北では冬、沖縄方面では夏のお盆の時期だ。しかし、この日付はどれも「新年」へ切り替わる「正月」の意味をもっているのだ。

でも、それに耐えることが必要なのだ。年が変わって命の再生が始まるには、マレビトにきてもらい、お土産をもらわなければならないからだ。したがって、お土産(いわゆるお年玉)をもらったら、さっさと帰ってもらいたい。それで人間は宴会をひらいて歓待し、丁重におかえり願う。京都で夏におこなわれる大文字の送り火なども、姿の見えないマレビトに帰ってもらうためのイベントだった。

この儀式を終えると、人々もホッとして、新しい年を迎えられる。まちがって、来訪神がお約束のないシーズンにやってくると、人間はとたんに敵意をむき出しにする。このとき、人間はマレビトを殺すほど怒るのだ。これで悲惨な死を遂げた「マレビト」の実例がある。あのキャプテン・クックだ。一八世紀にクック船団が太平洋を調査したとき、ハワイ島にお土産をたずさえて上陸すると、ハワイ島の人々は「白い肌の人々が船でやってきて贈り物をくれる来訪神」、現地の言葉でロノがやってきたと勘違いした。クック船長は神として歓待され、無事また公開を続けることになったのだが、あいにく島を離れてすぐ、船にトラブルが起きてしまい、ハワイ島に引き返さなければならなくなった。しかし、来訪神が予定

平田篤胤も寺田に似て『稲生物怪録』を科学者のように探究した

にないシーズンに帰ってきたので、驚いたのはハワイの人々だった。とたんにクックを怪しみ、神ではなかったことを悟ってか、ついに戦闘状態になり、クックは殺されてしまったのだ。

こうして、本当に人間の生死を決める力をもつリアルな「パワー」が見えるようになった。これで人間はこの世に都市や農地をひらくことができるようになり、飼いならすことができたものわかりのいい「マレビト」を「神」という名で同居人にした。

それでも、世の中にはまだまだコントロールできない生きものや見えないものがあふれかえっているので、「神」の定員をふやし、神にしにくいものは「妖怪」としてこの世に入れないようバリアをつくった。

さて、ここからが人間の理性の出番だ。いろいろ訳のわからない力や存在との共同生活を始めると、神だ、妖怪だ、で、まつりあげておくだけではすまなくなる。とくに、まだすっかり正体をさらしたわけではない「妖怪」的な現象は、理性の力でなるべく怖さを取り除かなければいけない。

そこで人間は真の意味で理性の段階に踏み込んだ。怖いものをただ怖がっているだけでは、進歩はない。怖いものに目をみはり、好奇心を燃やして接するとき、人間は大きくなる、という考えが生まれた。これが「科学」なのだ。この先頭を切って、まだ人々がむやみに怖がっていた妖怪だとかお化けだとかに好奇心をもって勇敢に対決するグループがあらわれた。

最初は武力で怖い力を制圧しようとした武士たちが、妖怪をおそれることをやめて「妖怪退治」を始めたが、力だけで自然の猛威を防げないことがわかってくると、今度は「知恵」で妖怪を鎮めるようになった。それが「迷信退治」だ。

その後、妖怪の本質を理解し、そのまちがいを除こうという科学の人が登場する。医者であり、学者であり、また医薬を扱う本草《ほんぞう》学者たちが、そうだ。ここに至って、やっと妖怪は、ホラーの対象でなくなり、好奇心の対象に変わる。あらゆる意味で妖怪研究が進歩するのは江戸時代からだ。そして江戸の末期には、妖怪に出会った人たちの聞き取り調査を行う学者が出る一方、妖怪と一緒にあそぼうという庶民のエンターティンメントも流行することになる。妖怪はみんなの人気者になったのである。

そして現在、科学が進んだおかげで、私たちを囲んでいる宇宙や地球の不思議がいよいよ深まった。またゲームのような想像力の遊びが高度に発展し、「不思議」はいよいよ増殖し、奥深くなって、私たちの前に群がっている。

妖怪や、不思議な現象は、今、本当に好奇心を刺激する新しい「マレビト」の世界を形づくろうとしているのだ。

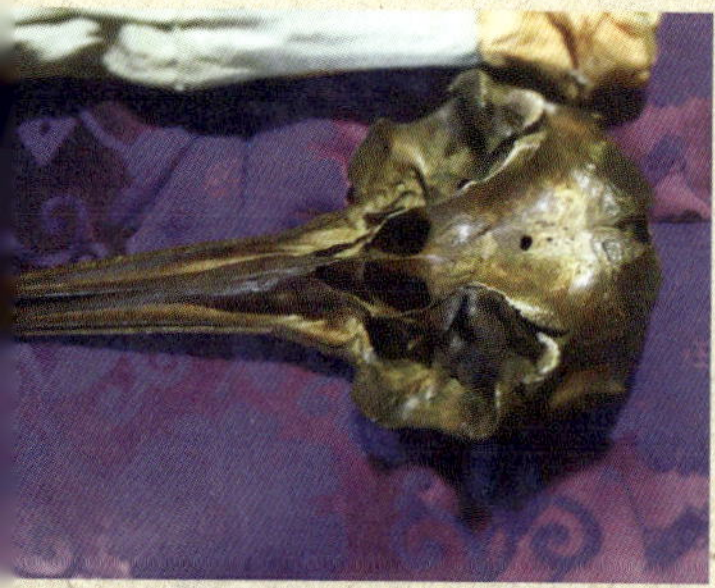

これは各地に伝わった天狗の頭骨だが、
江戸時代にイルカ類の骨と判明していた

自然

Nature

鎌鼬《かまいたち》
~カマイタチ現象は、昔から解明されていた?~

明治の昔から、カマイタチは奇怪な自然現象とみなされていた
（イラスト：東雲騎人）

ちょっとした湿地や坂道を歩いていると、急に、眼に見えないはものに切られたように皮膚が裂けて、出血する現象。イタチのしわざ、または妖怪のしわざとされ、日本全国で見られる怪奇現象だった。中国神話に登場する広莫風《こうばくふう》を吹かせる霊獣「窮奇《きゅうき》」と同一視され、「窮奇」を「かまいたち」と読ませる本もある。

中原啓蔵（育堂）という人が書いた『越後伝説四十七不思議解』（明治四一年刊）という本に、この妖怪が越後七不思議の一つとして挙げられている。この本は、明治四一年の段階で、さまざまな怪奇現象を科学的原因が起こした「普通の現象」として考えることにこだわっていて、いい意味での迷信打破を目指している点が新しい。すべてが自然現象という割り切りは、この当時に必要とされる「文明開化」の形だった。まず、全文を写しておこう。

「鎌鼬（かまいたち）

一に「構太刀《かまひたち》」とも書く。西蒲原郡や弥彦山《やひこやま》と国上山の間、黒坂と云ふ所にてつまづき倒るゝものは必ず此の奇禍《きか》に逢ふ。其他《そのた》国中何処となく、湿地あるいは古川筋などを歩行し、突然腰下に傷を受ける、その痕のあえて痛まざるものなり。

「カマイタチ」に斬られたと云ふ理由《わけ》は、空気の変動によって、空気中に真空部すなわち全く空気のないところができ、そして人間の体のある一カ所が、その真空に触れる時は、外部からの気圧が無くなるので、身体内部の気圧が外面にほとばしり出ようとして、それがために皮膚がやぶれるのであります。

すなわち、「鎌鼬に斬られた」というのは、空気中に生じた真空の所為であります」と。

カマイタチ現象が起きる理由については、もう昔から科学的な見解が出ていた。けれどもほんものの物理学者だった寺田寅彦にも、「化けものの進化」の一節に中原さんの説を訂正している。日本の文化人はどうしてこんなに妖怪現象が好きなのか、とつぶやきたくなるほどだ。

「……この現象については先年わが国のある学術雑誌で気象学上から論じた人があって、その所説によると旋風の中では気圧がはなはだしく低下するために皮膚が裂けるのであろうと説明してあったように記憶するが、この説は物理学者には少し腑に落ちない。たとえかなり真空になってもゴム球か膀胱かなにかのように脚部の破裂することはありそうもない。これは明らかに強風のために途上の木竹片あるいは砂粒のごときものが高速度で衝突するために皮膚が截断《せつだん》されるのである。（中略）数年前アメリカの気象学雑誌に出ていた一例によると、麦わらの茎が大旋風に吹きつけられて堅い板戸に突きささって、ちょうど矢の立ったようになったのが写真で示されていた。麦わらが板戸に穿入《せんにゅう》するくらいなら、竹片が人間の肉を破ってもたいして不都合はあるまいと思われる」。

また、『庄内可成談』という本にも、大変おもしろい記事がある。これも寺田先生の本に引用されているので、一緒に知っておくのがよろしい。

「……カマイタチは、形のあるものではなく、人の五体に風が触れると、そこが剃刀で切ったような傷になり、大変に血が出る。十中の五六は、塵土のある湿地などでは、わずかな辻風に触れると、そのような疵《きず》ができる。カマイタチは鉄器を嫌うものだから、刀などを帯びているものは悪さをされないという。これは陸奥《むつ》出羽《でわ》にだけあるお話だ」。

鳥山石燕が描いたカマイタチ。
『画図百鬼夜行』より

孕《はらみ》のジャン

～「オジャン」になる妖怪のこと～

四国に伝わる怪奇現象である。あるときとつぜん、海で「ジャーン」という音響が聞こえると、魚がぴたりと獲れなくなるという。これもなんらかの妖怪の仕業と考えられた。その音と同時に、海底から怪しい光が見えることもあると伝えられている。

四国の妖怪に、このような気象にかかわる妖怪が今も記憶されているのは、ここで青年期をすごした寺田寅彦が、妖怪に興味をもち、その原因が科学的にわからないか研究や推測を行ったことのおかげだ。

寅彦は、妖怪ジャンについて、とてもすぐれた仮説を発表している。

寅彦のふるさと高知あたりでは、「孕《はらみ》のジャン」と呼ばれる怪奇現象が起きる。孕とは地名で、「高知の海岸に並行す

「おジャンになる」といった言い回しとの関係もあり、寺田は怪奇現象「ジャン」を研究した（イラスト：斎藤猛）

る山脈が浦戸湾《うらどわん》に中断されたその両側の突端の地とその海峡」とを含めた名称だ。この海岸一帯に不思議な話が伝わる。たとえば、鹿持雅澄《かもちまさずみ》という人の著作『土佐今昔物語』に、こう書かれている。

「孕の海にジャンと呼ばれる稀有のものがある。誰もその形を見たことがなく、夜にジャーンと鳴り響いて、海上を行き過ぎるのだ。どんなに夜の漁が良くても、この音が響くと、魚はぴたりと獲れなくなる。この地方では、破談になることを「ジャンになりたり」というのも、この海上を行き過ぎるものから出た言葉であるらしい」と。

どうやら、私たちがよく、「おジャンになる」というのは、この妖怪に由来するようだ、と昔はいわれたらしい。そして、この話を子どものころから聞かされていた寅彦は、ジャンが起きると海面にさざ波が立つ、という情報を覚えていた。そして化学者になったあと、筑波山の柿岡盆地に出かけたとき、そこで地鳴りを体験し、これこそがジャンの正体かもしれないと直感したという。形容によっては「ジャーン」と鳴るような音がするし、一方から一方へ動いていくということも、地鳴りの特徴だった。これが水面にさざ波を起こすと、「短周期弾性波」が魚類を驚かすことになったのではないか、と。

地鳴りは小規模な地震といえる。高知では記録に残るだけでも過去に山海の大地震が発生し、海岸地方の崖が崩れた。そのひずみが小規模の地震を起こせば、海岸地方には地鳴りが発生する。

「もしこの怪異が起きれば、その前後にジャンが走る可能性があるので、ぜひ注意をもって音に注意してもらいたい」と付け加えている。

寺田寅彦が、ジャンの原因に関する仮説を立てたのはめざましいことだが、さらに地震の前兆というヒントも忘れずに話したことが、「叡智」という心の働きだろう。妖怪への関心は、やがてこうした災害の予防にもつながるかもしれない。

寺田寅彦には有名なエッセイ『化け物の進化』がある。全文はインターネット図書館「青空文庫」で読める

雷獣《らいじゅう》
～バケモノは空から落ちてくる～

雷獣の正体については、あの曲亭馬琴も考証物を書き残している（イラスト：東雲騎人）

人の力ではどうしようもない自然の猛威――とつぜん天から物が落ちてきたり、地がさけたり、山が火を噴いたり――は、昔から人々を恐れ、おののかせた。でも、そういう大事件を起こす力がどういうものかわからないし、見えない。

そこで人々は、そのような背後の恐るべき力に名前をつけ、形をつくることで、安心しようとした。神や妖怪の害を止めるには、相手の名前を言い返して、「おまえの正体は知っている」と宣言すれば、怪異が収まるという習俗が生まれたのだ。これが魔法や呪術の源、といってよい。また、雪女や鶴女房や、狐と結婚した安倍晴明のお父さんの話のように、バケモノは「正体」がわかってしまうと、人間の世界から消えてしまう理由にもなっている。

だから人々は、昔から怪異を止める方法として、相手の正体を見破ることに力を注いだ。昔は、妖怪としての名前をつけ、その正体をバケモノと決めつけることで、そして現代は怪異な現象を科学的に説明することで、妖怪退治をしたのだった。

江戸時代にあって、いちばん注目されたのが、落雷を起こす不思議で危険な力に、名と形を与えることだった。日本では、雷神あるいは「ゴロゴロ様」という「天空の鬼」が落雷を起こすとイメージされた。しかし、もっと昔は、中国からの影響で、天空には犬、オオカミ、あるいはキツネによく似たバケモノがいて、これが天を駆けるときに落雷や雷光が起きると考えた。しかも、このバケモノは自分も天が落下して、しばしば落雷痕に死骸で発見されるのだった。これを総称して「雷獣」といった。中国では、雷光だけでなく流れ星などを称して「天狗」、すなわち「空を駆ける狗《いぬ》」と呼んだが、こちらのイメージはのちに日本で「天狗」に変化した。

「雷獣」は、おそらく食肉目系の獣をイメージした妖怪だろう。江戸時代には各地で雷獣の死骸、ときには生きたままの獣が捕まっており、もっとも話題にのぼった怪獣の一つだった。

このバケモノは、その名のとおり、雷雨のとき雲に乗って空中を飛行する。雷とともに地上に落ちれば樹木を裂き、人を害すると恐れられた。その姿から「千年イタチ」「千年モグラ」などと呼ばれることもある。よく地面に大きな孔があいている場所は、これをモグラやイタチのバケモノ（千年というのは化けるほど長生きしたことを意味する）が掘ったといわれ、そのバケモノが空へ飛んでいった痕だともいわれる。

曲亭馬琴《きょくていばきん》（滝沢馬琴）は随筆『玄同《げんどう》放言《ほうげん》』に「雷魚・雷鶏・雷鳥」という一項をもうけている。それによると雷獣とは一説に小型のイヌに似て灰色、頭は長く、突出した口は半ば黒く、尾はキツネのようで二股に分かれ、とがった爪はワシのようだという。また別説では、首と尾はカワウソに似て、大きさはムササビほど、全体は子ギツネを思わせるという。

肥前国《ひぜんのくに》平戸藩の藩主だった松浦清（静山）の随筆集『甲子夜《かっしや》話《わ》』巻二にも秋田の雷獣の話が見える。当地では夏よりむしろ冬になると、吹雪とともに雷が激しく鳴る。ときには落ちることもあって、その際にネコに似た動物が一緒に落ちてくるという。さらに同書の著者、静山は秋田候の近習が屋根に落ちた雷獣を煮て食べたことを記し、「しかれば雷獣は無毒のものと見えたり」と述べている。そう、雷獣は食べられるのだ！

古く雷獣と信じられた怪獣の正体は、テンだといわれる。岩や木の根元、または古い建物の隅などに住み、小鳥や小動物を捕って食べる。おそらく雷雨のなかを走りまわるテンの姿や、落雷した木の下にテンの死骸が多く見かけられたことから、雷獣という妖怪が生まれたのだろう。

また最近の動物学説では、テンよりももっと里側に暮らすハクビシンのほうが雷獣とされた率が高いのではないか、とする。

雷獣がしばしば水かきをもつとされるのは、おそらく水生獣という要素を雷獣に与えれば、落雷による火災を封じ込めると期待されたことを物語るのかもしれない。実際、滋賀県東近江市にある富士神社は、落雷を引き起こす雷獣を封じた

雷獣も江戸時代にはリアルだった。雷が多発する地域で死骸などが保存された

ことから「封じ」が「富士」に改められたという社殿をもつ。雷獣はおおむね、死骸となったものが発見されるのだが、なかには生きている雷獣を飼育した記録もある。

しかし、そうではなく、まったく異質な姿をした雷獣も、江戸時代には目撃されている。有名なのは広島県西部に落ちてきたカニのような姿をした雷獣だ。享和元年（一八〇一年）、芸州五日市村（現・広島県佐伯区）に落下したものをはじめ、広島周辺に数例も落下の記録がある。なかには絵に描かれて伝わっている例もあり、『奇怪集』に載ったものが有名だ。クモに似た顔があり、全身を鱗に覆われ、背部には毛もあって、四肢の先端は鉄のように固いハサミ状になっている。絵を見ると精密さがあり、このモデルとなった物体が存在することを暗示する。これらの記録は享和年間に集中しており、西暦でいうと一八〇〇年前後であることから、バケモノを作り物として細工する文化が定着した時代であり、海で捕れた大型のカニを用いた怪物標本だったかもしれない。このイメージは、雷獣のなかでもずば抜けて異才を放っている。

竹原春泉画『絵本百物語』より。この本では「かみなり」現象として描かれる

和歌山県の刈萱堂に伝わる雷獣の死骸

ブロッケンの妖怪

～自然と偶然が生み出す聖なる眺め～

自然 Nature

非常に不思議な山の怪異。ドイツにあるブロッケン山は、この現象がよく目撃されるので、この名がついた。この山は北ドイツのハルツ地方にあり、ゲーテの『ファウスト』にも登場する魔女たちの夜宴会場として有名だ。そのため、古くからこの山は魔物が住むと伝えられた。

「ブロッケンの妖怪」は、この山の頂上付近、雲海を見下ろす斜面などから見ることができる。なんと、太陽が自分の後ろにあるとき、その光が自分の影を向かい側の霧や雲海に映し出し、その影のまわりを虹の輪に輝かせるのだ。まさしく妖怪の仕業といえるだろう。

この現象は、急な山肌に霧がかかり、上まで覆うようなときに発生する。日の出か、日の入りに太陽光が背後からさすと、人影が霧のスクリーンに投影され、光が細かい水滴などに乱反射して虹の輪

ブロッケンの妖怪（イラスト：斎藤猛）

もつくりだす。二重の光学的現象だ。しかも、場所が魔物の住む山なので、ゲーテの時代にも妖怪現象として有名だった。

この現象は、日本でも条件にあった場所、たとえばダムがあって霧が出やすい福島県の只見町の高地などでも発生する。この現象は、西洋では妖怪として位置づけられるが、山の向こうに黒い人影があらわれ、それが後光に包まれているため、日本では人々を浄土に迎える阿弥陀如来だと捉えられた。山に登って御来《ごらい》迎《ごう》を拝する習慣は、山を拝む修験の行者がつくりだしたもので、西洋の妖怪イメージよりもずっと古いといわれる。

西洋では妖怪、日本では阿弥陀如来、怖いものとやさしいものとの差は、まさに紙一重といえるだろう。

ブロッケン山の怪現象を描いたイラスト

ブロッケン山は古来より魔女が一年に一回宴会をする場所と言われていた

自然
Nature

頽馬《たいば》
～狂乱する馬の妖怪と、その解明～

妖怪の正体を科学的に理解しようとした寺田寅彦は、幼いころ四国高知に暮らした。この土地も妖怪がいろいろとたくさん登場するが、とりわけごくまれに起きる自然現象のなかに、「妖怪」の仕業と考えられる出来事が多い土地柄だった。そこで、この「自然」妖怪については、寺田が考証した事例をたくさん取り上げる。

まずは、このバケモノは各地でいろいろな名がついているが、四国で「頽馬《たいば》」、駿河などでは「提馬風《だいばかぜ》」、越後で「提馬《だいば》」、尾張や美濃地方で「ギバ」、というように、終わりに「ば」という言葉が付く場合が多い。これは「馬《ば》」をあらわす。

浅井《あさい》了意《りょうい》という人は、戦国時代以降日本に流行する怪異談の先駆けをつとめた作家で、有名な奇談集『伽婢子《おとぎぼうこ》』をあらわした。この本には「牡丹燈籠」など

タイバ。明治の昔からカマイタチと並ぶ奇怪な自然現象とみなされていた（イラスト：斎藤猛）

いくつかの怪談が含まれ、また地方の怪異現象として「鎌鼬附提馬風《かまいたちとだいばふう》」と題した一編をおさめている。浅井了意はこの現象を「カマイタチ」と同じ目に見えない「風」による奇現象と考えたところが注目される。

「里人が馬に乗ったり、馬を引き連れているときに、つむじ風が発生し、砂を巻き込んで渦をつくり車輪のように馬の前方を回転することがある。そのつむじ風は大きくなって、馬の上を回転して、たてがみを立たせ、そのたてがみの中に赤い光が細い糸のように入り込む。馬は後ろ足で立ち、いなないたあと打たれたように倒れて死ぬ。（中略）もしも、つむじ風が馬の上におそいかかれば、そのとき刀を斬り払い、真言をとなえれば、風は止んで馬は傷つかない」と。

また、『越後伝説四十七不思議解』という本にも、「ダイバ」と呼ばれる妖怪の話があり、

「越後では馬が足などに負傷し、はげしく出血して倒れることがあります。これも、かまいたちと同じ作用で、なにも不思議とする必要はありません」と語っている。

寺田寅彦も、四国高知で「頽馬」と呼ぶこの現象を、一種の気象現象と分析した。随筆『怪異考』の中で、こう書いている。

「……次に問題にしたいと思う怪異は「頽馬《たいば》」「提馬風《たいばふう》」また濃尾《のうび》地方で「ギバ」と称するもので、これは馬を襲ってそれを斃死《へいし》させる魔物だそうである。（中略）このギバの現象には二説ある。その一つによると旋風のようなものが襲来して、その際に「馬のたてがみが一筋一筋に立って、そのたてがみの中に細い糸のような赤い光がさし込む」と馬はまもなく死ぬ、そのとき、もし「すぐと刀を抜いて馬の行く手を切り払う」と、その風がそれて行って馬を襲わないというのである。もう一つの説によると、「玉虫色の小さな馬に乗って、猩々緋《しょうじょうひ》のようなものの着物を着て、金の瓔珞《ようらく》をいただいた」女が空中から襲ってきて『妖女はその馬の前足を上げて被害の馬の口に当てたあと足を耳からたてがみにかけて踏みつける、つまり馬面にひしと組みつくのである』。この現象は短時間で消え馬は倒れ

伝説に伝わるとおりのタイバを描いた図。三好想山『想山著聞奇集』より（出典：Wikipedia）

るというのである。（中略）（注目するべきは）この怪異の起こるときの時間的分布である。すなわち「濃州《のうしゅう》では四月から七月までで、別して五、六月が多いという。七月になりかかると、秋風が立ち初める」、とギバの難は影を隠してしまう。武州常州あたりでもやはり四月から七月と言っている。また晴天にはあらわれず「晴れては曇り曇っては晴れる、村雲などが出たりはいったりする日に限って」あらわれるとある。また一日中の時刻については「朝五つ時前（午前八時）、夕七つ時過ぎ（午後四時）にはかけられない、多くは日盛りであるという」とある。（中略）

以上の現象の記述には、なんらか事実にもとづいたものがあるという前提を置いて、さてなにかこれに類似した自然現象はないかと考えてみると、まず旋風が考えられる。もし旋風のためとすればそれは馬が急激な気圧降下のために窒息でもするか内臓の障害でも起こすのであろうかと推測される。しかしそれだけであってこのギバのほかの属性に関する記述とはなんら著しい照応を見ない。もっとも旋風は多くの場合に雷雨現象と連関して起こるから、その点であとに述べる時間分布の関係からいって多少この説に有利な点はある。しかしいわゆる光の現象やまた前述のまじないの意味はまったくこれでは説明されない。

これに反して、ギバがなんらかの空中放電によるものと考えると、たてがみが立ち上がったり、光の線条が見えたり、玉虫色の光が馬の首を包んだりすることが、ぜんぶ生きた科学的記述としての意味をもってくる。また衣服その他で頭をおおい、また腹部を保護するということは、つまり電気の半導体で馬の身体の一部を被覆して、放電による電流が直接にその局部の肉体に流れるのを防ぐという意味に解釈されてくるのである。

それにしても、この項目の解説は、どうやら寺田先生の文章で尽くされてしまうようだ。

中国
China

龍

～その造形には暗号があった⁇～

龍は、中国が生んだもっとも有名な「合成獣」だ。体の各部は別々の動物の特徴を集めて構成されている（イラスト：東雲騎人）

「龍」は中国で三千年以上も昔から麒《き》麟《りん》や鳳凰《ほうおう》と並ぶ霊獣に数えられてきた。

昨年来日したブータンのワンチュク国王は、龍が雷の声を発して建国の地を教えたという「龍（ドゥク）の国（ユル）」の元首であり、「龍を見たことがある」と発言、驚いた日本の子どもに「竜は一人ひとりの心に住み、経験を食べて大きく育つ」と説明して評判になった。

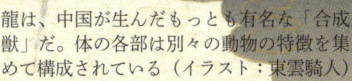

仏教発祥地インドで、龍は雨を呼び水を司る蛇体の神とされた。仏教と一緒に守り神の龍も日本に入り、雲に包まれ雷の声を発する龍の絵が寺院の天井などに描かれた。滝という字に「竜」が入っているのも、轟々《ごうごう》と鳴り響く水音が龍の声と信じられたからだ。古代日本でも水神は蛇体だったらしく、平安京の神泉苑《しんせんえん》にインドの善女龍王《ぜんにょりゅうおう》を勧請《かんじょう》して雨乞いを行った空海も、龍王は蛇体だったと伝えている。

では、龍はいつから妖怪めいた姿になったのか。中国では仏教渡来以前から龍という霊獣が崇拝され、国家建設や皇帝誕生などの瑞兆《ずいちょう》に用いられた結果、後漢のころにその定型イメージが固まった。頭がラクダ、角が鹿、目が鬼（または兎）、耳は牛、頸は蛇、腹は蜃（しん）、鱗は鯉、爪は鷹、手は虎と、九種の動物合体である。これにインド仏教に出てくる仏法守護の水神イメージが乗って日本に伝わった。龍は春分に天へ起《た》ち秋分に降《くだ》るため、日本の古訓を「たつ」とする。龍が空を飛べるのは頭頂に「博山」という瘤があるからで、ほかに鱗の数が九九の重陽《ちょうよう》にちなみ八一枚、喉には「逆鱗」、顎下に財を恵む珠がある、などの細かい決めごとがある。龍の造形にはおもしろい暗号が隠されており、ひょっとすると「ダヴィンチ・コード」よりもすごいかもしれない。

古代中国では、天帝の乗り物を引くのが龍とされた

歴代の皇帝とその関係者だけが、五本爪の龍紋を使用することができた

中国
China

麒麟《きりん》

~妖怪ではなく聖獣として尊ばれた怪物~

　百獣の長として、王者が仁ある政治を行うときに麒麟はその姿をあらわすという。伝説によれば、漢の武帝の世に麒麟があらわれ、武帝はこれを記念して麒麟閣という御殿を築いたという。また孔子の母は麒麟の足跡を踏んだために彼をみごもったといわれる。『三才図《さんさいず》

麒麟の「麒」は、〈大きい〉の意。つまり麒麟とは「燐光を発する大きなシカ」を示す。中国の想像上の瑞獣《ずいじゅう》。一般に形は麕《くじか》（ノロのこと）に似て、ウシの尾、ウマの蹄《ひづめ》と一角をもつといわれる。体から五色の燐光《りんこう》を放ち、腹の下は黄色。角の端は肉でおおわれ攻撃には用いない。生きた草や虫を踏まず、常に単独で行動する。よく麒麟の絵に、足をツンと曲げて飛ぶように歩く姿が描かれるが、これぞ「草や虫を踏むまい」とする心配りを示すものだ。この心やさしい幻獣は英語ではユニコーンにあたるが、ユニコーンは凶暴な幻獣の代表だから、両方を結びつけるのは性格的に無理がある。なお麒麟は落とし穴や網などの罠《わな》にかかることは決してない。また、麒麟は転んだこともない！

麒麟の、その足元に注目。足首をクルリと返しているのは、草や虫を踏まないという聖獣の慈愛を示す（イラスト：東雲騎人）

会《え》』によれば、この獣の雌を麒、雄を麟と称し、角のあるほうが雄、すなわち麟だという。しかし『瑞応図《ずいおうず》』では逆に雄を麒、雌を麟と呼ぶとしている。日本にも古く仁をもつ霊獣としてひろくその存在が知られていた。ちなみに中国では動物界を羽蟲・毛蟲・甲蟲・鱗蟲・裸蟲の五つに分類し、麒麟とは毛蟲の長とされる。ただし、ここでいう毛蟲とは「毛のある動物」の意。いわゆるゲジゲジのことではない。なお裸蟲はヒトだという。

麒麟とアフリカに分布するキリンとは元来まったくの別物であるが、中国では明代のころからキリンがたびたび渡来するようになり、古くから伝えられる麒麟の姿とよく似たこの動物に同じ名称が用いられるようになったらしい。日本では一九〇七（明治四〇）年、キリンが初渡来したときに動物学者、石川千代松がこの名を定めたと高島春雄『動物渡来物語』にある。

また「麒麟児」という言葉があり、才智にすぐれた少年のたとえに使われる。これは中国で古来より、将来の聖王を麒麟が運んでくる「麒麟送子」と信じられたことによる。ただし、「麒麟のつまずき」ともいわれる。これは賢者、才人でも失敗することのたとえ。麒麟と書けば、一日に千里を走る駿馬の意なのに、麒麟も老いてしまうと、ただの駑馬《どば》になって、使えなくなる、という『戦国策』由来の成句だ。すぐれた人でも年老いると凡人に劣るようになるのだ。妖怪も、歳には勝てない。

麒麟もまた合成獣であり、日本ではしばしば龍、一角獣、獏などと区別されない

この麒麟図も槌を踏まない歩き方になっていて、飛ぶように見える

日本のキリンビールの登録商標も、この足の特徴は守られている

白澤《はくたく》
～東照宮でも間違えられていた中国の霊獣～

妖怪、というよりも「霊獣」と呼んだほうがよろしい。バケモノのなかには、めったに見られず、しかも驚くべき姿をした霊獣というくくりがあって、これがあらわれたら世の中が安定し、かしこい指導者があらわれ、人々が幸福に暮らせると信じられた。もし、こうした霊獣が現れれば国を挙げてお祝いし、日本では元号を変えることさえあった。「霊亀」という元号などは、神聖な亀の霊獣が発見されたことで、世の中がさらによくなることを祝ってつけられた言動だった。妖怪には、怖いものもいれば、友達つきあいできるもの、また世界をしあわせにしてくれるものまでいるが、人々がいちばん関心をもっていたのが、この霊獣だった。

　古代では日本でも中国でも、まずいちばん出てほしいバケモノの一つが、「白澤」だった。この動物は、麒麟《きりん》と貘《ばく》に関係の深い、縁起の良い聖獣だ。中国の深山に住むといわれ、一対の角をいただき、下顎にはヤギのような髭がある。人の言葉を話すことができるともいう。特徴は体のあちこちに目がついていること。九つの目があるともいわれた。なぜ体に目がついているかは定かでないが、おそ

白澤は体中に目があるという、独自の姿をもつ聖獣だ
（イラスト：東雲騎人）

らく周囲の平穏が破られぬように注意深くこの世を見守るためだろう。日光東照宮にも、この霊獣が刻み込まれている。ただし、『和漢三才図会《わかんさんさいずえ》』に載る木版図のように、むしろ獅子に似た姿をして、体にも目がついていない場合もある。

同書は『三才図会』の引用として、「東望山（江西省）に澤獣がいる。一名を白澤という。よく言語をあやつる。王者が有徳でその徳が明照幽遠なときは姿をあらわす。昔、黄帝が巡狩をして東海に至ったとき、この獣の忠告によって世のために害を除いた」と、ある。

鳥山石燕『今昔百鬼拾遺』より。皇帝はこの獣を見て善政を実現したという

名の由来は「沢に住む獣」によるものらしい。『礼記《らいき》』などに、冬になると陽気を受けて角を生じる、とある。あるいは光を浴びて角が生え、「白い艶＝光沢」にかがやく姿の意味かもしれない。

日光東照宮の拝殿内に霊獣を描いた二枚の絵がある。拝殿の正面に向かって左右の杉戸に描かれ、狩野探幽の作といわれる。これまでは、右側は麒麟を、左側は貘を描いたものといわれてきた。しかしこの「貘」は下顎に髭をもち、一対の角をいただき、頸骨のあたりに目とおぼしい付属物があり、明らかに白澤であることを示していることがわかった。昭和六二年九月二一日付朝日新聞に、東照宮側がこの絵の説明を「貘」から「白澤」に変更したことを報道した。東照宮側の説明によれば、同宮所蔵の江戸期の史料に「白澤」とあること、および「貘」と誤り伝えたのは昭和二七年ごろからであるなどの経緯が明らかになったことによる、という。

日光東照宮の拝殿にある白澤図。かつては貘と思われてきた（写真提供：日光東照宮）

中国
China

鴆《ちん》

～日本にもいた、毒をもつ怪鳥《けちょう》～

中国で千年以上前から「妖怪ハンティング」の対象にされていた怪しい鳥のバケモノ（これを怪鳥と書いて「けちょう」と読む）に、チンと呼ばれた鳥がいる。漢字では「鴆」と書くが、おどろくべきことに、古くから日本でも知られていたし、実際にチンが出たという記録もある。

　チンは中国の本に登場し、絵にもなっている。全身真っ黒で、ワシやタカくらいの大きさがあるとされた。目じるしは、首のまわり。ここが、えりまきを巻いたような羽毛になっていて、色が赤い。おまけに、目も血で満たされているので、赤く光る。また、くちばしも赤いという情報もある。キジやヘビクイワシと同じく、蛇（とくに毒蛇が好き）を踏みつけて食べる。

　じつはこの鳥は、毒を出す、というめずらしい特性がある。毒蛇を食べることから、フグと同じようにヘビ毒を体内にたくわえられるとしたら、鳥のなかではほかに例がない能力だ。くちばしで毒を羽毛になすりつけ、その羽を水につけると、毒が溶けだす。また、糞にも毒素成分があるらしいので、中国では、糞や羽を酒にひたして毒殺用の「チン酒」をつくった。この毒酒は無味無臭、少量で人を中毒死させられるため、重要人物の暗殺に使われたらしい。この鳥が羽をつけた川は毒のために魚が浮き上がり、巣を作った木のまわりの草はすべて枯れるそうだ。

中国の本蔵書では、このような「小鳥」に描かれているが……

　チンに関する情報は、中国の古代地理

書『山海経』の中山経に書かれている。「チンは山中に住んでいて、形は普通のニワトリに似ており、よく、飛ぶ虫を食べる」とある。

同じく中国の著名な博物学書『本草綱目』（李時珍）では、次のように書かれている。

「この鳥は鷹やフクロウに似て、黒紫色の羽毛に黒い目、赤いくちばしをもっている。雄が鳴けば晴れ、雌が鳴けば雨になる。また好んで橡《とちのき》の実や蛇を食べる。チンに食べられた蛇は口に入ったとたんに毒を出し、それが鳥の毒となる。もしこの毒にあたったら、サイの角が解毒剤となる」。

日本の文献にもチンが出たという記録がある。江戸時代の奇談集『甲子夜話《かっしやわ》』によると、「信州の飯嶋というところで、土地の者が小鴨ほどの鳥を捕まえた。料理しようと大鍋に鳥の肉を入れて煮ると、肉が膨れ上がって鍋のフタを持ち上げるまでになったので、人々は恐れて川に捨ててしまった。翌日、肉を捨てた川には下流まで大小夥しい数の魚が死んでいた」。

また『黒甜瑣語《こくてんさご》』という本に、「伊達の掛田というところに古池があった。あるとき、この池に山鳩ほどの赤い鳥が浮かんでいた。土地の者がこれを矢で射ると、命中した。鳥の死骸を取ろうと池に入ると、その男はたちまち死んでしまった。鳥も生きており、どこかへ飛び去ってしまった」。

チンは長らく想像上の毒鳥と考えられたが、二〇世紀になってニューギニアで、本当に毒をもつ鳥が捕まった。ピトフーイというモリモズの仲間で、鳥の皮膚に毒があり羽にも付着することが報告された。この鳥は姿もチンによく似ていたことだ。

ニューギニア島固有の鳥類ピトフーイの１種であるズグロモリモズ。鳥の皮膚に毒があり、羽にも付着する

獬豸《かいち》、狛犬《こまいぬ》
～「法律」のシンボルとなった火除け獣～

中国で「獬豸《かいち》」、朝鮮半島で「ヘテ」と呼ばれ、今でも信仰の対象や特別なシンボルとされるポピュラーな瑞獣《ずいじゅう》。造形的には日本の狛犬にも近く、瑞獣としての意味づけも似ている。

獬豸は、古くは『山海経』に出てくる「ジ」という一角の動物と考えられた。ジは南方の動物で、形は牛（水牛）に似ているが、ユニコーンのように一本角になっており、実在というより、想像の怪物だと思われる。

これを裏づける資料は、『論衡《ろんこう》』という二〇〇〇年前の百科で、大きいものは牛、小さいものは羊に似る、とある。全身を青黒い毛におおわれていて、頭の真ん中から前方に弧を描くように曲がっている。生息するのは水辺だということから、おそらく水牛の姿をして、

カイチは日本ではあまり知られていないが、「法」という漢字の元型となった聖獣だ

その角を一本だけ頭の真ん中から前へ突き出させた「ジ」という動物と、重ねあわされたのだろう。

ただし、どうしても無視できないのは、一本角の不思議な造形だ。このユニークな角は獬豸の存在意義に深くかかわっているからだ。二人の人間がたがいに対立する意見でぶつかったとき、この角で、不正を働くほうの人間を突き殺す。いわば正義の番人を果たす裁判官を象徴する。それで「獬豸」の「豸」字は、これ単独でも「正義の法」をあらわす。なおまた、豸は「ジ」あるいは「チ」とも発音される。「法治」の治の字もチと発音されるのは偶然ではなく、どちらも同じ「カイチ」に由来する。という漢字を本来は「獬廌」と書いたといわれる。発音が同じ「治」という漢字とともに、「治める」を意味する。さらに「豸」の古い字形は「廌」だ。また「法」のいちばん古い形も「灋」であり、この字形の一部にも「廌」が組み込まれている。つまり、「法治」という二字のどちらにも「カイチ」という聖獣が含まれているのだ。この瑞獣が正義を判定することのシンボルだったことを偲ばせる。

なお、治も法も「さんずい」がつくのは、獬豸が好んで住みつく水辺をあらわすからだといわれる。朝鮮半島のヘテ(火除けの聖獣)はそちらの意味に特化したようで、家屋を火災から守る水の精霊とされる。

しかし、獬豸のシンボルである一本角は、中国の造形ではかならずあるものの、朝鮮のヘテは無角だ。一方、日本の狛犬は普通に一対のセットと考えられ、片方に角があって狛犬、もう片方には角がなくて獅子とも呼ばれる。したがって狛犬の対をセットで呼ぶには「獅子狛犬」とすることも多い。ある意味では、中国の獬豸と朝鮮のヘテを一対に組み合わせた霊獣といえるかもしれない。

『論衡《ろんこう》』にも、この獣を指して「司法」の開祖だと書かれている。『山海経』にも出てくる伝説の五帝の一人「堯《ぎょう》」は、この聖獣を飼っていて、白黒の判定ができないむずかしい裁判には、その正邪の判定をおこなわせたという話も残っている。

なお、火災を防ぐ役割としてのヘテは、ソウル景福宮《けいふくきゅう》の光化門そばに巨大な石像があり、今でも見物できる。日本の獅子・狛犬に火除けの意味があるかどうかは明白でない。しかし『和訓栞《わくんのしおり》』の「一説に角のある狛犬は獬豸、角なきは天禄《てんろく》なるべしといえり」とあるので、もし角のあるほうを獬豸と理解されていたのであれば、セットとしての狛犬に火除けの役割があったといえる。ちなみに、もう一方の「天禄」は、中国での研究によると「天鹿」とも表記された例があり、聖獣の「麒麟《きりん》」が本体だったかもしれないという。とすれば、獅子はなぜ鹿の角をはやしていないのか。アジア全体に存在する聖獣像の読み解きは、迷路のように複雑だ。

また、西域を護る聖獣としても活用されるが、狛犬や獅子との区別がむずかしい

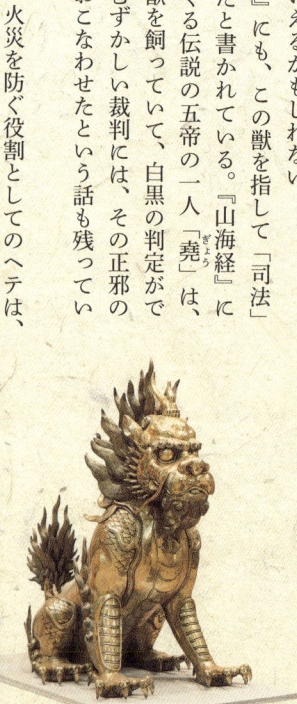

日本

河童《かっぱ》
～代表的な「正体不明生物」の正体～

日本の妖怪は本来、中国から伝えられた書物や図譜によって、「鬼」と呼ばれる非常に幅広いバケモノの概念をつくりあげた。しかし、それで満足しないのが日本の叡智であって、そこからさらに「妖怪」という大きな名前を選んで、日本化したバケモノの体系を生み出した。

その具体的な実例が「河童《かっぱ》」だ。このバケモノは、おそらく日本各地で生み出された化けものを総合して「カッパ」という名称を与えた見本だ。

まず、本家の中国では「カッパ」あるいは「河童」と表記される妖怪はないが、河に住む子どもによく似た妖怪という意味に合致するものに、「魍魎《もうりょう》」「水虎《すいこ》」「河《か》伯《はく》」というのがいる。

「魍魎」については該当項目を参照のこと。そこで項目にあげていない「河伯」を中心に説明する。河伯の発音を日本で「かはく」とするので、この「かはく」がなまって「カッパ」に変化した可能性もある。

河伯は、中国で「黄河の神」といわれる。人の姿をしているが、白い亀か龍に乗っている。しばしば龍に変身することがあるが、言い伝えによると本来は冰夷または憑夷《ひょうい》という人間だったという。この男は黄河で水死し、天帝から「河伯」になることを命じられた。河伯という名は、黄河の管理人という意味だと考えられる。ただし、民間では専任であるともいわれ、いけにえに乙女を要求し、断れば洪水を起こす怖い神だともいわれる。黄河の支流に洛水という河があって、その女神である洛《らく》

河童は、日本を代表する古いマレビトの生き残りかもしれない（イラスト：斎藤猛）

嬪《ひん》をめとったが、洛嬪が好きだった男に矢で左目をうたれ、隻眼《せきがん》になった。

河伯を含め、「魍魎」も「かいち」も、もともとは山や川にいた「目に見えない精霊」のことだったようだ。しかし日本に伝えられたときひとくくりにして水の妖怪とされ、やがてサル、カワウソ、カメ、スッポンといった実際の動物の姿や民俗が混ぜあわされた。

日本に伝来したあと、各地方で地元の名前がつけられていた妖怪たちが、「カッパ」に一本化されたのは、明治以降らしい。その姿も、水に住むサルかスッポンのような姿になったが、それ以前は空を飛ぶバケモノや正体の知れない哺乳類のようなものまで多種多様だったようだ。中国の妖怪が日本の妖怪に変化するプロセスが、よくわかる事例だ。

水生獣で、河にも海にもいたとされる葛飾北斎の描いた河童。『北斎漫画』より

たとえば、カッパは藁《わら》人形や案山子《かかし》のような人形だった、という見解がある。左右の腕が一本につながっていて、一方の腕を引っぱると他方が縮むといわれているが、これはテナガザルについての中国の俗信が混じり込んだためだ。また、カワウソが馬を川に引き込もうとする説話などカッパとカワウソを混同したこともうかがわれる。さらにカッパは、カメやスッポンが化けたものとする俗信もあった。カッパが背や腹に甲羅をもつのは、それが理由だったらしい。富山地方でカッパを一名「ガメ」と呼ぶのも、これにちなむようだ。たぶん、「カッパ」を地域別に調べていけば、その地方になじまれた山や川の化けものの個別名に分かれていくだろう。

俗にカッパの好物はキュウリと尻子玉（肛門の口にあると信じられてきた玉）だといわれる。水神祭や川祭のときにはキュウリを供えてカッパの難を除く風習も各地に伝わる。たとえば福岡県の柳川ではカッパはキュウリをきらうといって、泳ぐ前にキュウリのへたの香りを両足のかかとにすりこめばカッパよけになる（小林蹴月、島田立山編『カッパ夜話』などによる）。なぜカッパがきゅうりをきらうかといえば、キュウリの切り口によく似た家紋《かもん》が厄よけの「牛頭天王《ごずてんのう》」の紋どころであるからだ。また曲がりくねり、イボが生えたキュウリがカッパの足を引っかけるからともいわれる。これも中国から伝わった牛頭天王の話が源になっているという。なお、京都の八坂神

牛頭天王の「五瓜に唐花紋」は、キュウリの切り口を示すものといわれる

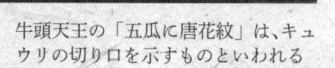

社は、昔「祇園社」といって、牛頭天王をまつるやしろだった。

一方、カッパが大好きな「尻子玉」については、水死した人との関係があるらしい。水死した人の肛門は括約筋がゆるみ、あたかもそこから玉を抜いたように開いてしまうため、カッパが人の尻から玉を抜くという俗信が生まれたといわれる。

カッパはまた、陸に上がるとよく人を手招いて相撲《すもう》をとりたがり、組みあえばその怪力で人間を水中に引き込んでしまうと恐れられた。その際、たとえ人間が勝ってもその人は正気を失うという。ただしシキミ（モクレン科の植物で、仏教の儀式に使われる）の扶香水を飲ませれば治るともいわれた。一方『和漢三才図会』には、相撲をとる前に、人間がまず首を上下に数回振るとカッパもこれをまねて首を振る。すると頭の皿から水がこぼれて力を失う、とある。このようにカッパは人に害をなすとして恐れられたので、カッパよけの習俗も各地で発達した。たとえば川を渡るときには、菅原道真が大宰府で詠んだといわれる次の句を唱えていれば、カッパに襲われないという。

いにしへの約束せしを忘るなよ
川立ち男氏は菅原

また『閑窓自語』には近江地方でのカッパよけの方法として、麻殻（アサの皮をはいだ茎）を戸口に置くこと、ササゲ（大角豆とも呼ばれるササゲ属の一年草で、豆は食べられる）を身につけること、また舟べりに鎌を掛けておくことも効果があるという。こうした話は、また別のバケモノの話と結びつけられた結果だ。

さらに興味深いのは、戦国時代に日本に布教にきた西洋の宣教師たちが、頭の真ん中を剃り、ながくて地味な修道僧の衣（カッパとはオランダ語の外套のことといわれる）を着ており、これがカッパのイメージのもととなったとする説だ。そうなると、カッパの正体は人間であったことになる。

葛飾北斎『北斎漫画』より。尻子玉好きのカッパを引き寄せる方法がこれだった

日本

Japan

天狗

～中国と日本でイメージがまるで違う妖怪～

日本で特殊進化した妖怪であるが、獣、鳥、人のいずれとも定めがたい。ただし「狗《いぬ》」の字が名にあるので、獣扱いとする。日本の文献に天狗の名が初めて見えるのは『日本書紀』舒明《じょめい》天皇九年のくだりである。雷のような音を発して流れる大きな星を見て、唐から日本にきていた学僧の旻《みん》が「流星に非ず。これは天狗《あまつきつね》なり。その声雷音に似たるのみ」といったという。つまり中国では古く星の一種を指して天狗と呼んでいたわけで、これを霊的存在とみなすのは日本独特の民俗である。しかし、中国でも天狗を魔性の女の霊とする考え方があり、奇書『山海経』によればタヌキに似た首の白い動物の一種ともいう。また『本草綱目』では天狗の名を貛《あなぐま》の蜀《しょく》地方での呼び名としている。

小山田与清《おやまだともきよ》『松屋筆記』によれば、日本の天狗はもと天神の意味でアメノキミ（天の君）と呼ばれる霊獣だった。それをのちに天公《てんぐ》と記すようになり、さらに中国の天狗と混同されて今の天狗像ができあがったのだという。

日本では、中国の博物誌に記された「治鳥」という正体不明の鳥を天狗にあてることもあった。『本草綱目』によれば、治鳥は越《えつ》地方（現在の広東、江西省）の深山に住み、ハトほどの大きさで青色をしている。もしこの鳥の巣がかかっている木を伐《き》ると、トラを使ってその人に危害を加え、家屋を焼き払う。またときに人の姿に変じ、谷川でカニを捕り、それを人家で炙《あぶ》って食べるという。『和漢三才図会』も、「治鳥」の付録に天

日本バージョン化した天狗像。山伏のいで立ちであることに注意（イラスト：東雲騎人）

狗をあげ、素戔嗚尊《すさのおのみこと》の体内にたまった猛気が吐き出されて天狗神になったという俗説を紹介している。この神は高い鼻、長い耳と牙をもつ姫神で、あまのじゃくな性格を思うままに生かし、みずから天逆毎姫《あまのさこのひめ》と称して暴れまわる。その子である天魔雄神《あまのさかおのかみ》も荒れまくり、ついに天祖は天魔雄神を九天の王として、荒ぶる神や逆らう神をすべてこれに属させたという。

一方、天狗の姿は山岳宗教の修験道の影響を受け、一般に山伏の姿であらわされる。つまり人間の化けものとするのが普通である。自在に空中を飛行するための両翼は夜叉飛天《やしゃひてん》にちなむといわれ、鼻を高くしたのは慢心を象徴するためともいう。また烏天狗《からすてんぐ》といって、顔が青くて口のとがった天狗もいる。俗に鼻高天狗を大天狗、烏天狗を小天狗と呼ぶこともある。

『山海経』に描かれたアマツキツネ。中国でのイメージはこのような動物だった

鎌倉時代には、天狗は驕慢《きょうまん》な法師の化した姿とする見方が広く流布した。『平家物語』長門本には、「持戒のひじり、もしくは智者などの我れに過ぎたる者あらじと慢心起こしたる故に、仏にもならず悪道にも落ちずしてかかる天狗という物に成るなり」とある。また『源平盛衰記』によれば、無知驕慢の僧侶は畜生道に落ちるという。

また天狗は怨霊の化したものとする説もある。『保元物語』によれば、崇徳院は怨念のため、生きながら天狗の姿になったという。また『太平記』巻二七の「雲景未来記事」は、南北朝の動乱は、崇徳院、後鳥羽院、後醍醐院や玄昉などの不遇の僧が天狗となって起こしたものとしている。

天狗は夜、山から水辺に降りて魚を獲るという俗信もあった。林自見（正森）編『市井雑談集』（宝暦一四／一七六四年）によれば、東三河から遠州にかけ、天狗火といって提灯《ちょうちん》ほどの火が山をくだるうち、しだいに数百の火に分かれ、水辺を飛行したという。当地ではこれを「天狗の魚猟」と称した。

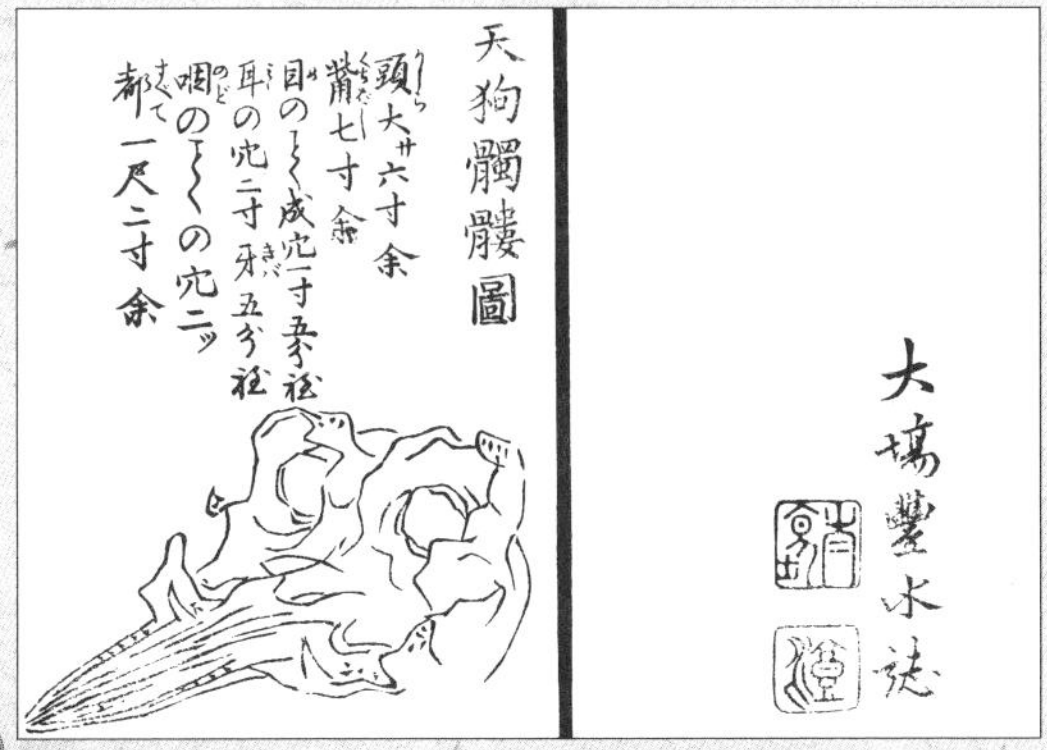

風来山人著『天狗髑髏鑒定縁起』より。テングの頭蓋骨を鑑定する話だ

天狗にはまた木の葉天狗という種類もいる。『甲子夜話《かっしやわ》』によれば、木の葉天狗は一名ハクロウということから、その正体は白狼、すなわちオオカミの老いて毛が白くなったものにあてている。また菊岡沾涼《きくおかせんりょう》『諸国里人』は、大井川に闇夜、トビのような大鳥の姿で川の魚をあさる天狗の話を載せ、「是は俗にいう術なき木の葉天狗などという類ならん」と述べている。

なお、室町後期の画家狩野元信《かのうもとのぶ》が描いた天狗の図が鞍馬寺にある。これはときの将軍の夢にあらわれた鞍馬の僧正の姿を、将軍の命により元信が描き、寺に寄進したものという。一説には天狗の図像は元信がつくり出したといわれるほど、鼻が高く口のとがった山伏姿のその天狗は、今日のものとほとんど変わりがない。

日本では海岸などで発見されるサメの歯を「天狗の爪」と呼んで、古くから寺社仏閣に奉納するなどして珍重した。三角形で光沢のある形状が、鋭い爪を思わせるためだという。『和漢三才図会』は、能登半島の海岸で獲れる「天狗の爪」について記し、「恐らくはこれは北海の大蟹の爪ではなかろうか」と述べている。蜀山人《しょくさんじん》『一話一言』によると、能登地方では、これを水中に投じてその水を飲めば、瘧《おこり》が治せるとされた。

ところで、天狗の鼻がなぜ高いか、という疑問がしばしば呈せられる。これは、自分がもつ知恵や技能を鼻にかけ、慢心したからである。この理由もまた道徳的であり、世のいましめとなる。このように慢心の罪は重いのだが、女の天狗は化けものになったあとも頭にかつらを被り、頬紅を指し、紅の袴をつけ、薄衣をかついで空を飛ぶという。

既説のように、天狗の字はアマツキツネとよまれた。空を翔《か》ける獣あるいは彗星を指すのが本義だったらしい。その後、仏徒が夜叉飛天のたぐいを天狗と呼んだことから、放漫・破戒・無頼のやからをもこの名で嘲笑するようになった。ことに役行者《えんのぎょうじゃ》の流れをくむ修験者は、霊山に登るというので、愛宕山の太郎坊とか鞍馬山の僧正坊など、各霊山に大天狗が設定される騒ぎにまでなる。

天狗は自信過剰のなれの果てであるから、無知な人間を見ると黙ってはいられなくなる。学識でも剣術でも、とにかく教えてやらなくては気がすまない。読売ジャイアンツの打棒を復活させた山内打撃コーチみたいな人は、まだ神秘が生きていた時代なら確実に天狗になっていたと思われる。牛若丸に剣術を教えた鬼一《きいち》法眼《ほうげん》も鞍馬の天狗であった。

さて、天狗の持ち物のなかで有名なのは羽扇《はねおうぎ》ではないか。その実物を実際に目撃した人がいる。江戸末期の超能力少年寅吉（長じて高山嘉津間《たかやまかつま》）で、文化九年（一八一二年）七歳にして天狗とともに空を飛んだ。羽扇は方向を変えたり上昇下降する際の楫《かじ》に用いる道具だが、寅吉が後年学者の平田篤胤に語ったところでは、あの扇は火事を起こす武器でもあった。たとえば江戸時代には、俗に天狗が団扇をあおぐと火事になるといわれ、江戸や大阪の大火もそのためだとする説もあった。『市井雑談集』には、信州松代の城に山伏姿の天狗があらわれ、自分を城内に祀れば火難を防いでやろうといった話が載せられている。だが、それだけではない。天狗の団扇は思いがけぬ威力をもつのだ。一枚の羽の先には、毒をつけた孔雀の冠毛が挿してあり、あおぐと冠毛が手裏剣のように飛んで敵を倒す。また、天狗は鉄砲まで発明して所持しているという。

現状に満足せず、つねに技術革新を忘れぬ態度は、なかなか慢心者のなれの果てとも思えない。天狗はじつは謙虚だったのである。

和歌山県立資料館「紀伊風土記の丘」に所蔵される烏天狗の標本

日本の人魚
～淡水にも海水にもいた日本の人魚～

日本では、中国の書物を通じて、『日本書紀』の時代から人魚らしい生きものの存在を知っていたようだ。中国最古の地理書といわれる『山海経』に、人魚は四足をもち嬰児のような声を出すとあり、これが東洋の人魚の原形となった。また近世になると、中国最大の博物学書といわれる『本草綱目』が日本に伝わり、「西《せい》楞魚《りょうぎょ》」と称する「上半身は男、女の形のようで下半身は魚尾」をした動物が、「牛魚」の名で紹介されたが、人魚そのものは挙げられていない。しかし『山海経』の人魚がこれらと混同され、のちには西洋の博物学の影響で牛魚がジュゴンと同定されたことから、通説として人魚＝ジュゴン観が成立したようだ。

滋賀県東近江市の玉尾山願成寺に保存されている人魚の標本は、苦悶の表情をあらわにした西洋造形があることから、江戸時代後期のものと思われるが、そこに語られた由来は非常に古い。約千四百年前、琵琶湖にそそぐ蒲生川で「異形のもの」が捕えられたと『日本書紀』にあるが、それは人魚だと考えられており、西暦六一九年に相当する。また、『日本書紀』には「摂津の国の漁師の網に、魚でも人でもない不思議なもの」が捕えられたと書かれていて、これが一般に人魚だとされている。

これがいちばん古い人魚伝説の一例とすると、どちらも淡水の生きものであって、モデルがいるとしたらオオサンショウウオしか考えられない。そういう「人魚」がなぜ願成寺に保管されているかというと、聖徳太子の縁でつながるからだ。願成寺は聖徳太子が創建したとされるお寺であり、古伝として聖徳太子が琵琶湖に出現した奇妙な姿の人魚を「災害の予兆」と見て、さっそく災害回避のため供

鳥山石燕『今昔百鬼拾遺』より。この図はかなり西洋の所見にも影響されている

西洋で19世紀初めに紹介された中国、日本、そして実物標本の人魚比較図

養をおこなったという。しかもこの寺がある場所が旧蒲生町であることから、『日本書紀』に出る人魚らしき異物と聖徳太子が関係づけられたらしいのだ。

　聖徳太子と人魚がかかわっている例では、滋賀県近江八幡市の観音正寺に伝承がある。推古天皇二三年に聖徳太子が琵琶湖畔を歩かれたときのこと。湖面に人魚があらわれ、太子に懇願したという――自分は琵琶湖の漁師だったが、殺生を生業にしていたため人魚に生まれ変わり苦しんでいる。ここに寺を建立して供養してもらえないか、と。そこで聖徳太子は千手観音を彫り、寺を建立したのが、観音正寺の起源だとする。この寺にも人魚のミイラが保存されていたが、平成五年に火災に遭い、焼失してしまったという。

　「西洋の人魚」の項目でも書いたとおり、西洋の博物学的な研究が日本の情報、たとえば蒲生川で捕まった古代の人魚の話や、秋田で目撃された人魚の図を平賀源内が入手したこと、秋田で宝暦年間に釣り人が海で雌の人魚を目撃した話などがミックスされ、由来は古いが実物の人魚は江戸後期以降の新イメージという、とても不思議な組み合わせが生まれた。

　けれども、ここで成立した新しい人魚の姿は、日本国内にまずひろがった。新潟県の妙智寺にもよく似た人魚が保存されており、和歌山県の高野山にほど近い学文路刈萱《かるかや》堂にも、これとよく似た人魚のミイラがある。ここでは「石動丸《いしどうまる》伝説」ともいわれる「刈萱」の物語が伝わっている。およそ次のようなものだ。

　昔、筑紫の国に加藤左衛門尉繁氏という侍がいた。この人には、正妻と子がいたが、ほかにおめかけさんがいた。そのため正妻とおめかけさんが争う姿を見て、加藤は世の無常を感じ、出家して高野山に登ってしまう。しかし、おめかけの千里と息子の石動丸はあきらめきれず、父が高野山にいることを知って高野道の入

山東京伝『梅花氷裂』より。怨霊が女性に取りつき、人魚となった図

口までたどりついたのだが、女人禁制の山に入ることができず、千里だけ麓の宿にとどまるほかなかった。一人、石動丸だけが入山したが、千里は我が子が戻るのを待たずに亡くなってしまう。この千里という女性には、別の話もあった。「千里の生家に、今から千四百年前発見された人魚がミイラとして保存されていた。千里はそれを譲り受け、処々を流転するうち、筑紫の国（福岡県）で加藤と巡り会った」という。その縁によって、刈萱堂にも人魚の像があるというのだ。

　こうして、伝説と結びついた人魚の標本は、日本全国で見世物のように公開されたらしい。その人魚像の一つがたまたまイギリス船の船長の入手するところとなって、ジャワからヨーロッパには運ばれた。「一八二二年の人魚」と評判になったのを、今度はアメリカの見世物師P・T・バーナムが買い取って、一八四二年から「フィジーの人魚」という名で見世物にした。しかもバーナムは当時出版されたシーボルトの日本旅行記を読んでいて、日本の人魚の起源を知った。問題の英語訳シーボルト本は原文が見当たらないので、誰かがシーボルトの名をかたって書き上げた偽書らしいのだが、そこにこんな話が載っていた。

――あるとき人魚が網にかかり殺そうとしたところ、人魚は命乞いして「ここ数年豊漁が続いたあと、海が荒れて魚が獲れなくなる、洪水も発生する。これを避けるには人魚の絵を描いて門前に貼っておけばよい」という予言を教えてくれた。実際、人魚が話したとおりの出来事が起きたので、以後は人魚の絵を家の前に貼る漁民が増えたというのである。

　裏取りのため江戸期の風俗史を調べてみると、たしかに文政年間（一八一八～一八三〇年）には人魚の絵を戸口に貼ったりしてコレラよけとすることが流行していた。おそらく、バーナムが読んだ話は内容的には事実に近かったのだろう。

司馬江漢が模写した西洋の人魚　この図は日本の人魚イメージにも影響した

刈萱堂に保存される「人魚の干物」。世界にはこうした日本製らしき人魚が多数残されている

日本
Japan

鵺《ぬえ》

～東西で共通する魔物のイメージ～

「鵺」は、日本の妖怪にあってもっとも有名な合体獣だ。このような例は、「合成獣」とも呼ばれる。『平家物語』では、顔はサルに、胴体はタヌキに、そして手足は虎に似て、とどめは尾が蛇になっている。いわば、いわば四重の合体動物といえる。

　ただし、合成の組み合わせは、文献によってマチマチなので、ここでは『平家物語』に記されたかたちを材料とする。清和天皇の血統をひく従三位源頼政が、宮殿の屋根にあらわれた黒雲の一点をめがけて弓を引き、この怪獣を射殺した。あとで述べるが、西洋でもギリシア時代にさかのぼる合成獣キマイラを、ベレロフォンという英雄が槍を投げて殺す話がある。両者はよく似ており、ともに尾がヘビになっていたとするところまで一致している。なお、源頼政は、四天王を率いて土蜘蛛と酒呑童子を殺した元祖「鬼殺し」、源頼光の玄《や》孫《しゃご》（孫の孫）だ。この孫は、別の項目に出る「酒呑童子」も討伐しており、日本の「妖怪バスター」家系を確立した。

　鵺に関しては、その主たる資料となる『平家物語』を読むと、「鵺が近衛天皇

合成獣の代表例、鵺。中国では正体不明の怪鳥がこう呼ばれた（イラスト：斎藤猛）

を怖がらせた最初の時期は、正体がよくわからず、「声が鵺に似ている」と書かれたにすぎない。声を聴けば「鵺」だとわかるほど不吉だが、姿まではわからない、というのだ。源頼政が射落として初めて合成獣と確認されている。

　では、「鵺の声を出す動物」とはなにか？　じつは中国には「鵺（発音は「や」）」と表記される鳥が古くから知られていた。中国の怪異な生物についての報告書とされる『山海経』北山の部によれば、單張之山というところにいる雉《きじ》に似た鳥「白鵺《はくや》」が住んでいる。白い翼に黄色の足をもち、首の紋がある。食べると喉の痛みが治り、また狂乱も治す、とある。

歌川国芳画「京都 鵺 大尾」(『木曽街道六十九次』より、出典:Wikipedia)

鳥山石燕『今昔画図続百鬼』より。国芳の絵と非常に似ていることが興味深い

　また鵺という漢字とは別に、日本には『万葉集』の時代から、「夜、不吉な声でなく鳥」が知られていた。一般には夜なくトラツグミという鳥といわれ、不吉の象徴だった。「ヒョーヒョー」という、トラツグミの声がそれだといわれる。しかし、『平家物語』の時代には鳥ではなく、合成獣に変化したのだった。

　だが、世界に目を向けると、鵺の特徴をもっとわかりやすくする同類のバケモノが古代から知られていた。それがギリシア語で「キマイラ」（フランス語ではシメール、英語ではキメラなど）と呼ばれるバケモノだ。一名を「合成獣」といい、何種類かの動物を結合したスーパー怪獣だ。古くはギリシア神話集『イリアッド』に書かれており、頭がライオン、胴がヤギ、そして尻尾が毒蛇からできている。神話によれば現在トルコ領内に在るリケアに住み、ペガソスに騎乗したコリントスの英雄ベレロフォンに殺される。槍の穂先に鉛を巻き、火を吐くキマイラの喉に投げつけたところ、鉛が溶けて怪物を窒息死させたという。

これは火山の害を示しており、実際にリケアの土地は古代から火山やそのガスにおびやかされていた。

ベレロフォンは兄弟を殺してコリントスから逃走し各地を流浪した英雄であり、日本で合成獣を退治した源頼政も、平清盛ら平氏打倒をめざし各地で戦いつづけた武将だった。

合成獣を退治するという物語は、諸勢力が合流した強大な政権を倒すことの暗喩だったかもしれない。

なお、キマイラの姿は、パリのノートルダム大聖堂の鐘楼に置かれた怪獣の彫刻にも写されている。ノートルダムの怪物石像にも影響しているのだ。この奇怪な怪物石像は、名をシメールといい、すなわち「キマイラ」のことだからだ。このシメールをデザインしたヴィオレ・ル・デュックは一九世紀の人で、この大聖堂が復旧工事されたときに新しい彫刻として配置された。

したがって、シメールは新時代のイメージが盛り込まれており、造形は合成獣というよりも、翼をもつ魔物に近くなっている。

ちなみに、キマイラは今、キメラという言い方で医学用語になっている。現実の生物界にも二つのちがった個体が融合しあってできる「キメラ個体」が生まれるのだ。ごくまれではあるが、双子だった子が母親のお腹の中で融合すると、生まれてきた子は一人なのに、血液型や免疫系、ときには肌の色などが二人分の特徴を受け継いでいることがある。シメールというフランス名も、キマイラのおもとの意味であった「角の生えたヤギ」という意味で使われることが多いそうだ。

ゲスナー『動物誌』よりキマイラの標本図。博物学者リンネは作り物と断定した

先日焼けたパリのノートルダム大聖堂にあるキマイラ（フランス名シメール）の模型。もはや悪魔とのリンクのほうが強くなっている

日本
Japan

猫又《ねこまた》

～海外からやって来た愛らしい妖獣～

いわゆる化け猫。『安斎随筆』によれば、猫又とは「尾がふたまたに分かれたネコ」の意。この形状をもつ老いた大ネコが妖をなすのだという。

古くは尾が二つに分かれた黄色いネコと信じられ、金花猫とも呼ばれた。化けて婦女を犯しては煩《わずらい》を与えたという。もし犯された場合は雌ネコを捕まえて殺せば病気が治るという俗信もあった。

『本朝食鑑』には「凡《およ》そ、老いた雄猫は妖をなし、その変化は狐狸にも劣らず、能く人を食う。俗に猫麻多《ねこまた》と呼んでいる。毛の純黄色、純黒色のものがもっとも妖をなす。暗いところで背毛を逆さまに撫でると光って火が点じているようであるが、これが怪をなす所以《ゆえん》なのである」とある。

『和訓栞』は、猫又について「金色に光りて、毛は一条もなくて、髭は長く尾は両岐《ふたまた》にわかれ、爪の鋭きこと剣を欺き、牙は狼に似、頭より尾まで九尺に及べり、死して両眼を閉じず、光る事星の如し」と述べている。また津軽地方では、猫又は数百歳を経たヤマネコで、狒狒《ひひ》と同類とみなしていたという。

あの有名な『徒然草』にも、鎌倉時代、猫又が山の奥に住んで人を食ったという記事がでている。一方都ではネコの年功を積んだものは猫又と化すと噂され、次のような逸話も見える。連歌会に興じて帰りがすっかり遅くなった行願寺の僧が、用心しながら夜道を一人歩

猫又は、ふたつに分かれた尾が特徴であり、老いた猫が化けるところから「九十九神」の仲間とも見られる（イラスト：東雲騎人）

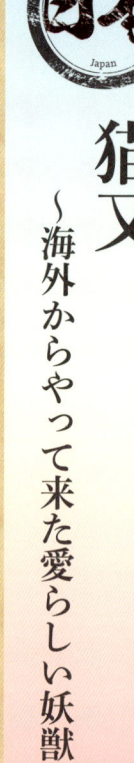

いていたところ、猫又に襲われた。僧の叫び声で付近の人々が松明《たいまつ》をもって駆けつけてみると、僧は九死に一生を得た様子。だが、じつはこの猫又、僧の飼いイヌが主人と知って飛びついたものを勘違いしたものだったという。

『明月記』には、天福元年（一二三三年）南部に猫又という怪物があらわれ、多くの人を食い殺したが、結局打ち殺されたという記事が見える。

日本では「猫騒動物」という事件がしばしば起きた。人形浄瑠璃、歌舞伎狂言にもされている。お家騒動に絡め、化け猫の祟りを描いた作品が多い。有名なモティーフに「鍋島の猫」「有馬の猫」などがある。「鍋島の猫」は、佐賀藩の鍋島騒動に取材した三世瀬川如皐《せがわじょこう》の『花埜嵯峨猫又稿《はなのさがねこまたぞうし》』（嘉永六年／一八五三年）が初の作品化として知られている。

直島直繁《なおしまなおしげ》（鍋島直茂）が囲碁の争いから高山検校を殺害、検校の飼いネコが主人のうらみと、後室嵯峨の方に化けて直繁を悩ませる。しかし直繁の忠臣伊東壮太が化け猫の正体を見破りこれを撃退、騒動は一件落着となる、というのが大すじ。なお本作は成立当時、佐賀藩の抗議にあい、上演はされなかった。

一方『有馬の猫』は、河竹黙阿弥が有馬家のお家騒動をもとにして脚色したもの。本名題を『有松染相撲浴衣《ありまつぞめすもうゆかた》』といい、一八八〇年（明治一三年）に東京猿若座で初演された。有馬家の側室お志賀の方は、殿が愛妾お巻をかわいがるのを嫉妬、ついには惨殺する。ところがその死後、お巻の飼い猫の霊が召使いのお仲に乗り移り、お仲はお志賀の方を殺害、お巻の怨みを晴らす。

鳥山石燕『画図百鬼夜行』より。若い猫を教育する猫又

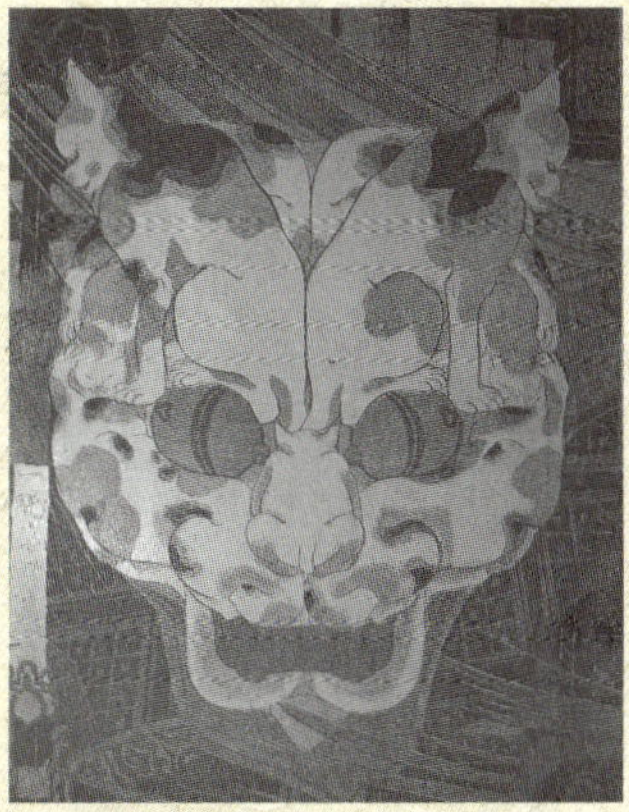
猫を集めて化け猫の顔にした「合成術」。江戸の人たちのセンスがうかがわれる（歌川芳藤・画）

化け猫を絡めた御家騒動は歌舞伎になって大評判をとった。江戸の後期はこの歌舞伎と講談が化けものブームの仕掛け人となった
（歌川国芳『梅初春五十三駅』より。出典：Wikipedia）

日本
Japan

髪切り

～中国では化け狐が女性の髪を切り、日本ではカミキリムシが髪を切る～

髪を切られる恐ろしさに関連して創られたらしい妖怪。日本で生まれた妖怪のなかには古い由来をもたず、都市でキャラクターやアイドルとして創作されたと思われる妖怪がいる。豆腐小僧などもそうだが、当時の諧謔《かいぎゃく》精神が作用して誕生したらしい。実際、江戸時代に不思議な怪異現象が流行したことがあった。「髪切り」と呼ばれるバケモノが、夜中に出没し悪事をはたらいたというのだ。

この妖怪は、姿や形がまったく見えない。狐狸《こり》のしわざとはいわれているが、正体も定かでない。

『諸國里人談』にこんな事件も報告されている。元禄の初めの話だが、夜中に往来を歩いていて、なんの前触れもなく出しぬけに髪が切られる出来事が多発した。被害を受ける者に男女の別はない。髷《まげ》の元結《もとゆい》からプッツリとやられ、切られた本人も自覚がない。そのまま床について眠り、翌朝になって髪を結い直そうとしたとき、切られていることに気づく。

ひどい場合は、切られた髷がそのままの形に頭に乗っていた、櫛を入れたとたんにポトリと落ちたりする。

などなど、ほぼ全国的に発生した怪現象であった。江戸は紺屋町金物屋の下女も、夜に買い物へと出て、髪切りに襲われた。切られたとは知らずに帰って、店の人から注意された。その女性は妖怪にやられたと知ったとたん、仰天して気を失ったという。

貝原益軒の『朝野雑載《ちょうやざっさい》』にも、延宝五年夏に福岡で発生した髪切りのことが出

妖怪のカミキリが先か、あるいは昆虫のカミキリムシが先なのか？
（イラスト：東雲騎人）

ている。大音六左衛門という若者が夜中に城下を歩いていると、うしろから髷を引っぱられるような感触がする。ずいぶん周囲を見まわしたのだが、誰もいない。そのまま帰宅し、翌朝鏡を見たら、髷が完全に切れていた。ただ、なくなってはいなかったのが不幸中の幸い。

さては昨夜のできごとは髪切りだったかと思い出した。しかし次の夜、一人の山伏が夢にあらわれ、切れた髪を奪おうとする。この夢が毎夜つづき、五月二二日の日中に厠《かわや》へ行って出てこようとしたとたん、なまあたたかい風に髪の毛を乱された。若者は刀を抜こうとしたが、体が動かない。声も出ない。ついに髪を奪われ、恥じて家へ逃げ帰ったという。

この六左衛門は一三、四歳だったそうだが、金物屋の女性にしても、被害者が髪をきわめて重要視せざるを得ない立場にいた人々だった点に、注目したい。

少年が髪を切るのは元服式だし、女性が髪を落とすのは世俗を捨てることに通じる。夫を失くした妻は、髪を切って棺《ひつぎ》に納めることもあった。どちらも通過儀礼である。とりわけ女性は夜中に髪を

歌川芳藤『髪切りの奇談』を描いた錦絵。明治七年に妖怪・髪切りが出現。トイレにきた女性がその場で髪を切られ、新聞にも載った（出典：Wikipedia）

洗ったり切ったりすることを忌む風習があり、これを破れば正気を失ったり親の死に目に会えないなどといわれた。

この妖怪髪切りの話は、単なる江戸の怪談でなく、裏に深い意味があったにちがいない。髪が生命のシンボルや階級の象徴であるところから、髪を切られることは、ある種の特権の喪失につながっていた。それが妖怪話として伝わるようになったのではないだろうか。この妖怪「髪切り」は、カミキリムシのバケモノをイメージされる場合が多いが、おそらく名前の連想から昆虫が選ばれただけだと思われる。しかし、中国にも同じ髪切りの妖怪が存在し、そちらでは「化け狐」が好んで女性の髪を切るとされたが、日本の場合、寛永時代におもしろい風説が定着した。こうした悪事をはたらく張本人を、昆虫の髪切虫という妖怪としたのだ。

このバケモノ虫は剃刀《かみそり》の刃や鋏《はさみ》の刃などの下に隠れていて、夜中になると人の髪を切る。髪切虫にやられたくなければ、剃刀や鋏を家の中に置くなとされた。一時期は家々のまわりに刃物が捨てられ、通行人が足を切ったりする騒ぎとなった。

現在、昆虫の仲間にカミキリムシと呼ばれる甲虫は、別名をケキリムシともいう。大きな顎《あご》を鋏のように使って、葉や髪を切ることができる。ちなみにこの虫は、古い民俗では神託を運ぶ霊虫としても知られていた。この幼虫が木に穴をあけて食痕《しょくこん》をつくるが、こういう木を割ると、その痕がしばしば文字に見えることがある。これを虫喰の託宣《たくせん》といい、霊力が信じられていたのだ。

安永六年に上州太田の大光院で枯松を切ったら、徳川家の葵紋と同じ食痕があらわれたとの記録もある。昆虫のカミキリムシもまた、神秘な存在だったのではないだろうか。

カミキリムシの成虫と幼虫

狸《たぬき》と芸能
~日本でいちばん軽視されている「妖怪大将」~

　この動物は、人をだます点においては天下一品の技《わざ》を有する。ただし、タヌキは極東地域に住む生息域の狭い動物であり、中国や朝鮮半島以外では生息していない。また、田畑に侵入して昆虫などを好んで食う習性があるといわれ、「田の怪（たのけ）」が転じてタヌキになったともいわれている。

　日本ではこれを「狸」と表記するが、中国での使い方がちがっており、タヌキに対しては「貉」と書く。ところが日本では、この漢字を「ムジナ」と読む。ムジナはアナグマの別名とされるが、場所によっては、タヌキを指すところもあって混乱している。実際、タヌキは自分でも穴を掘るけれど、キツネやムジナの穴に同居して暮らす夜行性動物だといわれ、精密な区別はされなかった可能性が高い。俗に「一つ穴のムジナ」という言い回しも、こうした習性に由来するといわれる。なお、タヌキという漢字も、中国ではヤマネコを意味する。私の知りあいだったタヌキ研究家、故・池田啓さんによれば、タヌキは警戒したときにネコによく似た「ウーニャウ」という鳴き声を出すので、両者が混同されたようだ、と説明していた。

　ところで、タヌキが妖怪に化けたり、腹鼓《はらづつ》みを打ったりする話は、江戸期以前の古い例が見あたらない。『日本書紀』の「推古記《すいこき》」に、陸奥《むつ》の国でムジナがヒトに化けて歌を歌ったとの記録があるけ

狸と狐は、キャラクター時代の今、あまり人気がないようだが、妖怪世界の二大巨頭であることは事実だ（イラスト：東雲騎人）

れど、ムジナと書かれているので、おそらくタヌキではなかったろうと思われる。その後は、室町時代に中国の怪談が数多く翻訳されたとき、「かちかち山」につながるタヌキ物語が流入した。中国の『捜神記《そうじんき》』や『述異記《じゅついき》』のような志怪《しかい》小説集に、かちかち山によく似た話が収録されていたからだ。

　タヌキは本来、山に暮らす動物であって、街中にはあまり出てこなかったが、中世から近世にかけて山の森林が大量に伐採されて以後は、西日本の山はほとんどハゲ山状態となったので、いよいよタヌキが減った可能性もある。では、なぜ江戸期以降、四国のタヌキ噺《ばなし》のような人気が日本全国にひろがったかといえば、八十八カ所霊場巡礼や金毘羅詣《こんぴらもうで》のような四国観光ルートが江戸とつながったことが大きそうだ。加えて、阿波で愛染産業が発展し、産業的にも四国のステータスが高まったことも影響したとする説もあった。

　そして、江戸期以降に妖怪ダヌキが一気に人気を博し、やがて妖怪キツネを駆逐するほどになったことに寄与したのが、講談と芝居だった。芸能や文芸が、新たなメディアとなって、江戸にまでタヌキブームをひろげたのだ。

　江戸以降に誕生した妖怪ダヌキとして、とくに目につくのは、四国伊予《いよ》や阿波のタヌキ、佐渡のタヌキ、江戸のタヌキだ。四国では、古来キツネが少ない地域といわれ、ライバルがいないせいで妖怪ダヌキ伝説がひろまったとされており、佐渡はおそらく金山の影響があったかと思われる。タヌキの毛皮は金箔を延ばす際の便利な敷き皮になり、タヌキの金玉が八畳敷きだといわれるような俗信が生まれ、金細工と深い関係を築いた。また、江戸については阿波で生まれたタヌキのバケモノ噺が講談や芝居によって流入したことと、夜中の怪音や怪しい光など新開地の怪現象を主に集めた本所七不思議や麻布七不思議のような噂が、女性に化けるというイメージが強すぎるキツネに対して茶釜から太鼓までなんにでも化けられるタヌキの仕業とする流れをつくり、江戸でのタヌキ人気が定着したようだ。タヌキは明治時代に入っても、文明の利器である機関車に化けたり、日清・日露戦争では日本兵に化けて戦ったほどだ。私も子どものころには、祖父母から毎晩七不思議やタヌキの妖怪の話を聞かされた。

　そこで、タヌキ問題は四国に焦点を絞る。伝説によれば、弘法大師が四国八十八霊場を開くにあたり、狡猾《こうかつ》で陰険なキツネを追い出し、代わりに正直で親しみあるタヌキを布教に活用したことから、日本第一のタヌキ王国ができあがった、という伝承がある。四国も中世末から山の木が切られ、田畑がひろがったことで、山の動物には住みづらい土地になった反面、タヌキだけは田畑で昆虫を食べることを好んだために、里山に残れたのかもしれない。

　四国妖怪ダヌキの頭領《とうりょう》といわれる屋島の太三郎狸には、弘法大師が現在、屋島寺があるあたりで道に迷ったとき、蓑をつけた老人に出会い、道案内をしてもらった故事とのつながりがある。この老人がじつは太三郎狸が化けた姿であり、そこにできた屋島寺では住職が変わるたびにタヌキが新住職の夢にあらわれ、源平合戦の一部始終を演じて見せてくれた。屋島は源平合戦の地元であり、まさに土地の歴史の再現芸能といえる。四国の芝居や語り芸は、源平合戦を語る琵琶法師のような人々を介して、やがてお家騒動とタヌキ合戦の話に進化したのだろう。ちなみに、屋島寺の境内には現在、この太三郎狸一家の石像が「蓑山大明神」として建立されている。

太三郎狸は、弘法大師のためにこの地にやってきた鑑真《がんじん》和上《わじょう》の道案内もしており、高僧二人の威厳に打たれて徳を積んだおかげで、四国たぬきの総大将に上り詰めたといわれる。この太三郎狸には、「高松浄願寺のはげ狸」という弟分がいた（太三郎の別名だったともいわれる）。このタヌキは情け深く、金のヤカンに化けて金持ちに売られたが、火にかけられて頭が禿げてしまったという。

一方、兵庫淡路島には芝右衛門狸が知られている。こちらは根っからの芝居好きで、人に化けて芝居小屋通いをした。お増という奥さんもいたところがほほえましい。しかし、大坂へ芝居見物に行った際、妻と一緒に化け比べをし、芝右衛門狸が大名行列に化けたところ、たまたま本物の大名行列が通りかかった。そうとは知らないお増が行列の前に出たところ、行列の衛士に斬り殺されてしまったという。また芝右衛門狸のほうも、木の葉を小判に変えて芝居小屋に入ろうとしたところを、番をしていた犬に正体を見破られ、襲われて死んでいる。

大阪の芝居小屋はそのせいで不入りになった。そこで芝右衛門を神として祠をつくると、ふたたび客は入るようになった。

また、阿波徳島では金長狸《きんちょうだぬき》が名を上げた。天保八年のこと、悪童にいじめられていたタヌキが、阿波の日開野というところで紺屋を営む茂右衛門に助けられた。タヌキは恩義を感じ、霊力を修行で高めて店に繁盛をもたらしたという。主人からは「金長」の名をもらった。金長狸はのちに大明神となり、神社まで建立されている。富田狸通の『たぬきざんまい』（昭和三九年）によれば、金長狸が修行したのは六右衛門という顔役の古狸の下であったが、この古狸も金長の潜在力におそれをなし、娘婿にしてなんとか金長を手の内に入れてしまおうと画策し

太三郎狸の夫婦像。巡礼の人々にも感謝される、四国狸の大親分。よき化けダヌキとして子分も多かった

た。しかし金長狸は茂右衛門の恩義を裏切れないので、六右衛門の申し入れを断った。

六右衛門は方針を変えて金長狸を謀殺することにした。ところが、金長狸に惚れていた娘の鹿の子狸が父親の謀略を知り、急ぎ金長狸に知らせたのだった。金長は布団に藁束を入れて狸寝入りを装い、六右衛門の襲撃に備えた。その夜、六右衛門が六〇匹の郎党を率いて押し寄せた。両軍の間でおそろしい血戦が繰りひろげられ、金長狸はかわいがっていた子分、藤ノ木の鷹狸を失った。金長は堪忍袋の緒が切れ、単身六右衛門の住む岩穴に乗り込み、決闘を挑もうとしたが、鹿の子狸に諫《いさ》められた。鹿の子は親への孝と恋人への愛の板挟みとなり、そのまま入水した。

金長狸は娘の愛に感謝し、子分と娘の弔い合戦を決意した。阿波南方で一家を張る親分衆に助太刀を依頼し、淡路の芝右衛門狸も参戦してくれることになった。迎え撃つ六右衛門狸も北部の有力一家を動員し、ここに南北八百八狸を巻き込む世紀の阿波狸合戦がくりひろげられることになった。両軍入り乱れての化け合戦はいつ果てることもなく続いたが、決着をつけたのは両軍の頭領の対決だった。金長狸は毒を塗りつけた刃で斬られながらも、ついに六右衛門の首級を挙げ、復讐を果たした。しかし両軍とも二代目が合戦を引き起こしたので、屋島のハゲ狸こと太三郎狸が仲裁に入り、このぽんぽこ狸合戦は幕となった（以上、『たぬきざんまい』による）。

これだけでも、日本中でヒットするような物語だが、この狸合戦が天保年間の話にしてあったことが重要だ。じつはそのころ、四国八百八狸を登場させた松山藩お家騒動噺『松の山鏡』という作者不詳の講談本が出た。元来は享保年間の飢饉に端を発した御家のっとり騒動だったが、文化二年になって『伊予名草』という講談になって注目され、天保になってこれがさらに怪談化されたのが『松の山鏡』だった。

しかもこの怪談化し、狸の合戦などを加えた話が幕末には江戸の講談師、田辺南龍により『松山騒動八百八狸』として書き下ろされ、江戸の寄席で演じられた。天保時代は、まさに四国の

近路行者『莠句冊』より。古だぬきが化けた妖怪たち

狸合戦噺が妍《けん》を競う状態になったのだ。江戸から明治にかけてはこの本がベストセラーになり、版を重ねている。こうして江戸でのタヌキ講談も大きな流れをつくった。なにしろ松山お家騒動系のバケモノ合戦噺は、隠神刑部《いぬがみぎょうぶ》という別ヒーローが登場し、神通力を使ってお家騒動に介入し、江戸からやってきた稲生武太《いのうぶだ》夫《ゆう》という浪人（元・芸州広島藩士）を謀反の仲間に引き入れようと、娘の狸を使って篭絡《ろうらく》にかかるという展開になった。そう、武太夫とは、幼名が稲生平太郎なのだ。『稲生物怪録《いのうもののけろく》』の主人公も、この講談によって世間に知られるようになったことになりそうだ。

こうして、幕末から明治、昭和まで、日本国内での怪異現象やバケモノ噺には、タヌキの仕業という定式が定まった。妖怪ダヌキの最後のブームは太平洋戦争のさなか、うわついたバケモノ噺など上演無用となった芸能界で、唯一笑いと不思議を提供するファンタジー映画として軍部から許可が出たのは、狸合戦や狸御殿を題材にした映画だった。

狸映画の濫觴《らんしょう》とされるのは、講談の八百八狸に取材した大都映画『颶風《ぐふう》の剣士』（昭和九年）で、稲生武太夫も阿部《あべ》九州男《くすお》が演じた。しかし、ブームをつくったのは新興キネマにいた永田雅一《ながたまさいち》（後の大映映画社長）で、徳島旅行の際に聞いた狸合戦にヒントを得て製作した『阿波狸合戦』（昭和一四年）だった。鹿の子狸を高山廣子が演じ、金長狐を羅門《らもん》光三郎《こうざぶろう》、淡路の柴右衛門狸を尾上松録《おのえしょうろく》が演じた。これが大ヒットし、永田雅一の名を高めるとともに、小松島市に金長大明神神社建立のきっかけとなった。永田はじめ、長谷川一夫や若尾文子の名もこの神社の寄進者碑に見える。

一方、「狸御殿」ものは映画木村恵吾原作・監督『狸御殿』が、昭和一四年（一九三九年）に第一作を公開した。新興キネマが永田の企画で制作した「オペレッタ喜劇」で、高山廣子が主演した。こちらは「かちかち山の泥右衛門」という狸が登場した。新興キネマはこれで成功し、つづいて大映の下で昭和一七年にはシリーズ第二作目が製作された。戦時中であったが、タヌキものだけは人間界の話ではないという理由で軍の検閲をまぬがれたとか。戦時中の暗さを唯一振り払ったのがタヌキのバケモノ映画だったとは！　妖怪としてのタヌキは、たぶんこの分野がもっとも輝いたといえるかもしれない。団塊世代も美空ひばり、雪村いづみが共演した『歌まつり　満月狸合戦』（昭和三〇年）でその面影をかろうじてつかめた。その遺産は、高畑勲監督の『平成狸合戦ぽんぽこ』にまで届いている。

高山廣子が出演し大評判をとった映画『狸御殿』より。永田雅一指揮下の大映は狸映画で繁栄した

日本
Japan

玉藻前《たまものまえ》

～東アジアでもっとも恐れられた妖狐～

キツネといえば、タヌキとならんで私たちの日常にもっとも関係深い野生動物であり、バケモノとしても親密感がある。どちらも人間を化かす、という点では、ほかの妖怪にない深いかかわりをもっている。

そこで読者に好みはどちらですか、と問いかけたい。

答えの多くは次のような二パターンになりそうだ。

キツネ好き――悪女のクールさがいい

タヌキ好き――のんきで愉快なのがいい

これはつまり、両者のキャラクターが定まっている、ということだろう。

しかし、妖怪とは元来、「マレビト」でも書いたが、なんだかわからないけれど、すごそうな〝あのお方〟だったはず。

日本で創造されたバケモノのうち最凶、最恐のキャラクターは、「玉藻前」だ。『南総里見八犬伝』すらキツネとタヌキ二大妖怪の対決と読み替えられるのに（イラスト：東雲騎人）

葛の葉といえば、安倍晴明のお母さんで、正体はキツネ（竹原春泉・画）

キツネが化けたバケモノ。キツネはかならずしも女性に化けるのが専門ではないのだ

隠れていて見えないから、崇拝したし、おそれもしたのだ。

タヌキのバケモノの早い例だとされる「かちかち山」のタヌキは、悪いやつじゃないのか。我が子と泣く泣く別れなければならなかった葛《かづら》の葉は、悲しい母親の心をもっていたのじゃないのか。

なのに、キツネとタヌキだけはバケモノとしてこんなにくっきりと性格がわかってしまって、いいのだろうか？　いや、そうではないと思う。この両者は、マスコミに出すぎたのだ、と私なら答える。

ここでは、その訳をゆっくりと説明したい。

そう、よく考えれば、この両者は少し人間に慣れすぎたのだ。では、なぜそうなったのか。民話や伝承のせい？　妖怪研究が進んだおかげ？

キツネという動物にも、たくさんの生態や特色が、昔から知られていた。また、その名前も、地域によっていろいろ異なり、ひょっとすると、キツネではないものもキツネとして混じり込んでいた可能性だって、ある。たとえば、妖怪として登場するキツネは、中国ではしばしば「犬」を意味するといわれた。天を駆ける流星は「天の狗《いぬ》」と漢字表記されるのに、訓読みでは「アマツキツネ」とするのは、この例にあてはまる。

これは、狸と猫の両漢字が、日本語ではタヌキとネコであるが、中国ではヤマネコとイエネコになることとも、似ている。漢字名がいったい意味するのか、その実体がまだよくわからない時代では、なおさらのことだったろう。それならば、バケモノの元となった実在の獣を調べる場合、イヌ＝ネコ＝タヌキ＝キツネくらいは相互に入れ替えがあった可能性を想定しておくほうが、有効なリサーチになるはずだ。

そこでまず、キツネの決定的イメージを代表するキャラクターに出てもらおう。玉藻前《たまものまえ》だ。

この妖怪は、中国伝来である。中国の文献にこの名は直接出てこないが、内容的に一致する話がいくつもある。日本で知られた代表作は、明時代の神怪小説『封神演義《ほうしんえんぎ》』であろうか。

この中国小説では、世界を築いた創生の女神である女媧《じょか》を、ついうっかりと、「自分の女になってくれたらいいのに」と口走ってしまった殷《いん》の紂王《ちゅうおう》が、ひどい目に遭わされる。神と人とを混同したことで女神の怒りを買ってしまったのだ。

そこで女媧は、罰として、狐狸の精霊に、後宮に迎える直前だった冀州《きしゅう》侯の娘妲《だっ》己《き》の魂魄を吸い殺して入れ替わるよう、命じた。狐狸の妖精は入れ替わって妲己に化け、名君だった紂王を篭絡して国を傾かせる。狐狸というのは中国では「キツネ」をあらわしたらしい。

こうした中国の妖怪ギツネの話が日本に伝わって、「玉藻前」が誕生する気運をつくった。この妖怪の名が登場する古い刊本というと、『御伽草子《おとぎぞうし》』におさめられた「玉藻の草子」（室町期）だが、ちょっと控えめすぎる。なにしろこの妖狐は日本ばかりでなく中国、インドまでも荒らしまわった妖怪なのだ。『御伽草子』は日本での話に焦点が絞られるので、三国の出来事をすべて記した高井蘭山の『絵本三国妖婦伝』から、物語を要約しよう。

この世が誕生し、人がつくられ、日本では國常立尊、唐土では盤古、天竺では毘婆尸佛《びたしぶつ》が最初の人として生まれた。さらに禽獣が生まれるときに不正の陰気が凝って狐ができた。その狐は年数を経て、ついに白面金毛九尾の狐となった。もとが邪悪妖気によって生じたので、世の人民を殺しつくし魔界にしてしまおう、と思い立った。悪狐万遍奇異の術をもって、中国は殷の紂王の后、蘇妲己《そのだっき》と変じ、紂王を蕩《とろか》して国を滅ぼした。次ぐには天竺に渡って班足太子《はんそくたいし》の愛妃、華陽《かよう》夫人と号し、政道を捻じ曲げた。

妖狐はふたたび唐土に戻り、周の幽王の妃、褒姒《ほうじ》と名乗って周王朝を傾け、そのあとにいよいよ日本にやってきて、玉藻前という女性に姿を変え、鳥羽上皇のお体をむしばもうとした。しかし、安倍康親という陰陽博士に正体をあばかれ、那須野の原に隠れて殺生石《せっしょうせき》になり、人民を害した。この毒石は上を飛んだ鳥、近づいた獣を害して命を奪う。死したもの、幾千万とも知れなかった。

まずは殷の王朝への忍び込み方だが、名君と聞こえた紂王が、あるとき冀州《きしゅう》のの蘇護《そご》という領主の娘に一目ぼれしてから様子が変わってしまった。娘を後宮に入れたいと望んだところ、君主が色を好めば国が滅ぶ兆しといわれるが、そんな人物の後宮に娘はやれぬ、と断られた。怒った紂王はすぐに冀州へ大群を送った。蘇護はやむなく命令に復し、娘を後宮に入れることとし、娘もそれを承諾した。しかし、その夜、怪しき風が娘の寝室に吹き込み、九つの尾をもった妖狐が娘に取りつこうとした。婢妾が防ごうとしたがひと蹴《け》りで蹴り殺され、娘は魂を吸いつくされた。狐はその体の中に入り込み、首尾よく殷の王室に侵入したのだった。

　あとは、妖狐の思いのままとなった。名を妲己と改めた妖狐は、昼夜淫酒に耽り、政事を怠り、またたくまに国を衰えさせた。忠実な道士が照魔鏡《しょうまきょう》で占うと、千歳の老狐が殷の都に住みついたと知り、このお城に妖気があります、と王をいさめた。だが、学術の極みを知る妲己は、建物に妖気などはない、こういうことをいって王をだますことこそ、国を亡ぼすものだ、と逆襲した。

　王は道士をその場で斬り殺した。正皇后も夫を諫めたが、高楼から投げ落とされ、頭が砕け脳が裂けて亡くなった。妲己は残虐な刑を考えだした。銅の柱を鋳造させ、中に赤く焼けた墨を入れ、柱の外に油を塗り、裸にした囚人にこの柱を抱かせた。肉はたちまち焼けただれ、骨も砕けて灰になった。また、穴を掘って蛇、ムカデ、蜂などの毒虫をたくわえ、この中にすっ裸の女を投げ入れた。毒虫が皮と肉をかみ砕き、その苦しみは筆舌を絶した。また、妲己は生まれる前の赤子の性別を知る方法を学び、それを試してみると称して、十数人の妊婦の腹を割き、男か女かをすべて言い当てて大喜びした……」

——うーん、怖いし、むごい。細部の引用はこれが限界だ。このようなスプラッター・ホラーが江戸後期の講談に語られ、芝居になったのだから、おそろしくなる。この影響により、それまで庶民が抱いていた葛の葉などのやさしく健気な妖怪キツネのイメージは、たぶん吹き飛ばされた。

　化け狐は、ひたすらおそろしい玉藻前

殺生石。
鳥山石燕『今昔百鬼拾遺』より

のイメージに塗り変えられてしまった。
これには鶴屋南北も山東京伝も式亭三馬《しきていさんば》も、すばやく反応した。有名作家がこぞって『三国妖婦伝』を読み、本や歌舞伎に転用している。ここでも天保時代が焦点となった事実は、暗示的だ。

タヌキの妖怪が有名になったこの時期、キツネもじつは、悪事の限りを尽くす悪魔の美女という新キャラクターとして再デビューしたのだった。ただし、要約でご覧に入れたような残虐ぶりでは、公序良俗に反したかもしれないし、庶民もドン引きしてしまっただろう。

たぶん、その推理が当たっていると思えるのは、玉藻前の悪女キャラにはまってしまい、この化けギツネの大変革の後押しを始めた大作家たちのなかで、一人、やりすぎを批判した人物もいたからだ。この大作家は、キツネが大悪党に変貌したことを快く思わなかった。そもそも狐は神の使いであり、密教では願いをかなえるダキニの神なのだ。また、なによりも、安倍晴明の母親として知られた葛の葉のイメージは、日本の庶民の心に根づいていた。それを、中国怪談にかぶれたバカ者たちが、刺激を求めてひっくり返した、と義憤した。その人こそ、この天保時代に大作『南総里見八犬伝《なんそうさとみはっけんでん》』を書き上げた、曲亭馬琴だ。彼も玉藻前の読み本は書いたが、本意ではなかった。この大作で、真実を語ろうとしたのだった。

そこで、中国の『山海経』を開く。怪しい妖怪動物がたくさん載った、妖怪図鑑の元祖だ。

これをいちいちチェックしていくと、どこかで聞いたような話にしばしばぶつかる。狐なら、そのものずばり、九尾のキツネがでており、人を喰い殺す生きものだと書いてある。怖い。それならイヌはどうかというと、怪物種族として「槃《ばん》瓠《こ》」なるバケモノが記載されている。

槃瓠は元来、一匹の犬だったが、高辛氏という伝説の英雄が異国の攻撃にさらされ危機に陥ったとき、「もし敵将の首をもってきた者には、わが姫を与える」と宣言した。すると犬が敵将の首を本当にもってきたので、帝は約束通り、その犬に姫を与えた。犬は姫を背負って南山の奥深く入り、そこでなかよく暮らし、六人の子をもうけた、という話になっている。

この話の出どころは中国南方の少数民族に伝わる「盤古神話」だといわれる。祖先伝説の主人公である犬の名が、槃古だ。ミヤオ（苗）族、ヤオ（瑤）族、ショオ族などに伝えられており、槃瓠という犬が戦場で手柄を立て、褒美としてその姫君を与えられ、二人の間に生まれた子が南方諸民族の祖となったという。

この盤古がやがて槃瓠に変化していき、南方民族のもっていた盤古をめぐる天地開闢《かいびゃく》神話が漢民族の神話に転化していったようだ。後漢から南北朝のころにかけて、盤古の内容を変えてつくられた。

ここで、あれ？　これは「八犬伝」の八房《やつふさ》という犬の話じゃないか、と気づいた人も多いだろう。そのとおり、日本の『南総里見八犬伝』もこの伝説にヒントを得たといわれる。

じつは『南総里見八犬伝』をよく読むと、物語の主人公、八房という犬は、槃瓠と同じように敵の大将首をもって自陣に帰ったため、里見家の伏姫を与えられている。しかも八房は姫を山中深く運んでいき、清く静かに暮らすところも、そっくりだ。姫は子を産まなかったが、八房の気を受けて八つの玉を孕む。しかし、夫となるべきだった人に出会い、疑いをかけられる。伏姫は宿した玉が子犬ではないことを証明するために、割腹して見せ、潔白を証明して亡くなるのだ。

　このあとに、もう一つ事実が明かされる。八房は幼獣のころ牝のタヌキに育てられた。牝のタヌキは小説の中にも、妖術を使う八百比丘尼《やおびくに》、妙椿として登場する。とすれば、八房はタヌキの子となり、中国的にいうと猫の子とも読める。ならば、「八犬伝」に猫は出てくるかというと、本当に化け猫が出てくるのだ。化け猫は玉藻前と同じように赤岩一角という侍を吸い殺し、偽の一角に化ける。

　こうなればキツネだって出てこなければならないはず。もちろん、馬琴は「政木狐」というかなり重要な役を果たす「九尾の狐」を登場させる。千年生きた雌ギツネであり、のちに準八犬士と認められる政木大全という侍を救う。この化けギツネは恩を受けた人の息子、大全を世話していた乳母の政木を、あやまって殺したことで、政木に化けて大全を守る役を引き受ける。しかし、うたた寝をして正体がキツネであることを知られたため、仕方なく姿を消すことになる。これはまさしく、やさしい狐の母、葛の葉の再来だ。馬琴は玉藻前の暴走を止め、キツネのよきイメージを奪回すると、自から作品の中で言明している。

　このように見ていくと、江戸時代後半は、バケモノのトップをめぐるキツネとタヌキの大合戦ではなかったか、と思えてくる。結果的にいえば、つい最近まで、キツネは悪女、タヌキはのんきオヤジ、という棲み分けが続いたきっかけをつくった。その副作用として、古い時代には狐、犬、狗、狸、猫などが混然となっていた妖怪世界が、明白にキャラクター分けされるという現象を生んだ。

　この事情を、キツネとタヌキがもっとも鮮明に示している、と考えると、話は見えてくるのではないだろうか。書くまでもないが、そのような読み方を習慣づけたのは、当時の講談や芝居や絵本のような、現在でいうところのSNS的なメディアだった。妖怪も、江戸期に至って、怪異現象が起きる現場や、言い伝えの残る現場を離れ、ネットワークを張り巡らしたマスメディアの檻《おり》に囲い込まれたのだ。

妖怪写真——③雪女

『アナ雪』ではなく、こちらは日本の雪の妖怪、雪女である。雪女のことはすでに室町時代の連歌師・宗祇法師の『宗祇諸国物語』に、法師自身が目撃したと記録されている。そんな古くから知られる雪女の伝説を、小泉八雲(ラフカディオ・ハーン)は自著『怪談』の中に取り入れた。八雲の「雪女」は、若いきこりの男と、雪女の出逢いと別れが美しくも切ない物語として描かれている。どこまでも白く続く雪の原野が、こういった雪女の幻影を生むのだろうか。

モデル:こもだまり、写真:野口さとこ、CG:吉池康二

初出:本書が初出

第三部

妖怪分類コレクション

—付喪神、本草、心理—

イントロダクション
～「モノ」が器に乗りうつること～

この第三部は、生きものを離れて、人工物についての妖怪学を語る。人工物には魂はなさそうだが、日本人はそのような器物にすら「霊」が宿り得ると信じたようだ。この発想が非常におもしろく、現在でも「もったいない」といった言葉や、機械すらも生きものの仲間と感じて名前をつけたりする習俗が生きている。ゲーム好きということも、あるいはここに関係しているかもしれない。

「モノ」という言葉が、どういうわけで「物」と「霊」という二つの意味をあらわすことになったのか、もはやそれを探ることは不可能だろう。これは民俗学やら考古学をもってしても、解明がむずかしそうだ。民俗学には「生きている語り手」がいないといけないし、考古学には、化石や土器のような「物証」が必要だけれども、どだい霊は物体じゃないし、古い話の語り手もいなくなったからだ。

民俗学者の柳田國男先生も、そのことはずいぶん古くから感じていたらしく、できれば農村だけでなく、海や山の民俗、また動物や植物の民俗まで射程に収めようとしていた。その中で、妖怪にも注目したのだと思う。お化けや山の動物、海の魚たちの伝承は、どうも農業よりずっと古そうだったからだ。そこでオオカミやクマの研究も始めたのだけれど、そういう動物も伝承も明治には消えかけていた。柳田先生は、「ああ、民俗学ができるのが遅すぎた！」と言って、わずかにそうしたものが残っていた農村の話と稲をはじめとする植物のことを取り上げるほかなかった。

ただ、私たちには「感じ、想像す

真珠庵蔵「百鬼夜行絵巻」より。器物や動物の化けものたちがぞろぞろ登場する。室町時代の画家、土佐光信筆と伝えられる（写真提供：大徳寺真珠庵）

る方法」が残っている。これが、もう消えたお化けや山海の動物のことを研究するただ一つの手立てかもしれない。柳田先生も詩人だったが、もっと神がかった詩人だった民俗学者、折口信夫先生は、そういう原始のまぼろしを、古い言葉や物語、そして忘れかけられた祭りからよみがえらそうとした。

　折口先生が、そうやってよみがえらせたイメージに、「マレビト」がある。常《とこ》世《よ》から定期的に村里へ訪ねてくる祖先霊のことだ。「まれにくる人」という意味で、これが神と鬼の原型だと考えた。マレビトは群れになって、あの世からやってくる。村人がちゃんともてなさないと暴れまわる。そのかわり、おもてなしに満足すると、マレビトは「お土産」をくれる。これが「お年玉」の起源だ、と折口先生は思った。

　このお年玉（プレゼント）は、豊作や豊漁や子だくさんといった幸福をもたらす「物」だった。だから、船や、木づちやくわやのこぎりや、あるいは木や金属やヘビやオオカミやシカ、そして最後に稲と赤ん坊が、ありがたいお年玉だった。「物」には、こうしたパワフルなお土産品のイメージがあったにちがいない。

　もう一つ、折口先生が想像した大事なイメージが、「器」だった。ウツワというのは、「中になにもない空（からっぽ）」の容れ物のことだろう。このからっぽな洞《うろ》に、霊が入り込む。霊はその中で育ち、やがて物になる。そのカラッポな容れ物に宿るものと、その入れ物との両方が「霊」だった。かぐや姫が、カラッポな竹の筒の中にいたのも、桃太郎が桃の実の中にいたのも、そして一寸法師がお椀の船に乗っていたのも、みんな「モノ」の原イメージにつながっている。

　たぶん、このようなカミ―オニ―物―霊―神を運ぶ器―カラッポの容れ物、のつながりが九十九神《つくもがみ》（付喪神）の背景にあるのだろう。

　日本では、百年を経た器物が霊を宿してヒトの世界に入り込むという信仰が生まれた。これを言い替えれば、人々の暮らしが時の流れを基準として季節と年、あるいは昼と夜の切り替わりをもって、怖いマレビトの出入りをコントロールする時代に入ったことを意味する。魔物を使役できる陰陽師が霊を扱う専門家として古代から中世にかけて力をもったのも、暦を読む技能をもっていたことと関係がある。

　そういうわけで、日本では平安時代以降、器物の妖怪が人気を得たらしい。やがて絵巻というスタイルが発展した室町時代に、あの『百鬼夜行絵巻』という九十九神が大量に描かれる妖怪図鑑が登場する。描いた人はよくわからないが、言い伝えでは室町時代の有名絵師、土佐光信だといわれる。それでは、この絵巻をひもときながら、いくつかの代表的な「器物の妖怪」を見ていこう。この絵のおもしろいところは、室町時代に描かれたのに、その内容は古い平安時代の器物だという点にある。つまり、もうすっかり時代遅れになった日用品や楽器などが化けた妖怪なのだ。この妖怪は、捨てられた道具のたたり霊だとも考えられるだろう。

付喪神
Tukumogami

矛担《ほこかつ》ぎ
～古代の武器を担いだ仮面神のような妖怪～

矛《ほこ》は古代中国で用いられたとても古い武器だ。石器時代には発明されていたといわれる。先端に刃があり、その後ろに長い柄がついている。戦場ではこれを握ってふりまわしたり、突いたりして用いた。やがて、戦争の主体が馬による騎馬戦に移り変わると、もっと軽くて扱いやすい「槍」や「なぎなた」に取って代わられたので、武器としては不要になったらしい。また、馬上で横に切り払える刀にも変化した。武器としては、骨董品状態になったのだ。

けれども、矛は神にささげる祭りのための神器として用いられつづけたといわれる。それで数百年も生き長らえ、ついに九十九神になった。

この矛を担いで、京の都大路を練り歩いたのが、「矛担ぎ」だ。まるで南方の仮面神のような異様な姿をしたマレビト、悪石島（鹿児島県）の「ボゼ」は、手にマラ棒と呼ばれる長い棒のような武器をもっている。これを突き立てて、村人を怖がらせる。もしかしたら、石器時代の矛かもしれない。中国の明時代には、刃がヘビのように曲がりくねった武器も使われた。

『百鬼夜行絵巻』に描かれた矛担ぎは、それでも槍に近い新式の武器を担いでいるように見えるところが、おもしろい。

矛担ぎ（模写：布谷道治）

大幣《おおぬさ》

～神におそなえするものにも霊は宿る～

これもまた、いかにも九十九神に化けそうな、古い神具だ。神にたてまつるお供え物の一つだ。昔はかなり大きな絹の布が使われたようだ。この幣《ぬさ》すなわち布を、白・黒・青・赤・黄と五色に染めたものを函《はこ》に収めて、神前に置いた。また、白と赤の絹布を串や棒の先につけて、神前に掲げることも多かった。それで、時代によっては、大幣がご神体を兼ねることもあったという。

　絵巻にも、串の先に刺した白い幣が見えている。これは古い形からやや進化したもので、古い形式だった赤白二色の絹布に代わって、白い紙でこしらえた御幣《ごへい》が使われている。御幣は、二本の白い紙垂れを串に刺したもので、お祓《はら》いに使ったり、しめ縄のように聖なるものを守るときに用いた。お相撲の横綱が締めるしめ縄のうち、「さがり」にあたるものと考えてもいい。

　もっとあとになると、紙の幣も使われなくなって、お金をささげるようになった。そしてさらに、お金も銅貨や金貨でなく、紙のお札に代わってしまった。今、金銭のことを貨幣というのは、金属でつくった貨と紙でつくった「幣」をあわせたことに由来する。お札も神への捧げものだったのだ。

　ただ、こうなると幣はすたれてしまい、バケモノになるしかない。典型的な九十九神の例といえるが、お金とも関係があるので、ちょっと手元に欲しいような気もする。

大幣（模写：布谷道治）

付喪神
Tukumogami

鰐口《わにぐち》
～道具自体に怪獣のイメージがある～

これも、今では忘れられた古い道具だ。形がたしかにワニの口に似ている。ところが、この大きくて丸い金属製の道具は、じつは楽器なのだ。

鉦鼓《しょうこ》ともいって、一種の打楽器、鐘をついたときに音がグワーンと反響するように、丸い空洞の金属の下部分をあけた「銅鑼《どら》」のような構造になっている。これを叩くとよく響くので、神仏の耳に訴えが届くといわれ、やはり神事や仏事に用いられた。神社でも、お寺でも使われたというから、とても役立ったのだろう。

これを叩くには、全面に太い緒を垂らして、これを半径部分にぶつけると音が出る。神社でよく、太いひもを揺すって鈴を鳴らすが、あの原型はやっぱりワニの大きな口であるらしい。鈴のほうは五十鈴《いすず》といって、九十九と比べ、五十とすこし遠慮した数になっているのが、興味をひかれるところだ。

ワニの口という名のとおり、絵巻に描かれた鰐口のお化けは、ギザギザの歯をむき出した妖怪になっている。けれども、寺では木魚、神社では五十鈴が神や仏に呼びかける音として使われ出したため、鰐口は用なしの祭具となってしまった。絵巻では魚の化けものになっているが、どうやら木魚への恨みがこもった暗号のような造形かもしれない。

鰐口（模写：布谷道治）

付喪神 Tukumogami

浅沓《あさぐつ》
～沓は貴人の象徴だった～

宮廷に人々が、儀礼をおこなうときに履《は》いた木の沓《くつ》のこと。大昔は革製だったらしいが、やがて桐でつくられるようになり、黒い漆《うるし》が塗られていた。晴れた日に、都大路を歩くときにも、この浅沓が使われたという。この沓を履く場合は、貴族の正装ともいえる束帯《そくたい》・衣冠《いかん》・直《ひた》垂《たれ》・狩衣《かりぎぬ》を着るのがきまりだった。沓の内部には絹の沓敷を張りつけて、足の衝撃を和らげるつくりになっていた。

その一方で、雨や雪の日に儀礼があるときの履物は、ブーツのようになった深沓が使われた。こちらは木製にはできないので、革でつくられたという。鴨沓とも呼ばれた。だいたんに説明すれば、浅沓を履いたうえに脛の部分を覆うような革製の筒をつけたものだ。宮廷ではあそびとして蹴鞠《けまり》が行われたが、このときに履いた沓も、深沓に近いものだったらしい。

では、庶民はどういう履物だったかといえば、深沓に相当するものに藁沓《わらぐつ》もあったが、庶民にもっぱら愛用されたのは草履《ぞうり》や下駄《げた》だった。弥生時代には、田下駄といって田んぼで足を取られずに作業する下駄がすでに使われていた。

この浅沓も実用品としては草履や下駄に取って代わられてしまった。わずかに蹴鞠の正装として生き長らえたけれど、戦国時代以降は相撲などの武家らしい競技がひろまったため、浅沓もお払い箱になったようだ。絵巻では、イノシシのような獣が頭に黒い靴を載せた姿に描かれている。なるほど、このイノシシはいかにも足が速そうだ。

浅沓（模写：布谷道治）

付喪神 Tukumogami

鳥兜《とりかぶと》

～有名な毒草にも同じ名がある！～

鳥兜（模写：布谷道治）

霊鳥といわれる「鳳凰《ほうおう》」をかたどった兜《かぶと》を、トリカブトと呼んだ。といっても、これは戦場でかぶるものではなくて舞い、とくに舞楽に使われた被《かぶ》りものだ。これを被った舞手は、大空を飛ぶかのように優雅に舞うことができたといわれる。まるで、本当に霊鳥に変身したごとく、空にも舞い上がり、その鳴き声も死者の目を開かせるほど美しかったそうなのだ。

絵巻からもわかるように、被りものの後ろには頭巾のようなフラップがあり、頭全体を包むようになっている。

この被りものも舞楽以外ではほとんど使用されない神々しい道具であり、九十九神に加えるに値する霊力をもつが、さらに猛毒ともかかわりがある。毒草の一種に「トリカブト」という名の植物があり、キンポウゲ科に属する。ところがこの草は日本三大有毒植物の一つに数えられ（あとの二つはドクウツギとドクゼリ）、アルカロイド系の毒素を有する。あやまってこれを食べれば、吐き気に襲われ、呼吸困難や臓器不全を引き起こし、死に至ることが多い。そのため、日本では古くから毒殺用に用いられた。九十九神のなかでも、危険度はもっとも高い。解毒剤がないというのも、その恐ろしさを倍増する。

この毒草は、紫色をした花が鳥兜の形をしているために、そう呼ばれる。しかし、毒は使用方法さえ気をつければ薬にもなる。この植物の根塊を乾燥させたのが、漢方薬の「附子《ぶす》」であり、毒として用いる場合はとくに「ブス」と呼ばれた。狂言の演目「附子」は、タイトルどおり、甘くてめずらしい砂糖を守るため。留守をまかせる太郎冠者、治郎冠者に向かい、「これはブスだから、舐めるだけで死ぬぞ」とウソを言っておどかす話になっている。

付喪神
Tukumogami

笙《しょう》の鬼

～まるで翼を高くひろげたような鳳凰のような楽器～

笙の鬼
（模写：布谷道治）

笙とは、みやびな雅楽に用いられる竹管楽器のこと。中国から伝わったときからすでに霊的な楽器だった。

まず、その不思議な形だが、これは一七本の細い竹の管を立てて円形に寄せ集めたもので、これは霊鳥の鳳凰《ほうおう》が翼を立てて休んでいる姿を写したといわれる。竹管の高低は、音域をつくるためでなく、鳳凰の形をなるように決められたという。

管には指で押さえたり離したりする孔があいていて、器の下に息を吸い、吹く横穴があいている。ここが吸い口になっており、各竹管についたリードを振るわせることで、霊妙な響きを奏でる。

笛と同じような吹奏楽器といえるが、鳳凰が空を飛ぶ際に発する鳴き声と同じ響きが出るようにつくられた神秘的な楽器だ。この楽器は息を吸っても吐いても同じ音が出るので、長く音を出しつづけることができる不思議な力がある。「鶴の一声」という言葉があるように、中国では長寿をもたらす力は長く深く音を響かせることにあり、「気」が体内をめぐることにより、長寿が得られると考えられた。鶴も気管が螺旋《らせん》を描いて長くつながっており、そこから出る声が万年の寿命を達成する源とされた。したがって、鳳凰の声を写した笙も、聞いただけで寿命が延びる「神仙の楽器」なのだった。

笙を被るようにもつ鬼は、烏天狗にも似ている。天狗は本来、天を飛ぶ妖怪のことだったから、九十九神の化け姿にも、鳳凰によく似た白い翼がついている。

このような神具であるため、俗っぽい舞踏や未熟な奏者に使用されると、竹の管がばらばらに壊れて、妖怪に変化したのだろう。今は輪をじゃらじゃら鳴らし、不協和音を立てて人々の眠りを妨げる鬼になるようだ。

付喪神
Tukumogami

大蟻《おおあり》
～邪を払う「槌」の威力～

このバケモノは、大槌を振りかぶった「アリ」の姿だといわれる。大蟻は土を口にくわえて孔の外に運び出しながら、蟻塚をつくる。塚や墓をつくる工人の手本とされてきたが、もう古墳をつくる大王は一人もいない。

この妖怪がもっている槌は、地中の邪霊を叩いて鎮める真正な役割を果たしている。とくに、邪霊を祓うという桃の木でこしらえた槌は地固め、地鎮め、また魔払いに用いられた。桃太郎が鬼を退治する話も、槌がもつ祓いの力を反映させている。

槌は、大工道具としても使われるほか、戦場にもっていき武器としても活用された。槌を振るって魔を祓うのは、おそらく武器であったことと関係があるのだろう。また、大黒《だいこく》がもつ木槌のように、空中で打てば金銀が振り出されたり、あるいはその打音で妖怪を呼ぶこともできた。江戸時代、稲生平太郎という広島の少年武士が、夏の一月間、妖怪の出現に堪えたので、妖怪大将の山ン本《さんもと》五郎《ごろう》左衛門《ざえもん》から譲り受けたものであって、これで柱を叩けば全国の妖怪を呼び集める力があったといわれる。この槌は今も広島のお寺に保管されており、明治天皇もご覧になったという。

絵巻に描かれた大蟻は、その槌を振り回して、見さかいもなく人々を叩きまわる。神聖な道具も、あまりに見当が外れた使い方をすると、やがて妖怪に代わってしまう。ゆめゆめ、木槌を夜中に打つなかれ。きっと、大蟻に追い回される悪夢におそわれるから。

大蟻
（模写：布谷道治）

付喪神
Tukumogami

鉄漿付《かねつけ》
～女性を醜く見せる元凶でもあった～

鉄漿《かね》は、お歯黒という名でも知られる古来の風習だった。普通、女性が初潮を迎え、成人になったときに歯にこれをつけ、白い部分を黒く見せた。これをお歯黒とも呼んだ。時代によっては男性もお歯黒をおこなったといわれ、聖徳太子が男性のお歯黒の開祖ともいわれる。源義経や平忠度らもお歯黒をつけていたらしいのだ。

　これはいったいどのような意味をもつ習俗だったのだろうか。諸説あるようだが、古代においては結婚できる体になったか、あるいはすでに結婚している女性が、その証として歯を抜いていたことに由来するらしい。しかし、やがて歯を抜く代わりに黒く塗るようになったのが始まり。おそらくは、魔除けの意味もあったと思われる。

　ちなみに。この鉄漿をつくるには、つぎのような手順があった。まず、濃いお茶を茶わんなどに用意しておき、そこに鉄くずを焼いたものを入れた。これに五倍子（「ふし」と読み、ヌルデの葉にアブラムシが寄生してつくった虫こぶのこと）の粉末を加えて、その液を歯に塗った。男性は戦国時代にはもうお歯黒の風習を捨てたが、女性はなおその習慣を残したけれど、明治時代に禁止となった。

　男性が女性に化けるとき、お歯黒を歯に塗ったとすれば、これはまさしく「バケモノ」といっていいだろう。そういう偽りに手を染めた男性は、罰を受けて醜女《しこめ》となった。「しこめ」は「ブス」の意味ではなく、巫女をあらわす。鉄漿をつけるとは、霊的な力を得る方法の一つだったとも考えられそうだ。

鉄漿付（模写：布谷道治）

付喪神 Tukumogami

釜神《かまがみ》

～家庭を繁栄させる道具の代表格～

この九十九神は台所にいて、女性を守る神だった。人々に食べ物を恵み、子を授ける。元来はかまどの火をつかさどった神であり、清浄を好んだといわれる。釜神という名は、おそらく台所でもっとも大切なコメを炊く器だったことに由来するのだろう。手にした笹を振るわせて、この神を下ろすこともおこなわれたようだ。

この神は各地で信仰された。信越地方で釜神といい、三〇センチほどの木人形二体がご神体としてまつられたという。仙台などでは「かまど神」「くど神」と呼ばれ、かまどのそばに粘土や木の面を飾って、台所の守り神にした。

伝承によれば、この神はいつもかまどのそばにいるので顔が黒くすすけており、その顔を女たちに見られることを嫌うらしい。それを隠すために被りものをしたので、面だけの姿になったのかもしれない。ただし、夜に町を歩く際にお釜を被って顔を隠すという話は、どこでもあまり知られていない。

では、この絵のようにお釜を頭からすっぽりと被った異様な姿の九十九神ができたのは、どうしてなのか。どうやら、出どころはまさしく、この絵が描かれた『百鬼夜行絵巻』であったらしい。さらにヒントになるのは、江戸時代の妖怪絵師、鳥山石燕の『百器徒《ひゃっきつれ》然袋《づれぶくろ》』だ。この妖怪図鑑には「鳴釜《なりかま》」という九十九神を収録していて、『百鬼夜行絵巻』とそっくりの、お釜を被ったバケモノになっている。時代的に見ると、先行する『百鬼夜行絵巻』からコピーしたと考えられるが、ただし、石燕はこのバケモノについて、「白澤避怪図《ひゃくたくひかいず》」に、米を蒸す器（こしき）から出る牛の泣き声に似た蒸気音を発する鬼で、名を歛女《れんじょ》という」、と書いている。また、「この妖怪が出たら、その名を呼べばたちまち消え去る」とも書いている。

そこで石燕は、鳴釜がかまどで占いをする姿にアレンジした。釜あるいはこしきで蒸し物をし、そのとき器から蒸気音があがるかどうかで吉凶を占う「釜鳴りの神事」は、中国だけでなく、日本でも古代から存在したらしい。

釜神（模写：布谷道治）

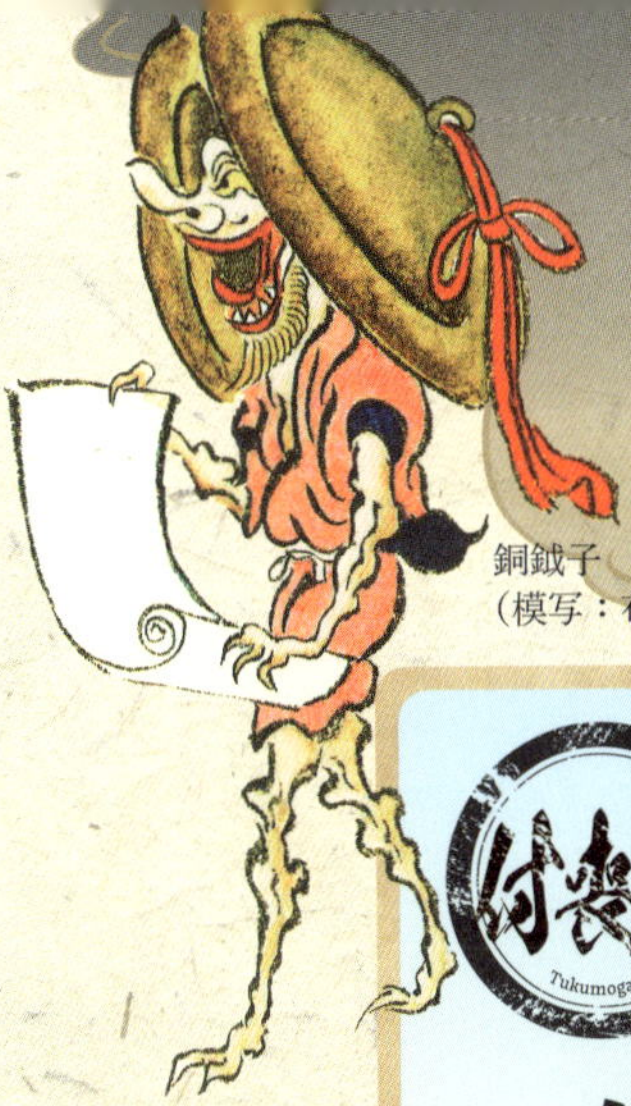

銅鈸子
（模写：布谷道治）

付喪神
Tukumogami

銅鈸子《どばっし》
～仏教が出どころの妖怪もいた～

町の人たちが集まって舞をおこなうときや、御仏にお経をあげるとき、手拍子とともにこれを打ち鳴らした。古代から仏教儀式に使われた楽器であり、歌舞伎に用いる楽器としても世間に入り込み、「チャッパ」と呼ばれている。小さなシンバルに似た二つの銅バチを両手でもち、これを打ちあわせて音を発する、いわゆる「鳴りもの」である。

　九十九神に変身する器にはどうやら偏りがあり、日用品、武器、祭具が多かった。これらは最初から神に供える器という共通点がある。おそらくは放っておいても老いれば自然に妖怪に変じたと思われる。ちなみに、金属の発するかん高くてにぎやかな音響は、霊的なものを引き寄せる力があったらしい。簡単に音を出すことができる便利さもあって、田楽などの民俗芸能によく取り入れられた。

　この楽器は中世までは広く知られていたが、のちに太鼓や鉦《しょう》、さらに異国から三味線などのにぎやかな楽器がもたらされ、江戸後期以後には忘れ去られた。仏教でも、木魚のような器が普及したので、銅鈸子の存在も忘れられた。今では、古い九十九神や、田楽などの古芸能を扱う絵図などに面影を見るだけだ。

　『和漢三才図会』の「楽器」の項目に、この銅鈸子も出てくる。バケモノに変わるとは書いていないが、この名は「銅拍《とうびょう》子《し》」に由来しており、手拍子を打つ代わりに銅製の円盤を打ちあわせることにした外国渡来の楽器だ、と説明されている。南蛮でつくられる銅鈸子は直径がとても大きく、数尺もあってやかましい音が出る、とも書かれている。いずれにしても、その騒がしさはシンバルを打つ猿のオモチャを想像すれば、見当がつくだろう。

　以上は九十九神の一例にすぎない。器の化けものを描いた絵巻には、真珠庵蔵『百鬼夜行絵巻』だけでなく、『付喪神絵《つくもがみえ》巻《まき》』と呼ばれる作例も存在する。こちらは訓話の色あいをもつ制作物らしく、器物は百年を経ると妖怪に変わるので、毎年立春前の「すす払い」の日に、小道具は路地に棄てられていた。これに腹を立てた小道具たちは節分の夜に付喪神になって街に暴れ出た、という。じつにもっともな話といわざるをえない。

本草 Honkusa

蟲《むし》

〜「腹の虫問題」と妖怪の博物学〜

器物のバケモノこと「九十九神」の項目をそろえたついでに、日本で非常に発展したもう一つの不思議な存在、「蟲《むし》」についても、この本で紹介しておきたい。

妖怪の歴史は、この本でくわしく述べてきたように、最初に「目に見えない、おそろしい力」としての「不思議」があった。精霊ともいえるし、バケモノともいえる。中国の学問にならうならば、「鬼《き》」と呼ぶべきものが存在した。

「鬼」は、言い換えるなら、死者や自然力をはじめとする「この世の周辺にたむろする、私たちの社会に引き込めない部外者たち」だった。だが、私たちはこの部外者とも、一定のコミュニケーションを取らなければ、生きていけなかった。そこで考えついたのが、名前と位《くらい》と宮殿を与えて、私たちの社会のメンバーになってもらう方法だった。いわば「おもてなし」である。

そのいちばんいい例が、「神」だった。大宝律令《たいほうりつりょう》という制度の下に「神名」を与え、貴族の位も授け、立派な祠《ほこら》も建てた。

でも、それは都の力が十分に機能する「開けた場所」の話であり、山や海や空といった人外《じんがい》境《きょう》には、あいかわらず名前すら決められない「おそろしい、あのお方」がいくらでもいた。中国の「鬼《き》」、バケモノにあたる。

やがて平安時代が終わり、武士の時代にはいるころから、「鬼」グループにすら入らなかったバケモノにもなやまされるようになる。人間の怨霊とか、まだ知らない怪獣や怪鳥やらが、都の暮らしと貴族の権威をおびやかしだした。

それで、とりあえず陰陽師のような祈祷のできる「鬼」対策の専門家を宮廷にそろえたが、そんな祈祷などにびくともせぬ強靭なバケモノを、どうしようもできなかった。

そこで登場してきたのが、武士だった。今度は武器をもって、力でバケモノを押しつぶす。

ここまでくると、「鬼」よりもさらにひろい「妖怪」という名のバケモノ軍団とも対決できるようになった。ついでに、平将門《たいらのまさかど》みたいな、朝廷のいうことを聞

腹の虫（「諸虫の図」より）。顕微鏡はなかったが、虫眼鏡などで寄生虫の観察が可能になり、室町以後の医師たちが発見し始めた「腹の虫」たち。新たな妖怪の誕生だった

かない地方豪族たちも、武士が叩きつぶす相手となった。

しかし、それでもなお、バケモノや妖怪の仲間には強者《つわもの》がいた。これが「蟲」だった。今の言葉でいえば、伝染病を引き起こすウイルスや細菌のような病原体だ。これに対処する新たな主役といえば、もちろん、お医者さんだ。お医者さんは、この世に存在するあらゆる情報、あらゆる薬、あらゆる毒を使いこなして、見えないけれども強力な病気の元凶ウイルス、すなわち「蟲」を退治しにかかった。そして、いわば科学の力で、このような危険な蟲の正体も一つずつつぶしていったのだった。

このような虫には、お腹の中に寄生する回虫もいれば、体の中に潜んでその宿主の行動を四六時中監視し、その宿主が犯した悪事や不正行為をいちいち記録しておき、毎年決まった時期に宿主の体を飛び出し、天帝という人間の寿命を決める天の王に密告する「三尸《さんし》九蟲《きゅうちゅう》」までが含められていた。また、お医者さんたちは医学ばかりでなく、人の心の科学や、博物学や鉱物学、さらに考古学、天文学のような新学問を開拓して、悪い「蟲」と対決した。

ここから、妖怪退治の主役は、陰陽師のような方術家や蛮力をふるう武士ではなく、知識あるお医者さん、古くは本草《ほんぞう》家《か》と呼ばれた学者たちに移ったといえる。時代も、ちょうど江戸期に入ることからだ。これで妖怪の数はさらに増え、「蟲」という新しいグループまでが加わったことになる。

というわけで、この蟲たちに触れることになる。最初に取り上げるのは、もちろん、「腹の虫」だ。なお、蟲(最近では「虫」と書くが、こっちの虫は本来、ヘビやムカデのような長い動物を指したようだ)という漢字は、ふつう、昆虫その他の小さな生きものの総称とされる。けれども、やまとことばでいう「むし」は、さらに「この世にある物、ない物、すべてをひっくるめた存在物」という意味をも加えている。そういう意味で使う漢字ならば、むしろ「蟲」(この世にたむろするあらゆる生きものを意味する)のほうがふさわしいのだが、本書ではわかりやすさを考えて「虫」を多く使うことにする。

では、「腹の虫」についてお話ししよう。人の体内にいて、声を出したり、苦痛を与えたりするもの。今なら寄生虫や最近、ウイルスが正体とわかるが、古代の人々は怪しい虫、またはバケモノが、人体内で悪さをすると考えて、この原因を作る悪い蟲を「腹の虫」と呼んだ。つまり、古代世界で、モノとか霊、あるいは魂やバケモノと呼んでいた「トラブルの元凶」が、理科系の学者にしたがって「むし」と呼び変えられたということだ。日本では腹中虫《ふくちゅうむし》、中国では、応声虫《おうせいちゅう》、などと呼ばれる奇怪な虫が、その代表ではないだろうか。ほら、ときどき理由もなくお腹の中でグーグー啼く虫がいるでしょう? あれです。

「腹の虫」は古代の西洋でも、さまざまな名で呼ばれた。その姿は、たまに肛門から出てくる回虫などのイメージを参考にして、白い蛇の形や、不気味なケムシ、あるいは馬やクモのような形が伝えられた。でも、扱いはあきらかに妖怪そのものだった。

最大の特徴は、お腹の中から声を出し

て、その宿主の未来を予言したり、隠しておきたい秘密をべらべらしゃべってしまうこと。そして宿主の生気を吸いつくし、その人を死なせることもあった。今でも「腹の虫が鳴く」「虫がしらせる」「虫のいどころが悪い」といった言葉が残っているが、これは腹の虫をあらわす。

　この腹の虫、じつは中国ではただの寄生虫ではなく、もっと妖怪じみたバケモノとして信じられていた。中国の道教では、ひとの体内に「三尸九虫」というバケモノが住んでおり、大きな害を与えるという考えがあった。いちばんおそろしいのが、「三尸」のほうで、鬼神のグループだとされた。眼を痛めつける「青い老人」、内臓を傷つける「白い姫君」、胃や下半身を攻撃する「血みどろの死体」の三種類からなり、人が長生きするのをさまたげる。蟲どもはそのために毎月三回、人が寝てしまうと体から抜け出し、天の神にその人が犯した悪事を報告に行く。天の神がその罪に応じて寿命を縮めてくれるからだ。

三尸の図。右から上尸、中尸、下尸とつづく。どんどん妖怪めいた姿になっていくのがわかる

　どうやら三尸は葬式に出される「おそなえ」が大好物らしく、人が早く死ぬのを願っているといわれる。しかし、人にも知恵があるので、三尸が悪事を天に報告するのを防ぐ方法を考えだした。蟲が天帝に報告に行く日は、一晩中、寝なければいいのだ。それで夜を徹してドンチャン騒ぎのお祭りをすることにした。これが夏の夜祭の始まりだ。東北地方の夏の名物、「ねぶた祭」などは、その現代形だといえる。三尸が体に入るのは穀物を食べるときだそうだから、私たちが考える回虫などの「寄生虫」が、そもそもの原因だろう。

　一方、九虫のほうはいろいろ意見があるけれど、「尸虫《しちゅう》」ともいって、イヌや馬のしっぽ、あるいは青いひもの形をしており、脾臓《ひぞう》に住みつくという。大きさは約三寸ほど、よく見れば頭も尾もある生きものだそうだ。それで、戦国時代あたりから出始めた日本の「腹の虫図鑑」には、馬やイヌやコウモリのようなバケモノの図がある。なお、腹の虫図鑑の傑作『針聞書《はりききがき》』という本に出ている虫たちは、今、この本を所有する九州国立博物館でキモかわいいフィギュアとなって売られている。

　中国では漢の時代から腹の虫を毒物として他人に飲ませ、呪い殺すという妖術「蠱《こ》」が発達していた。皿の上に「蟲」を載せた漢字の形からわかるとおり、毒虫をたくさん皿の上で戦わせ、勝ち残った蟲を煎じて飲ませた。

　平安時代に日本にも伝わり、この虫を使って政敵や恋敵を殺すことが流行したため、何度も禁止令が出たほどだった。徳川家康も鯛の天ぷらを食べすぎて死んだとされるが、当時は腹の虫にたたられたと思われたらしい。薬にくわしかった家康は毒性の強い虫くだしを服用しすぎ、それが元で死んだともいわれた。

本草
Honkusa

ツチノコ
～そもそも蛇なのか、それともトカゲなのか～

別名「バチヘビ」、あるいは「ノヅチ」ともいい、ずんぐりとした体をもち、飛び跳ねる不思議なヘビ。テレビなどでも話題にされるけれど、実物が捕まったことはない。しかし、ツチノコ騒ぎはネッシーや雪男とちがい、二〇世紀を通じて現在までずっと熱がさめないでいる。今、カッパや人魚のように、バケモノというよりも未確認生物と呼ばれ、UFOに対抗してUMA（未確認怪生物）というジャンルをつくっている。

ツチノコなる異形《いぎょう》のヘビが、いつごろから目撃されるようになったのかといえば、縄文時代からずっとだ、とする研究家が多い。

たとえば、長野県茅野《ちの》市《し》の尖石《とがりいし》考古館にある縄文土器に、なんとツチノコがちゃんと描かれているのだそうな。頭が大きく、足がなく、尾が短く、なんとなくトカゲに似た姿の生物だ。

次いで、『古事記』にもツチノコが「ノヅチ」という名で登場する。山の神オオヤマツミの次に生まれた野の神カヤノヒメがまたの名をノヅチという、とある。江戸時代中期に出た博物百科『和漢三才図会』では、

ツチノコは蛇かどうかはっきりしない。しかし、古代から各地で目撃例があったという。まさに謎の存在だ（イラスト：斎藤猛）

ノヅチの姿かたちが初めてくわしく紹介されている。
「野槌蛇《のづちへび》は深山の木の穴の中に住みつき、大きいもので直径五寸、全長三尺ほど、尾はごく短い、柄《え》を取ったあとの槌に似た形だから野槌蛇と名づける」とある。尾の短いヘビというイメージは、どうもここで成立したようである。また、江戸時代末に書かれた『信濃奇勝録《しなのきしょうろく》』にも、野槌蛇は信州にいて、八月になると一石峠《いっこくとうげ》あたりに出没するが、丸くて太いのでゴロゴロ転がり、前へ進むのが下手だ、と書かれている。どうもゴロゴロと転がって動いたらしい。おまけに坂を登れないから、野槌蛇に追いかけられたら高いところへ逃げればいいことになる。

　中国のほうでも、ツチノコはもっと古くから、別の名で記録されている。中国の博物学書として有名で、日本の『和漢三才図絵』にも影響をおよぼした『本草綱目』によれば、合木蛇《ごうぼくじゃ》と呼ばれる、「毒トカゲとも毒ヘビともつかぬ動物があり、その形は杵《きね》とそっくり。この蛇には別名があって、千歳蝮《せんざいふく》という」、とある。「マムシに似てみじかく、四本の足があり、跳ねてひとを咬《か》む」、という。別の本『字林』では、「トカゲ形の睩《ろく》聴という動物がいて、人を咬んだあと、樹上にぶら下がって、咬まれた人が毒の痛みに苦しむ叫び声を聴いてから立ち去る」とも書かれている。つまり、今の日本でツチノコの特徴とされている点は、中国でいう「千歳蝮」または「合木蛇」のほうに当てはまるようだ。

　この説明だと、中国のツチノコは四本足で、トカゲの類と考えられるが、世界の常識でいうと、足のあるヘビもいるし、足のないトカゲもいる。日本では、たまたま足のあるヘビや、足のないトカゲが住んでいないだけの話だ。

野槌もツチノコの異名。鳥山石燕・画『今昔画図続百鬼』より

近年にツチノコを再紹介した山本素石の本『逃げろツチノコ』

この千歳蝮は、日本にも出没していたらしい。『本草綱目』を日本に伝えた本の注釈に、こんな文章がある。

「信州戸隠山《とがくしやま》の深い山中に、千歳蝮と思われる生物がいる。山中にある神社の奥に大きな松の木があって、六月ごろになると四尺ほどのトカゲによく似たヘビがあらわれる。土地の人々はこれをヤマカガシと呼んで恐れている。人の声がすると、うしろの二本の足で立って、人がくるのを待ちかまえているのだそうな」

ついでにいうと、足があって立つことのできる怪蛇を、信州戸隠山でヤマカガシと呼んでいる。ヤマカガシとは、「山のヘビ」を意味する。

つづいて明治期以後に書かれたツチノコ記録を見よう。第二次大戦後にこの不思議な生きものが日本中に知られるきっかけとなったのは、釣り人で随筆家の山《やま》本素石《もとそせき》が結成したツチノコ捕獲隊「ノータリンクラブ」だろう。素石は一九五九年八月に京都で奇怪な形のヘビを目撃し、ツチノコの調査を開始した。そして一九六二年から全国調査をくりひろげた。その後は数年ごとにどこかでツチノコ目撃が報告され、そのたびに調査隊が出て話題になってきた。

たとえば兵庫県千種町《ちくさちょう》（現・宍粟市）では、九〇年代に町内でツチノコを生捕《いけど》りにしたら二億円の賞金を出すという話があった。リストラされた元サラリーマンが集まり、血まなこでツチノコ探しをしていたという話も残っている。また、岡山県吉井町は、国内でももっとも多くツチノコが目撃されている特異スポットの一つであるという。

しかし、明治以降の目撃例では、ヘビ型が支持されており、四本足があったとする目撃例はほとんどなかった。

一九七三年六月一七日、読売新聞に載った記事はその例外で、

「大阪の会社員が静岡県寸又峡《すまたきょう》の山中で、本物のツチノコの写真撮影に成功し、これがツチノコ探しの決定的要因となった。この会社員いわく、山中で遭遇した怪蛇は、一メートルほど横にとび、チーと鳴いた。その体長は三〇センチ、直径六、七センチ、ヘビとトカゲの混血のごとき生きものだった」、という。

「……頭は舟のへさきのようにとがっており、首から上は茶色っぽい黄色、目はキラリと光り、両眼のふちには濃茶色の筋が横に二、三本あった。胴体は灰色、肩のところからオットセイのひれみたいな短く偏平《へんぺい》な〝手〟が出ていた」そうだ。

ツチノコの正体は、ヘビなのか、それともトカゲなのか。今も盛んなツチノコ探しだが、まず根本的に、これが蛇なのかトカゲなのかを解明することこそ、謎を解く始まり、なのではないだろうか。

近年目撃されるツチノコは、外国からもち込まれたオオアジタトカゲかもしれない

ウガ（宇賀《うが》）

～南方熊楠が愛した神秘な「蛇」～

全身が龍のように長く、その尾部には、キラキラと光りかがやく珠を帯びた瑞獣。空想の動物に思えるが、しばしば実物も捕えられた。

日本には、南方熊楠《みなかたくまぐす》が大正一三年六月二七日に田辺の漁師から入手したすばらしい「ウガ」の標本があり、現在も和歌山県の白浜にある「南方熊楠記念館」で観ることができる。

熊楠は漁師からウガを手に入れ、桶にくんだ潮水の中で何時間も観察し、翌日アルコールに漬けて保存したという。昭和四年に熊楠の進講を受けた昭和天皇が、熊楠に最初に見せられた標本も、このめずらしい「霊魚」の実物だった。

実物が実在するので、この生きものが動物学的に何物であったかを確認することができる。沖合を漂流して暮らすセグロウミヘビという海蛇だが、尾にフジツボの仲間でエボシガイ（種としてはコスジエボシ）と呼ばれる外洋系の節足動物が付着している。この動物は長い弓形の触手を出し、これを高速でかく動作をくりかえす。その姿がとてもおもしろく、西洋ではカモの雛がはばたくさまを連想させるのか、ここからカモが生まれると考えられた。

日本では、このエボシガイが光りを明滅させながら回転する龍の珠に見えたのだろう。伝承では、ウガの尾は三つに分かれるといわれるが、この標本には尾に一本の海藻が絡まってとれないので、こういうものが二、三本つけば、三つ又に見えるのではないか、と熊楠は推測した。

しかし、ウガは単に自然の珍品というだけではない。漁師にとってはまさしく大漁を約束する海の精霊だった。これを

南方熊楠が入手し、瓶に封じた希少な蛇神ウガ

昭和天皇に見せた最初の博物標本も、これであった

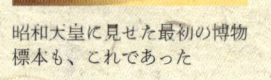

船霊《ふなだま》に供えれば、海の幸に恵まれると伝えられていた幻の霊魚の実物なのだ。
だが、いったいなんという名の動物なのか、誰も知らない。これを「ウガ」というと教えた長老の漁師がいたが、その漁師はほぼ目が見えないのに漁に出て翌朝船の中で死んでいるのが発見された。命をかけた家業に長年従事してきた漁師だったので、熊楠も漁師が存命のうちに、もっと「ウガ」のことを聞いておくべきだった、と悔やんだそうだ。

フジツボ研究家の倉谷うららさんによれば、新潟県柏崎高校にもウガの標本が実在する。およそ九〇年前、「漁師のお父さんがトビウオ漁に出たときにつかまえ、めずらしいものだと学校にもたせ、当時の博物学教諭がていねいに標本にした」ものだという。

じつはセグロウミヘビは南方産のヘビなので、太平洋、日本海のどちらにも、暖流に乗って渡来する。コブラ科に属し、ウミヘビの中では凶暴で、毒も強い。これは海面に集まる動物を捕える必要から獲得した特性だ。新潟は日本海側なので、対馬暖流に乗って漂流してきたはずだ。しかも、日本海側には、海に漂流するセグロウミヘビは、浜に打ち上げられると、これを宇賀の神として神前にささげ、豊漁と豊作を祈るという。いわばウガは怪物蛇の姿をとったマレビトであり、お土産である海の幸をもたらす来訪神だったわけだ。

古代では、バケモノみたいな姿で異界からやってくるものは、「マレビト」だった。なかでも、海の彼方からたくさんの海の幸を携えてやってくる存在は、「宇賀の神」だった。実際、セグロウミヘビにしても、餌になる生きものが必要なので、流れ藻や浮遊物の下、あるいはプランクトンが集まる潮目にいる。また、クジラやジンベイザメのような大型の魚には、排泄する糞などを求めてたくさんの魚が後ろにつく。漁をするには大変に良い目印となる。このような知識が、やがて陸の農業にも当てはめられて、熊野本宮の祭神であるウカノミタマなど山の豊穣神に転じたのではないか。

そう考えるにつけ、バケモノの調査は、その正体を科学的に突き詰めることなど、まだ入口にすぎない。熊楠が体験したように、目が見えなくなって猟に出たあげく洋上で死んだ古老が伝えてきた「竜蛇の奇瑞《きずい》」にまで興味を届かせて、初めて妖怪学が好奇心の宝蔵になるのだから。

熊楠が図示したウガの詳細。尾の先に着いた「稲穂のようなもの」が、光る玉の正体、エボシガイだ

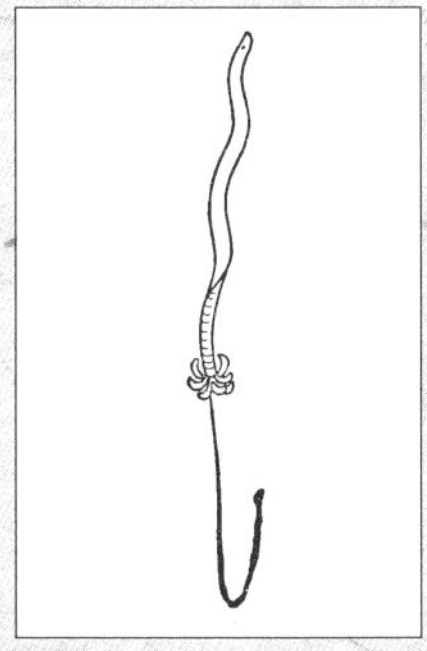

熊楠図示になるウガの全体像。エボシガイの塊の先に延びるのは、付着した海草であった

本草
Honkusa

ツツガムシ
～「つつがない」という日常に潜む「蟲」～

ツツガムシといえば、怖い感染病の一つツツガムシ病を起こすダニの一種。安心で健康に暮らしていることを「つつがない」というのは、このツツガムシがいないことを意味したからと、俗にいわれているほどの恐い虫だ。

この幼虫が病原体とされるリケッツィアを媒介するのだが、あまりに小さく、虫眼鏡でもよく見えない。私はブラジルの湿地や草地を裸足で歩いたりすると、ツツガムシ病になるからやめろ、と怒られたことがある。日本でも江戸時代には夏に秋田地方などで発生したが、原因は悪い鬼のしわざ、悪気や毒水、またヘビのウロコの毒だともされたが、芳賀忠徳《はがただのり》たち医者や博物学者の努力で「砂シラミ」という毒虫のせいだと突き止められた。

ツツガムシは、ダニの仲間として妖怪の一種に数え上げられている。天保一二年に桃山人《とうさんじん》が出した『絵本百物語』にも絵入りで妖怪ツツガムシが登場している。川辺の谷間に巨大な牙をもった虫が描かれ、昔から人を刺し殺すとおそれられた、とある。人は刺されるとつぜん高熱を発し、ブルブルふるえて苦しみだし、しまいには死んでしまう症状は、虫が見えないだけに魔物や鬼にとりつかれたのだと思われたのだろう。

しかし、戦国時代から発達した医学や博物学のおかげで、とても小さいツツガムシの幼虫に刺されることが病気の原因とわかった。それは、患者がある日とつぜんに、チクッとなにかに刺される感覚を味わうからだった。この痛みのおかげで、胃にとりつかれる病気としか思えなかったツツガムシ病の真相がわかった。医者が病人の体をくまなく探し、ツツガムシの幼虫が皮膚にとりつき、かみついている現場を見つけたおかげだった。

このような成果があがってから、平安時代には陰陽師たちの仕事だった憑《つ》き物落としや妖怪との対決が、少しずつ医者や博物学者の役目に変っていった。

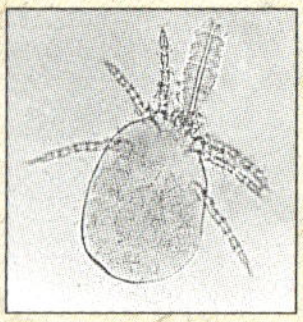

実際のツツガムシの図。ダニの仲間とされる小さな虫だ
（出典：Wikipedia）

竹原春泉・画『絵本百物語』より。この本は、虫類が多く記されている点でもおもしろい妖怪書だ

本草
Honkusa

お菊虫
～怪談ばなしから生まれた奇虫～

日本の怪談として西洋にも伝わった「播州《ばんしゅう》皿屋敷」の話は、とても有名だ。家宝の皿を一枚割ってしまったために殺されたお菊という女性の霊がたたって、その現場とされる兵庫県姫路市に、不思議な「蟲」を出現させた。その蟲は、姿が上臈《じょうろう》にそっくりで、しかも縄で縛られ井戸の側の松の木につるされたという伝説どおり、木や壁に糸で吊るされているという。

このバケモノは、江戸時代に本当に大量発生したかもしれない。というのも、じつはこのバケモノはジャコウアゲハと呼ばれるアゲハチョウの蛹《さなぎ》で、樹皮に尾の先端を固着し、一本の絹糸を枝にかけて支えとして体を釣っているからだ。

お菊虫は今でも棲息する蟲なので、こ

竹原春泉・画『絵本百物語』より。ここではオキクムシは女性の化けものに代わっている

れを捕まえることもできる。中国でも「縊女《いじょ》」（首をくくる女の意）と呼ばれていて、日本での名前、「お菊虫」の源になったと思われる。和名は『播州皿屋敷』のお菊が後ろ手で柱に縛られている様子に見立てたのは、江戸時代にまでさかのぼる。姫路にある「お菊神社」では、これを霊虫としている（渡辺武雄『薬用昆虫の文化誌』）。松浦静山《まつうらせいざん》『甲子夜話』には、お菊虫の由来にまつわる異説が記されている。元禄年間、摂津尼崎の城主青山大膳亮に仕えた侍女のお菊が、飯の中に針を落とした罪で殺された。そこで

オキクムシは名のとおり、女性が木から釣り下がったように見える奇品である

このお菊の怨霊が虫と化したというのである。

じつは、アイヌの人々は、アゲハチョウ類の幼虫を魔物の化身とみなしていた。角を出して悪臭を放つので、バケモノとまちがえたらしい。そこで、これに出会うとヨモギの茎に突き刺して川に流したり、ヨモギの鞭《むち》でさんざん叩きのめしたりした。ヨモギには魔物を追い払う効果があると信じられたためだ（更科源蔵・更科光『コタン生物記』）。

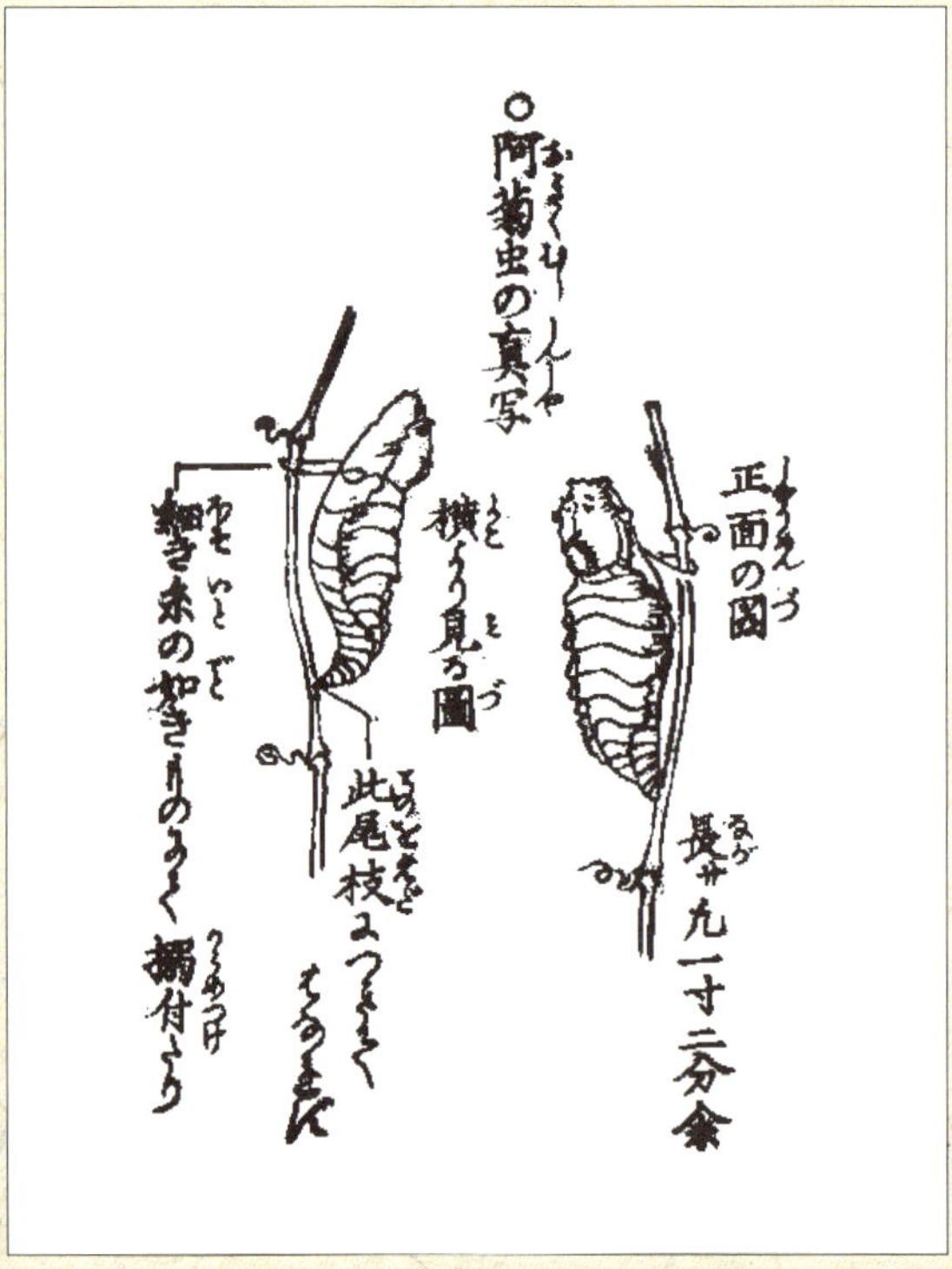

皿屋敷のお菊が虫となってあらわれたとされる非常に興味深い妖怪蟲。しかし正体がジャコウアゲハの蛹だと江戸時代にすでに知られていた。大田南畝はこの図のようにお菊虫の正体を察知していた

本草
Honkusa

チャタテムシ
～エジプトのミイラにまでさかのぼる虫～

妖怪の多くは、実際のこの世に生きている動植物たちであり、捕まえたり、食べたり、薬にしたりすることができる。エジプトのミイラも、とてもよく効く薬だとされて、遠く日本に運ばれてきた。大名の珍品コレクションにもなった。西洋で霊獣の代表とされるユニコーンも、その角が毒消しの薬とされて珍重され、かつてはあちこちにユニコーンの角が展示されていた。一説によれば、一九世紀にユニコーンの角をもっとも熱心に輸入した国は、日本だった。

したがって、江戸時代の博物学者の多くは、霊獣をはじめとするバケモノの研究にも力を注いだ。その一つが、チャタテムシだ。群れになってくらす五ミリほどの小さな虫である。家や倉庫内を走りまわり、紙や食品を食べる。口から絹のような糸を出して幕状の巣をつくり、その下で共同生活を行う。けれども、小さいうえに隠れて暮らす虫なので、実際に見た人は少ない。

それなら、どうしてこんな目立たない虫が妖怪になったかというと、「音」だ。姿が見えないのに音がするという怪異は、妖怪の基本形なのだ。狸ばやし、小豆洗い、置いてけ堀などは、その実例だ。チャタテムシは名前のとおり、障子などに止まって足の内側にある器官をこすりあわせ、茶を立てるのに似た音を出す。

日本では、チャタテムシの音を耳にすると「隠れ座頭が子どもをさらいにやってきた」とか、「怖い老婆がアズキを洗っている」などといって、子どもたちを震えあがらせた。この虫にザトウムシ、ア

チャタテムシの幻想（イラスト：斎藤猛）

ズキアライといった俗名があるのも、その名残りだ（田中梓『昆虫の手帖』）。

この不思議な音について、森島中良『紅毛雑話』に、「鼻の先に撥《ばち》の形の角あり。是をもって紙をかくなり」とあり、これを参照したと覚しき栗本丹洲も『千蟲譜』のなかで「丸きばちにて敲《たたき》て声をなす」としている。しかし昆虫学者の小西正泰氏によれば、この虫は鼻の先についたばちで紙をこするのではなく、足の内側にある発音器官をこすって音を出すのだという。

南方熊楠によると、昔の日本人は、立てる音ばかり大きくて姿は見えないチャタテムシのことを、人の罪過を天に告げてその人の寿命を縮める尸虫《しちゅう》の正体、と考えていたらしい。そして名前も、尸虫がなまってシャムシとかシシムシと呼ばれ、ひどく恐れ忌まれた（「シシ虫の迷信ならびに庚申の話」）。なお、この尸虫については「腹の虫」におさめた「三尸九虫」の項にくわしい説明を書いてある。

日本のチャタテムシは大きさ一ミリ半くらいの小虫だが、顎で障子や柱を掻くようにして音を出すというめずらしい習性がある。昔からこれは高野山の七不思議の一つに数えられた。晩秋の静かな夜、山寺の障子のあたりでサッサッサッという音がする。なのに姿は見えないので、妖怪とされた。さぞかし気味の悪いものがあったろう。なお、大町文衛『日本昆虫記』によると、この虫の鳴き声は懐中時計のチクタク音のようにも聞こえるという。西洋ではチャタテムシのことを人の死期を予言する「死時計虫」と呼んでいる。

極小昆虫で、数ミリの大きさだが、音を立てる種がいる

詩人・随筆家の薄《すすき》田《だ》泣《きゅう》菫《きん》は、「茶立虫」という随筆で、この虫の声を次のように評している。

「と、と、と、と、と、……」なんという微かな響でせう。「沈黙」そのものよりも、もつと静かで、もつと寂しいのはその声です。「静寂」そのものが、自分の寂しさに堪へられないで、そつと口のなかで呟いたやうなのはその声です。

薄田泣菫は岡山県出身の詩人・随筆家。『茶話』などの随筆集がある

桜姫の分身
～二重人格が描かれた最初の物語？～

古来、妖怪とみなされたのが、たくさんの顔や手足をもつ動物だった。西洋ならば多頭の大蛇ヒュドラが、そのまま日本神話でも多頭の大蛇ヤマタノオロチとなる。中国の『山海経』には、頭が二つある陽霊山の神、一人の体が二つに割れた一臂国《いっぴこく》の人など、おもしろい例がある。

しかし、こうした複数の頭や手足をもつ怪物人種には、新たな研究テーマが潜んでもいる。それは、心の二重性と体の数の問題だ。はっきりいえば、二重人格、多重人格の人たちも妖怪と考えられ、その現象を「離魂病《りこんびょう》」といった。いわば、人の心の変調に由来するバケモノもある、という話なのだ。

江戸時代によく知られた歌舞伎のヒロイン、また読本にも語られた、「桜姫」の話は、その典型と思われる。桜姫とい

柳亭種彦『近世怪談霜夜星』より狂乱の側女

うのは、おそるべき運命に翻弄《ほんろう》された姫君にまつわる怪奇な因縁話のドラマ・ヒロインの名だ。

桜姫が登場する話は江戸時代にいくつも書かれている。なかでも有名なのは、『四谷怪談』の作者として知られる歌舞伎狂言作者・四世鶴屋南北がつくりだした歌舞伎の演目『桜姫東文章《さくらひめあずまのぶんしょう》』ではないだろうか。最近では坂東玉三郎さんが演じているので、歌舞伎ファンには、よく知られているはず。

このほかにもう一つ、今度は読本、つまり小説化された桜姫物語がある。題して『桜姫全伝曙草紙《さくらひめぜんでんあけぼのそうし》』という。作者は山東京伝《さんとうきょうでん》で、歌川豊国の挿絵入りの小説だ。文化二（一八〇五）年に出た。歌舞伎の桜姫などに中国小説のストーリーも取り込んだ怪奇ドラマだ。

歌舞伎などで流布していた清玄と桜姫の恋愛怪談をネタ元にして、これにさまざまな怪奇の趣向を盛り込んだ。この怪奇小説の中で非常に印象深いのが、「二人桜姫」と呼ばれる姫の変身シーンだ。それは、悪霊に苦しめられた桜姫が、とつぜん二つの体に分かれてしまう、という途方もない場面である。姫はある日、白くて小さな蛇に体内に侵入される。そう、前項目に出てきた「蟲」である。腹の虫といってもかまわないだろう。これが発端となり、やがて姫は引き裂かれて二人の「自分」になってしまう。

むろん、これは小説のうえでの出来事なので、現実にはこんな分身術も無理だろう、と普通の人なら思うだろう。だが、物語の中では、桜姫が「離魂病」になった、とされている。この「離魂病」は、江戸時代には非常にリアリティがあって、心の奇病の一つとされた。実際に体が二つに割れるわけではなく、魂が二つに割かれて、まるで別人のようになる病気のことだから、分身ではなく、離魂と考えられたわけだ。

ただ、人が分身して二人になる、というこの奇妙な現象は、ほかにも例がある。『里諺集』という本に、湯築《ゆづき》城の三代だった城主、河野通直の奥方が、あるとき突如として分身したという話だ。奥方が二人になっ

山東京伝『桜姫全伝曙草紙』にある桜姫離魂病を発する場面

てしまったので、どちらが本物かを見分けるため、医師に診察させたところ、見立ては「離魂病」と出た。魂が枯れて体が二つに分裂する奇病だ。

治療方法はない、と医師に匙を投げられたが、通直は納得せず、二人の奥方を牢屋に閉じ込めることにした。飢えたところで食べ物を出せば、その食べ方で区別がつくはず、と考えてのことだった。果たして、片方の奥方が食べ物に飛びつき、耳をぴくぴくさせて貪り食ったという。この奥方を縛り上げたところ、古狐となって正体をあらわしたという。

ところが、明治の精神医学者がこの物語にいたく興味をもった。「これはひょっとしたら、本当にあった病気かもしれない」と考えたのだ。この精神医学者は、呉秀三《くれしゅうぞう》という。呉が活動した時代は、「精神の病気」へ関心が集まる時代だった。幕末までに成立した「怪異は本草家や医者の領域」という文明開化の基本ラインに対し、開化以降の流れが「怪異は精神医学と変態心理学の領域」にまで進んだ、といえる。

怪談噺の演出に新風を吹き込んだ三遊亭圓朝も、そもそもお化けを見るということは、「迷信という一語で片がつく話ではありません。あれは、近ごろ流行の精神医学の領域なんです。神経がやられることで発生する病的な異変です。つまり、神経の変調なんでございます」と言っている。圓朝の名作『真景《しんけい》累《かさね》ヶ《が》淵《ふち》』でも、真景というのはすなわち「神経」の語呂合わせだ、としているのだ。

呉秀三は、桜姫が二人に分裂したという怪奇現象が、心理学でいうところの「多重人格」ではないか、と推理した。そこで山東京伝の『桜姫全伝曙草紙』を研究した。近年の病理学から考えると、離魂病というのは多重人格、あるいは人格分裂のこととするのがもっとも妥当、というのが結論だった。

呉秀三は初代松沢病院長をつとめ、「日本の精神医学の草分け」といわれた人だった。

寺田寅彦が夏目漱石の弟子ならば、呉は森鴎外の親しい友人だった。バケモノの研究には、漱石や鴎外のかかわりも、わずかにあったという事例である。

精神医学者・呉秀三
(出典：Wikipedia)

心理
Psychology

グレムリン
～二〇世紀に誕生した新しい妖怪～

「グレムリン」は、世界の妖怪のうち、二〇世紀に誕生し、しかも飛行機にしか出てこないという、妖怪進化の最終形だ。

グレムルンといえばスティーヴン・スピルバーグとジョー・ダンテが手がけたいたずら妖怪の映画『グレムリン』のかわいいバケモノを思い出す。けれど、じつは二〇世紀、それも第二次世界大戦中にウォルト・ディズニーがこのキャラを使ってコミック絵本を刊行していた。つまり、映画の『グレムリン』は、今から七〇年ほど前に生まれたディズニー・キャラの一つに発している。

いや、そのディズニーだって、グレムリンのヒントは、ある空軍パイロットから手に入れたものだった。戦争中、ちっちゃな小鬼みたいな「もっとも新しい妖精」が、イギリス軍やアメリカ軍の戦闘機にいたずらをしかける事件が続発し、パイロットの間で話題になったことが、そもそもの始まりなのだ。

ところが、この元祖グレムリンのことは、現在ではほとんど忘れられているし、なぜ、どこに出現したかも、わかっていない。謎だらけの西洋妖怪なのだが、くわしく調べてみると、おもしろいことがあきらかになってきた。

私が発掘したなかでもっとも古い資料は、アメリカの高級雑誌『コスモポリタン』一九四二年一二月号に掲載された「グレムリンズ」というクリスマスのファンタジーだった。作者は「ペガソス」というペンネームになっており、「イギリス空軍パイロットの間でこの物語がよく知られている」と初めに書いてある。イギリス空軍内に発生した実話だそうだ。そして、作画はディズニー。このときにグレムリンの姿が決定したといえる。

グレムリンの話は単純そのものだ。主

20 世紀に誕生した妖怪（妖精）グレムリンには奇妙な由来がある（イラスト：斎藤猛）

役は、これまで聞いたこともない新顔の妖怪（当時アメリカでは「妖精」といわれ、通称「二〇世紀のもっとも新しい妖精」）だ。ある日、ドーバー海峡の上でドイツ軍と戦うイギリス空軍兵士が、飛行中に戦闘機の故障にみまわれる。見ると、翼にたくさんの小さな妖精が乗っていて、錐《きり》で穴をあけたり、計器を狂わせたり、いろいろないたずらというか妨害をしている。飛行機は不時着せざるをえなくなった。パイロットは地上でも犯人の妖精と遭遇し、戦闘機にいたずらをした訳を訊くと、古くから森で平和に暮らしてきたグレムリンが文明や戦争のおかげで暮らせなくなり、人間に復讐しにきたのだとわかった。おどろいた兵士は、

ウォルト・ディズニーが第二次世界大戦中に出版した『グレムリン』

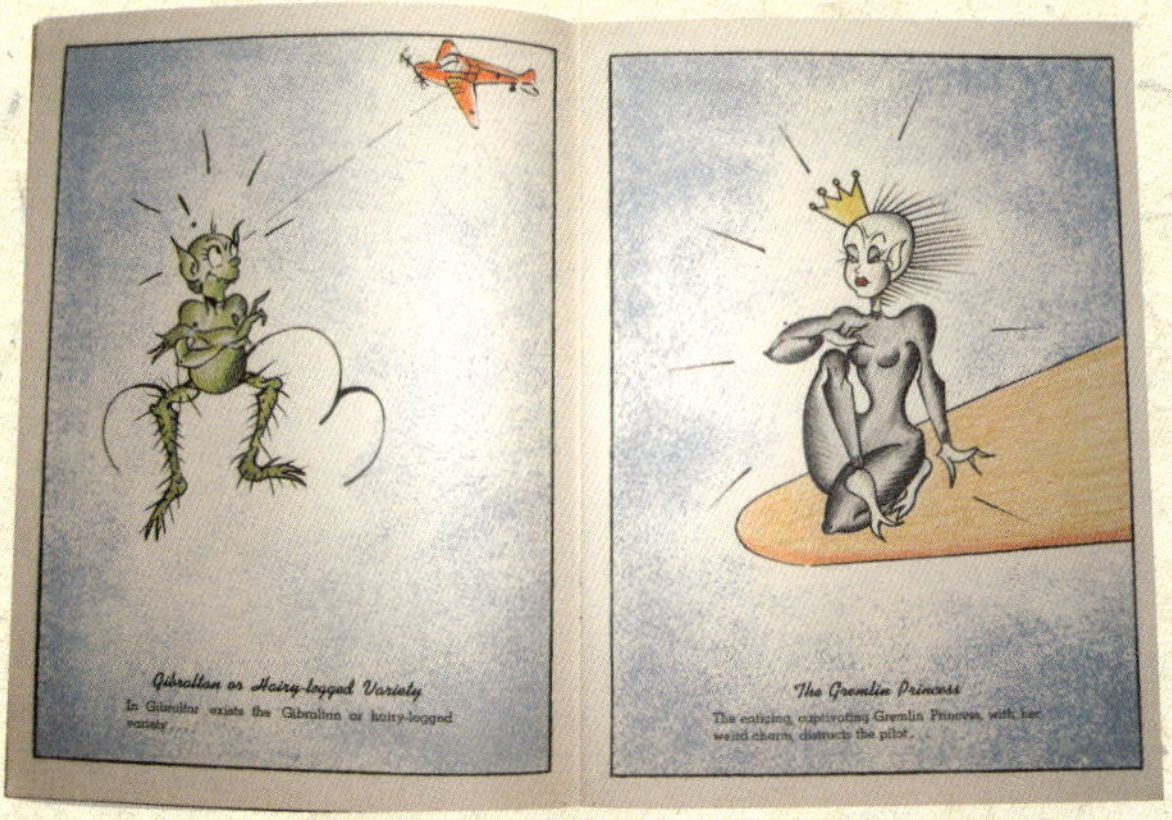

『グレムリンの悪戯』。グレムリンは英国空軍内で有名であり、ディズニーとは別にこの話を出版した本も数冊存在する

悪いのはドイツだと説明し、グレムリンとともに地球の平和を取り戻すためドイツ軍を追討しに出かける……。

　この反ドイツ・キャンペーンの漫画キャラは、どうやら大きな人気を得たらしい。一九四三年には単行本がディズニー社から刊行された。そしてこのとき、物語の創作者の名が「ロアルド・ダール」という元イギリス空軍将校であることがあきらかにされた。そう、『チャーリーとチョコレート工場の秘密』その他で有名になったのちの児童文学者ダールその人だったのだ。

　たしかに、ダールは第二次大戦中、戦闘機乗りだった。しかも、飛行中にエンジントラブルを起こして不時着し、負傷したために、戦闘機をおろされ、反ドイツ諜報活動、つまりメディアの工作員にまわされ、アメリカに着任した。ダールはそのとき、飛行中の故障事故という自分の体験を生かして、一つのファンタジーを思いつき、その物語をアメリカ中にひろめて反ドイツ気分を盛り上げるためにディズニーの力を借りたらしいのだ。

　まさしく第二次大戦下らしい、ウソの

戦時中、アメリカの雑誌広告にも登場した「戦闘機にいたずらする妖怪グレムリン」

ような本当の話だが、熱烈な愛国者だったディズニーはこのキャラを反ドイツ・キャンペーンに利用した。一九四三年からディズニーはグレムリンを扱ったアニメ映画の製作に入り、その売り出し用にジグソーパズル三〇〇ピース物も出た。

　また、この時期に「ライフセーバーズ」というミント菓子の広告にも使用されている。コピーには、「空中戦の現場に出没する不思議なトラブルメーカー、グレムリンのことは知ってるよね。グレムリンに襲われたら、このミントが効くぞ??」と、ある。GMのガソリン関係子会社の広告は「二羽の白頭鷲（合衆国のシンボル）を突撃させるグレムリン、じつは敵に痛い目を見せるアメリカ空軍のユーモアなのだ」と、ある。さらに石油会社エッソの広告には、「グレムリン一族名士録」というシリーズも登場した。

　グレムリンの名はこうしてアメリカ中にひろまった。けれども、この新妖怪を発明したのが、まちがいなくダールだったのか。調べてみると、ダールのファンタジーが雑誌に載った一九四二年に、『グレムリン・アメリカヌス』という本が出ていた。ダール＝ディズニーとはまったく関係ない内容の絵本で、著者はエリック・スローンという。前書きに「戦闘機に乗るパイロットはしばしば飛行中に神経をやられる。これに打ち克《か》つには、ユーモアのセンスが必要だ。これは、空のいたずらものグレムリンを初めて目撃したエリックが一年間その種類と活動について書き溜めたメモをまとめたもので、最近は友軍のアメリカ空軍にもイギリスの妖精がでばってきて力を貸していることが判明した」と、ある。

　また一九四三年には、ジュディー・バーガという作者による「グレムリンのいたずら」なる絵本も出ている。こちらは、「イギリス空軍内の噂に全面的に依拠した話」として、イギリス空軍の某パイロットに献辞がささげられている。中身はさまざまなグレムリンのいたずらする様子を絵にあらわしたもの。「色気でパイロットの理性を狂わすグレムリン姫」といったおもしろい絵本になっている。絵がヘタッピなところが逆にリアルで、最後は「イギリスの田舎ではグレモスキー教授がグレムリン除けの粉薬を開発中」という絵が載っている。

　ということは、グレムリンのうわさはダールとは別に、戦争中に同盟国の間で大流行していたことがわかる。「グレムリン」とは、そうした戦争中の「妖怪話」としてイギリス軍内にひろまっていた都市伝説が、ダールとディズニーの手でアメリカにもひろまった、というのが真相のようだ。

第四部

妖怪史雑録

妖怪史雑録
第一回

平《ひら》田《た》篤《あつ》胤《たね》
〜江戸お化け研究の立役者〜

江戸時代に起きた妖怪ブーム

江戸時代は怪談会やら妖怪図鑑などが人気を集め、また「百物語」などのように「百」をつけた怪談や絵本も広く読まれた。なんのことはない、今の日本に妖怪天国の風景があらわれていることと、なんのかわりもない。

これは室町期の「百鬼夜行」ブームに引き続いて、「百」がお化けと結びついたことの

平田篤胤肖像
(出典：Wikipedia)

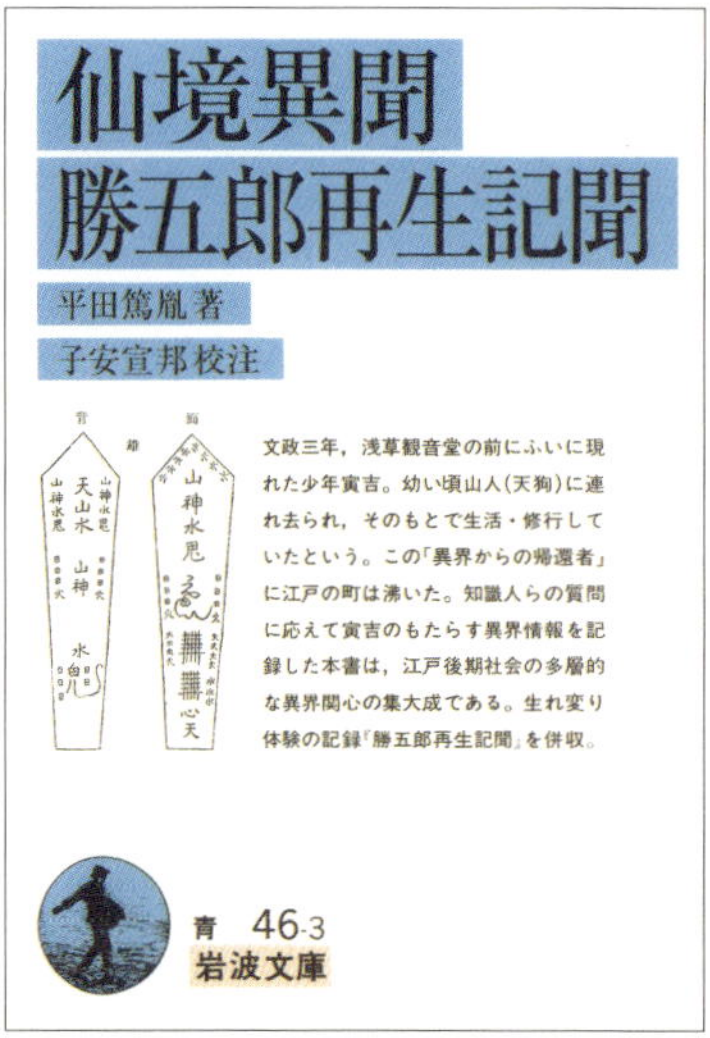

仙境異聞
勝五郎再生記聞
平田篤胤 著
子安宣邦 校注
文政三年，浅草観音堂の前にふいに現れた少年寅吉。幼い頃山人(天狗)に連れ去られ，そのもとで生活・修行していたという。この「異界からの帰還者」に江戸の町は沸いた。知識人らの質問に応えて寅吉のもたらす異界情報を記録した本書は，江戸後期社会の多層的な異界関心の集大成である。生れ変り体験の記録「勝五郎再生記聞」を併収。
青 46-3
岩波文庫

篤胤の著書『仙境異聞・勝五郎再生記聞』(岩波文庫)。篤胤はさまざまな神秘体験をした人々を取材し、その経緯を研究し、著作に残した

イラスト：斎藤猛

影響だった。その江戸時代、妖怪研究に画期的な進展をもたらしたのが、平田篤胤である。篤胤は、まだ三一歳の若さだった奥さんの織瀬《おりせ》を失い、亡くなった人の魂の行き先を確かめずにいられなかった。まるで、イザナギかオルフェウスの神話にみる、黄泉《よみ》降《お》りそのままなのだ。そして、死者は黄泉に降りて朽ち果てるのではなく、生者のいる世界と重なり合う幽界にちゃんと「生きて」おり、魂も残しているので、生前に愛した人や物と交流しつづけることを調べあげた。

とすれば、本当に幽冥界《ゆうめいかい》を探検した人間もいるのではないのか？

幽冥界からの使者たち

篤胤はそう信じて、全国に「幽冥界へ行った人」を探しに出かけた。この苦労が実を結ぶのは、文政三（一八二〇）年の秋からだ。この年、最初に〝発見〟した「異世界帰りの人物」が、稲生武太夫という人だった。子どものときに一カ月にわたり妖怪の訪問を受けたそうだ。広島三次の武士だった武太夫は、江戸へ出た際にその妖怪実見談を他人に話し、その話を文章に記録することも許した。

篤胤はこの写本の存在を知って、自分でもその写しを取った。ところが、文政三年の秋に幕府お抱えの学者、屋代弘賢《やしろひろかた》という不思議研究家が絵入り物語仕立てになった武太夫の別本を手にいれた。篤胤は初めて、絵になった妖怪の姿を研究

篤胤の研究テーマだった『稲生物怪録』の未刊本の一つ

できる資料を得たのだ。篤胤は、屋代をはじめ、曲亭馬琴《きょくていばきん》など有名な作家や研究家が作った不思議研究グループ「耽奇会《たんきかい》」の仲間とも交わって、妖怪研究をすすめたらしい。

そして同じ年の一〇月にはいると、その屋代が、来客面談中にとんでもない知らせをもって、湯島天神男坂下の篤胤邸に飛んできた。天狗小僧寅吉という、天狗の世界をつぶさに見てきた小僧があらわれた、との報せを携えて。その小僧は、今、好事家の山《やま》崎美成《ざきよししげ》の家にきているから会いに行かないか、との誘いである。篤胤は驚き、来客をそのまま放り出して、天狗小僧を見に出かけたというから、関心の高さがわかる。

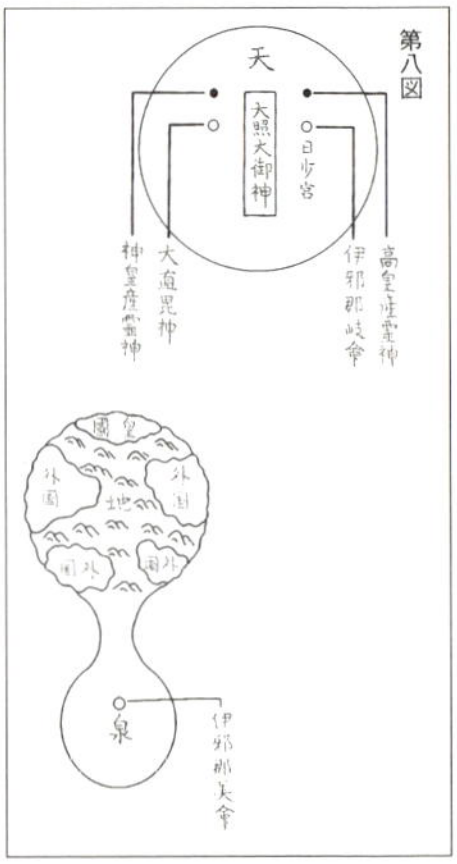

当時話題になった世界成立説。世界は神界、地球、黄泉に三分されるが、篤胤はそれを地動説に近い形で説き、幽冥界という霊の「第二世界」を想定した

天狗小僧寅吉登場！

そのとき天狗小僧と交わした問答は、山崎の手ですぐさま『平児代答《へいじだいとう》』という記録にまとめられた。研究材料が出るときにはどんどん出てくるもので、江戸期最大の幽冥界体験記録が二つ、ほぼ同時期に篤胤の手に転がり込んだことになった。篤胤自身も天狗小僧を自邸に招き、聞き取り調査にあたって脈拍などをチェックするほど念をいれたという。その後、天狗小僧は篤胤の弟子になり、そのお宅を何度も訪ねるようになる。そのたびに聞き取りが行われた。現在も貴重な記録や図解は、保存されている。

また、天狗小僧が天狗のいる筑波山に修行に帰ると言い出したときには、篤胤も天狗あての挨拶書簡を預けている。ただし、返信はこなかったらしい。天狗小僧は半月あまりで篤胤邸に帰ってきて、またも驚くべき話を伝えた。たとえば、国友藤兵衛が開発した空気銃を見ては、「これなら天狗界にもある」といい、オランダ製のオルゴールを見ては、「似たものが天狗界にもある」と答えたのだ。

そのあとも、超自然的な体験をもつ人物が篤胤の下につぎつぎに押しかけた。文政五年には鳥の鳴き声を理解できるという、まるで安倍晴明みたいな能力をもつ奇人、福地忠兵衛が入門する。翌六年には、前世を記憶する男、再生の勝五郎が篤胤の前にあらわれる。両人物とも屋代弘賢の紹介だから、この面での彼の貢献はまことに大きい。が、一方では篤胤を非難する声もあがる。「幽冥界研究に都合のいい山師を次々に集めるとは、けしからぬ」と。また、親しい門人にも、「天狗小僧は先生をたぶらかすために妖魔が遣わした物怪ですから、どうか気をつけて」と心配する人がいた。

しかし、篤胤は悠然として、天狗小僧寅吉を手元に置きつづけた。寅吉も能狂言や作法、また呪禁の法を身につける知恵者に育ったらしく、病気を治すというのであちこちの大名からお呼びがかかった。文政一一年には狩谷棭斎《かりやえきさい》がやってきて、寅吉を医者にするから預かりたいと申し入れたともいうのだ。

文政年間、百鬼夜行の実体調査が始まった江戸には、今から出かけてつぶさに見物したいほどの、心惹かれる展開と役者とがそろったことであった。

江戸末期の妖怪ブームはこのようにして発展し、ひょっとすると、同じころイギリスで始まった心霊研究ブームにも負けないほど、真剣なバケモノ研究がおこなわれたのだった。

妖怪史雑録

第二回

本所《ほんじょ》周辺お化け巡り
～吉良上野介《きらこうずけのすけ》と「本所七不思議」～

本所松坂町に住んだ吉良上野介《きらこうずけのすけ》の屋敷を見に行ったことがある。吉良邸は何千坪もある広い屋敷だったそうだ。そのあたり、旧本所（現在の墨田区本所とその周辺）は、当時、バケモノがよく出る寂しい場所だった。討ち入りした赤穂浪士も、討ち入りして初めて知ったと推測するが、まさしく、討ち入りしてください、と幕府がいわんばかりに吉良に引っ越しを強要した場所だった。今残っている吉良邸跡はほんの一部だそうで、当時の実感は味わえないが、ナマコ壁の塀がいい雰囲気を出し、吉良さんの首を洗った井戸もある。

吉良さんがなぜここにきたかという話だが、一説では、幕府が仇討を支援する目的

本所松坂町公園。吉良邸跡の現在の姿。今も静かな場所である

Yokai History Catalog

で、わざわざ寂しい新開地に吉良さんを引越しさせたのだそうな。四七士が堂々と徒党を組んで討ち入れるほど辺鄙《へんぴ》だった。

それもそのはず、この付近には討ち入りのあとに、もう一つの名所ができた。それを「本所七不思議」と呼んだ。つまり、バケモノがよく出る心霊スポットでもあったのだ。私は別の機会に江戸の「お化け巡り」をしたことがあって、そのとき江戸一番の人気スポット「本所七不思議」を歩く途中、思いがけず出くわしたのが吉良邸だったというわけだ。ここはお化けコースだったかと知ったとたん、とんでもなく寂しい場所柄であった事実を体感できた。

近くには、河童が出て通りがかりの人に「置いてけ〜」と声をかけたという「おいてけ堀」を筆頭に、狸の腹つづみが聞こえる「タヌキ囃子《ばやし》」、夜な夜な火の見太鼓が響く「津軽屋敷」、「送り拍子木」に「送り提灯《ちょうちん》」と、怪音・怪光の七不思議がつづく。これが本所七不思議の特徴で、すごいバケモノが出るわけでなく、原因不明の物音や怪火が見えるところだった。こういうバケモノが出るスポットは、

吉良邸討ち入りの様子を描いた図
(歌川国芳・画「忠臣蔵十一段目夜討之図」より、出典：Wikipedia)

上野介の首を洗って
顔を確かめたという
「みしるし洗い井戸」

夜になると人の気配が消え、物音がなくなる辺境だったことを意味する。なるほど、これじゃあ、赤穂浪士が出ても不思議はないだろう。吉良さんはバケモノの出没する場所に送り込まれたのかと、同情してしまった。今は「本所七不思議」も町歩きの名物となり、吉良邸とともに案内板もかかげられている。

歌川国輝・画『本所七不思議之内 狸囃子』（出典：Wikipedia）

歌川国輝・画『本所七不思議之内 送り拍子木』（出典：Wikipedia）

歌川国輝・画『本所七不思議之内 送り提灯』（出典：Wikipedia）

妖怪のことは、妖怪になればわかる

～妖怪になるための「お庭散歩」案内～

前編

妖怪博士からの贈り物？

妖怪というのは、いったいなんなのか？　どうしたら、かれらと仲良くおつきあいできるのか？　妖怪好きの人ならば、誰もが一度は思う疑問だろう。でも、妖怪は見えないし、捕まえられない。じつは、妖怪がいるところは、私たちがいるこの場所なのだけれど、あいにく存在のシステムとスペックが違うので、出会えるチャンスはない。

一枚の紙の裏と表とに棲み分けていると考えればいい。私たちの世界（こっち）の絵や物語に出てくる妖怪の姿（あっち）は、いわばパソコンでカナ文字を漢字変換するように、こっちの世界でも見える形に〝翻訳〟された仮のものにすぎないのだ。でも、そうした〝翻訳〟であっても、妖怪の本当の姿を少しは体験させる力がある。

精密で賢い〝翻訳ソフト〟を使うと、日本語をかなり正確に英語に置き直すことができるのと同じように、自分を妖怪に置き直してみることができる。歌舞伎の役者は、女でも男でも、どんな人物でも演じられる。とすれば、私たちだってみずから妖怪を演じて、妖怪になった気になることはできるにちがいない。

今ここに、そんなすごい性能の「誰でも妖怪になれる超バーチャルリアリティー」装置をつくりあげた先達《せんだつ》がいる。世に「妖怪博士」と謳《うた》われた明治の宗教家、井上円了《いのうええんりょう》先生だ。先生は宗教哲学者であり、教育家だった。日本人がなにも知らずにただ妖怪や幽霊を恐れたり敬ったり、またそのおどろおどろしいバケモノの姿を信じ込んでしまっている「迷信状態」を啓蒙して、本当の心霊の世界を知る方法を編みだそうとされた。私立大学の一つ東洋大学は、その円了先生が創建された知を磨く大学校なのである。

それだけではない、円了先生は、人間の魂を磨いて「妖怪世界」の真相を探求する修行場をも開いた。ここは本をひろげて勉強する場所ではない。自分が一度死んで魂だけの存在になり、魂の目からこの世を理解しなおそうという「魂のテーマパーク」なのだ。名づけて、哲学堂という。ここへくれば、私たちは妖怪になって、心霊世界の気分が味わえる。いわば、妖怪博士の贈り物といえる特別な場所なのだ。

哲学堂は「お化けになれる庭園」だった？

井上円了は日本だけでなく世界各地を巡講して、民間に宗教と哲学を啓蒙した先生だった。晩年の一三年間だけで諸都市約三千カ所を講演してまわり、六一歳のときに巡講先の満州で亡くなった。いつも庶民の伝統や習慣に関心をもち、妖怪伝承にも目を向けていた。説教の旅の間も、各地で見つけたおもしろい民具や神像、まじない道具などをコレクションした。たとえば、朝鮮半島の魔除け人形、鬼の木像、呪具などに混じって、なんと、あのフグ提灯《ちょうちん》やお化けの絵もたくさん集めている。静岡県の伊豆地方ではコックリさんの占い具を見つけ、注目した。ちょうど日清・日露の戦争のときに日本で流行したコックリさんだが、そのルーツは西洋の降霊術と中国の占い、フーチなどであるという。もともと円了は、明治一九年に東大の学生を誘って「不思議研究会」という不思議習俗の調査組織を設立していた。占いを理性的に解明しようという発想は、当時の日本ではめずらしい。古い迷信を打破し、より深い宇宙の神秘知識へ関心をひろめるという発想は、円了の独壇場だった。どこかに迷信くささのある易占いなども、西洋科学の光によって改良し、「哲学うらなひ」と呼べるような新しい占いにつくり変える必要がある、と考えたのだ。

この哲学という語は、円了が得意としたもので、「心霊と知力」をパワーアップする実践訓練を意味している。平易にいえば、「自分で考え、常識や合理に照らして、思想を深めること」ということだ。このような思考を練る場を一つのテーマパークにまとめあげたのが、「哲学堂」だった。

哲学堂は、円了が哲学宗の本山、道徳山哲学寺と呼んだところで、初めは文京区の小石川に開いていた哲学館（のち東洋大学）の移転先だった。明治三七年にその私学校が文部大臣から大学の公称を許されたので、郊外の移転予定地に記念の聖堂を建設した。そのあと明治三九年に円了は大学をしりぞき、大学移転予定地を大学ではなく、もっと庶民的な哲学修養の道場にしようと思い直した。そこで一三年間、全国二九八六カ所を巡講して建設資金を集め、世にも風変わりな魂の鍛錬道場を自力で建設した。七七カ所におよぶ仕掛けや建造物が用意されたこの庭は、さしずめ、現代の竜安寺石庭といえる。しかも、この哲学堂は百年以上を経た今も、東京都中野区松ヶ丘に昔のままに近い形で残っている。

さぁ、一緒にこの不思議な庭に遊んで、妖怪になってみないか。

魂のブートキャンプへようこそ！

1 みんなが潜る「常識門」

まず入り口だが、敷地の境界である「哲学関」を入り、生垣にそって奥へ行ったところにある「常識門」から入ろう。門の両脇に柱があって、円了の直筆で左に「四聖堂前月白風清」、右に「六賢台上山紫水明」と書いてある。看板のとおり、この先に霊界がひろがり、左は風が涼しく塔や神殿が集まる平地、右は山と谷がある深林がひろがる。この常識門を潜った瞬間から、善悪入り交じる俗界の常識を脱ぎ捨て、自然の仙界に入り込む。

モデル：高橋藍
写真：野口さとこ

2 死んで魂を裸にする「髑髏庵《どくろあん》」と「鬼神窟《きじんくつ》」

林の中でまず出くわす家は「髑髏庵」。ここで肉体の死を体験する。君は一回、死んでみるのだ。その隣が「鬼神窟」で二階建てになっている。死んで赤裸になった亡者の集会所だが、昔はお茶が出た。ようこそ、死後の宇宙へ、と。君は死んだけれど、まだこの世の常識にとらわれ、生きている気分から抜け出せないだろうが、それでいい。大いに迷うことが修行の始まりだ。

3 この世で学んだ「哲学」をおさらいする「時空岡《じくうこう》」

だだっぴろい平場が時空岡だ。いわば四次元空間。赤裸の亡者が放り出される宇宙だ。赤く染められた六角の塔が「六賢台」。外から見ると二層なのに内部は三層。東洋の大哲学者として聖徳太子《しょうとくたいし》・菅原道真《すがわらのみちざね》・荘子《そうし》・朱子《しゅし》・龍樹大士《りゅうじゅたいし》・迦毘羅仙《かびらせん》をまつる。その向かいにある白壁二階建ての「無尽蔵《むじんぞう》」は、円了の哲学民具コレクションが並べられていた。この岡で、改めて俗世の哲学をおさらいする。

4 宇宙の真相を教える「四聖堂《しせいどう》」

時空岡の向こうにある夢殿みたいな建物が、円了の自信作「四聖堂」。哲学堂の根本中堂と呼ばれ、古・今・東・西の四分野から孔子《こうし》・釈迦《しゃか》・ソクラテス・カントの四大哲学者を象徴する。四角い形は中国思想による大地、つまり物質宇宙をあらわし、天井には、不透明な白い鏡の中心に黄色い円形が見え、宇宙の卵をあらわす。天井の梁《はり》は放射状で、宇宙の真理が中心から四方へあまねく照射される様子をあらわす。

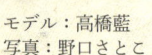

5 井上円了の像にも拝礼しよう

四聖堂の前に石碑があり、円了先生の生涯が記されている。井上円了は安政五年（一八五八）生まれの仏教哲学者、教育家。多様な視点を育てる学問としての哲学に着目し、のちに東洋大学となる哲学館を設立。また、迷信を打破する立場から妖怪を研究し『妖怪学講義』などを著した。哲学堂を拠点として世界中で講演したが、遊説先の満州大連(現在の中国東北部)において急死した。享年六一歳。

6 烏帽子をかぶった「宇宙館」

哲学は最終的に宇宙の真理を知ることであるから、そのシンボルに烏帽子《えぼし》(頭脳の叡智)を置いた。ここは、四聖堂のさらに奥の院で、宇宙の見えない神秘を教える。四角形の建物なのに、入口は辺でなく角に設置し、さらに館内にはその入口に軸を重ねて斜めの部屋が設置してある。この八畳敷きの部屋は「皇国殿《こうこくでん》」といい、日本の神代の奥義を教える。屋根の上の烏帽子とシンボリックに呼応している。実際に講義室として使われたという。

7 東洋ならではの哲学をきわめた「三学邸」

時空岡の端に見える小山の上に置かれた三角形の四阿《あずまや》。石段をのぼっていくと、本当に三角形をしたパビリオンがあらわれる。神道・儒道・仏道の三傑、すなわち平田篤胤《ひらたあつたね》・林羅山《はやしらざん》・釈凝然《しゃぎぜん》の東洋哲学を教える。三角と四角の建物がつづくところも、ちゃんと宇宙の法則「神聖幾何学」を踏まえている。奥が深い東洋哲学は、おさらいの最後だ。

8 でも、まだ迷う「懐疑巷《かいぎこう》」と「二元衢《にげんく》」

時空岡で俗世の哲学をいろいろおさらいした。魂はその知識をもって、いよいよ宇宙の探検に入り込む。しかしまだ、宇宙は深い森のように未知だ。六賢台の後ろに下るこの道は、唯物論で宇宙を測ろうか、それとも唯心論で宇宙を感得しようか、その迷い道。ここをさらに下れば、物と心の二元論のどちらかを選ばねばならない分かれ道「二元衢」にいたる。

10 やっぱり「唯物論」は親しみがある

唯物園には整然とした庭があり、数理で世界を二分する川が流れる。この川は俗世では妙正寺川というが、死後の世界では「数理江《すうりこう》」という。川にかかる「観象梁《かんしょうりょう》」は梅園へと導く。梅林が美しい。ああ、整然の唯物の世界が懐かしい。

9 とりあえず、俗世の哲学、唯物論《ゆいぶつろん》で行ってみよう

魂の初心者である私たちは、まず、物質の世界の志向を頼りにしたい。ここは経験に頼って「経験坂」を辿り、耳と目を中心にした感覚を信用する「感覚巒《かんかくらん》」を通ることとしよう。そして、唯物論できれいに割り切れるこの世の眺めが見える「唯物園《ゆいぶつえん》」というお庭に下りていくのがいいだろう。

さぁ、私たちはみんな亡霊の初心者になって、宇宙にさまよい出た。果たしてこのまま、妖怪になることができるのかどうか。この先の試練は、後編でくわしく紹介しよう。

（後編へ⬅）

11 合理の世界にも「心霊」が潜む不思議を体験する

でも、唯物園には奇怪な存在が紛れ込んでいる。一つは、化けダヌキの石造で、お腹が空洞になっており、ここにロウソクがともる。人間はタヌキと同じ動物だが、心をもつことで「唯心」の世界ともかかわりをもつ。つまり、妖怪センスがあるのだ。そして、動物から妖怪が進化する不思議を象徴する「神秘洞」もまた、唯物の世界の源から水を流している。

妖怪史雑録
第四回

妖怪のことは、妖怪になればわかる

〜妖怪になるための「お庭散歩」案内〜

後編

日本が誇るテーマパークの傑作

人間が妖怪になれる庭「哲学堂」は、すばらしい発想力が生み出した施設だ。なにしろ、庭を一巡するだけで哲学の奥義を知ることができ、自分が妖怪に変身できるというのだから、ものすごい。ここで身も心も妖怪になってみる驚きの体験をつづける前に、ちょっと庭の秘密に触れておきたい。庭には、なぜそのような力があるのだろうか。

庭は、世界のどの民族にあっても、天国あるいは楽園の模型とされている。ということは、この世につくった小さな別世界なのだ。だから、庭を巡ることを、この別世界にたどりつくためのリハーサルと考えたって、不思議ではない。そこで、庭づくりの匠たちは庭のあちこちに「天国へのガイドマップ」を仕掛けた。つまり、庭をテーマパーク化したのだ。

古代日本の庭は、中国の影響を受けて、神仙の世界をあらわすデザインが用いられた。なかでも重要なのは、石と水だ。石には神が宿るので、なるべく不思議な形をした、穴のあいた石が用いられた。水は生命のシンボルなので、ほとばしる泉や流れるせせらぎが再現された。また、白砂の向こうにひろがる大海に似せた池もつくられ、極楽浄土や不老不死の蓬莱島《ほうらいしま》をイメージした「中の島」が、池の中に置かれた。島が置かれた池は、やがて、心という字形になぞらえられ、心を清める瞑想《めいそう》の場になり、「心字池《しんじいけ》」と呼ばれるようになった。みんなが庭を巡りながら、不老不死や極楽往生を疑似体験したのだ。

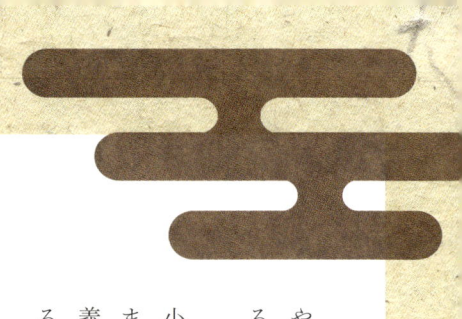

その後、庭にはさまざまなガイドマップの機能が求められた。たとえば、有名な東京・小石川の「後楽園」は、庭のあちこちに儒学（孔子の教え）を学ばせる仕掛けが組み込まれ、一巡すれば儒学が勉強できるようにデザインされた。また東京都文京区にある「六義園」は、庭に和歌の名所のミニチュアが並べられ、庭を巡りながら和歌の勉強ができるというものだった。

ヨーロッパにも、「死んだり、よみがえったりできる」不思議な庭があった

ヨーロッパでも、このような天国のミニチュアとしての庭がたくさんつくられた。たとえば、イタリア・ジェノヴァには「パラヴッツィーニ邸」があり、人が死んでから地下洞窟でよみがえり、花にかこまれた楽園に到達するまでの旅路を再現した庭になっている。また、レオナルド・ダ・ヴィンチも、湖の中のヴィーナスの島をイメージした庭を設計している。

ルネサンス時代のイタリアでは、キリスト教がひろまる以前にあったギリシア・ローマの「快楽の庭」が復活し、命を再生するための驚きの庭がたくさんつくられた。庭の一隅に竜宮城のような人口洞窟がつくられ、ここに水が噴出する仕掛けができ、洞窟の中で水遊びやいたずら遊びをさせるアトラクションが生まれた。一七世紀初頭にオーストリアのザルツブルグにできた「ヘルブルン庭園」は、たくさんの仕掛け噴水に人口洞窟をもち、庭を歩く人たちにふいに水を吹きかけるいたずらの庭として、遊園地のよう

に人気を博した。ヘルブルン庭園は今も健在で、庭のおもしろいカラクリが今なお動く。また、シンガポールの「タイガーバーム・ガーデン」は、園内全体が地獄巡りできる構造になっていた。昔の縁日やお祭りに出た地獄極楽の怖い見世物をそのまま遊園地に仕立てたものだ。

でも、哲学堂のように壮大な仕掛けをもった庭は初めてだ？

そういうわけで、世の中には不思議なテーマ性をもつ庭園が星の数ほどあるけれど、この哲学堂ほど途方もない構造をもつところはない。なぜなら、ここで哲学がまなべて、宇宙の真理を知り、妖怪の気持ちまでわかるようになるからだ。前回にもお話したように、この庭をつくった井上円了は、妖怪博士として有名だが、じつは熱心な社会教育者でもあった。私学卒業者にも教員免許を自動的に与えよという運動を起こし、明治政府に私立大学の権威を認めさせた。その円了が、哲学堂をその総本山に位置づけしたのだ。

この施設を体験するには、まず、公園事務所で、約四〇カ所におよぶ円了の仕掛け（もとは七七カ所あったそうだ）を一覧できる案内図をもらい、これを手引きとして園内を哲学散策するのがよい。前回は、君が死後の世界を生きたまま体験し、物質世界とはちがう心霊の世界に迷い込み、大いになやんだところで終わった。

後半の探検では、君はただの亡者を脱して、精霊となり、物質でなく心の支配する異次元を知り、そこに住んでいる妖怪たちの気持ちを、少しだけ体験することになる。

死者から妖怪に変化する異界の旅は、後半がすばらしい！

12 いよいよ、唯心の世界へ飛び込む

前回、唯物の世界に生きた人間に、心という非物質的な要素、すなわち「妖怪センス」が隠れていたことを、君は知った。そこで、唯心論の世界へ分け入ってみる勇気が湧いたのだが、それには知識や経験でない「直感」と「ひらめき」に導かれないといけない。みれば、二つの世界をつなぐ場所に、「独断峡《どくだんきょう》」という切り立った崖があるではないか。境を飛び越えるには、聖なる狂気の勢いを借りて、常識の崖を飛び降りなければならない。

14 この非物質的世界では、心が生む「概念」が実在となる

先天泉をたどって、心字池にたどりつくと、「概念橋《がいねんばし》」という石の端にぶつかる。概念とは、精神世界における物質にあたり、心が思ったイメージを形にあらわす力だといえる。概念を生む力を高めるのは、心字池の中に立つ「鬼燈」に火をともさないといけない。この燈籠は、物質界にあった妖怪センスの源、あの「狸燈」と対をなすもので、精神界で物事を合理的に理解する叡智の光だ。

13 静かで奥深い唯心庭にたどり着いた！

死ぬときと同じ、思い切った発想の転換によって、君は唯心庭に到達した。気がつけば、君の姿はもう死者ではなく、精霊に変わっている。妖怪の気持ちを知る存在になったのだ。そこには清らかな石と水の精神界がひろがっている。その水源になっているのが、「先天泉《せんてんせん》」だ。われわれの心の深奥には教育や経験を超越した神秘な先天的叡智があることを教えてくれる。

15 宇宙の真理がようやく見えてきた！

君はここで、唯心と唯物の両方の発想がじつは同じ魂の活動の一部分だったことに、気づく。その証拠に、唯心庭からもとの時空岡へ上る道は二本あって、一本は「直《ちょっ》覚径《かくけい》」といい、急坂だけれどもすばやくのぼりきれる。もう一本はゆるやか長いが、確実にのぼれる「認識路《にんしきろ》」だ。この長い道の途中には、「演繹観《えんえきかん》」という休みどころもある。早く知る直感も、確実に知る認識も、どちらも魂の業だと悟るのだ。

16「絶対城《ぜったいじょう》」の眺めが、なつかしくも新鮮に思える

こうして、精霊の叡智、妖怪の素生を知った君は、もとの「時空岡」に還る。そこで出会う「絶対城」は、円了の読書室だったところ。万巻の書物を読みつくすことで、真理絶対の妙境に到達できると信じられた白い城だが、今は絶対という厳しい言葉が、自由で寛大に感じられるだろう。「絶対」は狭い物質世界の言葉だからだ。「絶対」に代わる「理想」という言葉がついた橋を渡ると、そこには静かで幸福な彼岸の世界がひろがっている。

17 自分が妖怪となって「哲理門《てつりもん》」を出る、この奇跡！

長かった魂の冒険も、これで終わった。精霊として宇宙の真実を体験した君の心は、目に見えない心霊にレベルアップした。これからは、君は現世では妖怪と呼ばれるだろう。自由で、深くて、しかも平和な魂を手に入れたのだから。古びた出口は、「哲理門」と名づけられているが、哲学の庭を巡った人たちは「妖怪門」と呼んでいる。門の両脇に、幽霊と天狗の影像が納められていて、かれらの仲間になった君を見送ってくれるからだ……。

どうです、おどろいたでしょう？　まさか、自分を妖怪に変身させられる哲学の修行場が、東京につくられていたなんて。信じられないかもしれませんが、ほんとにあるのです。

みなさんも、ぜひそんなスーパー・テーマパーク「哲学堂」を訪れてみてください。

哲学堂利用メモ

東京都中野区松が丘1–34–28に位置する「哲学堂」は、今、区の公園となっており、正式には「哲学堂公園」と呼ばれている。昭和六三年に、園内および古建築物「髑髏庵」「鬼神窟」「無尽蔵」「演繹観」「四阿」などは、中野区有形文化財に指定された。

開園は夏期が八時～一八時、冬期だと九時～一七時になる。ただし、一二月は休園となるので注意のこと。園内は無料でひと巡りでき、私的なスナップ撮影なら自由にできる。ただ、出版や映画・ビデオに使用する場合は有料なので、管理事務所に申し込まねばならない。ここに紹介した古い建物の内部は、通常は見学できないが、ゴールデンウイークを含む春の一〇日間程度と、秋一〇月の土日・祝日に特別公開期間がある。また、四聖堂などの内部が見学できる。さらに、「死んで魂になった」つもりの人々をもてなす目的で建てられた「鬼神窟」は、集会などに利用でき、中の座敷でお茶などを飲むこともできる。ここは予約しなくても、空いていればその場で利用が可能というから、便利だ。

ぜひ一度、妖怪になってみる不思議な体験を、哲学堂で味わってほしい。

※写真は公園の許可を得て撮影しています

出　典

第一部　妖怪共生講座

『日本妖怪大百科』Vol.3 ～ Vol.10（講談社 2007 年～ 2008 年）掲載のものに増補改訂。
「妖怪は友人である」（書き下ろし）
「孔子も妖怪をちゃんと語った」（書き下ろし）
「妖怪は受験失敗者の味方である」（書き下ろし）

第二部，第三部「妖怪分類コレクション」

「マレビト」「人怪」「自然」「中国」「日本」「本草」「心理」

書き下ろしと，自著から増補改訂したもので構成。

「付喪神」

「荒俣宏の奇想秘物館　陰陽妖怪絵巻」原案・海洋堂（角川書店 2002 年）

解説より増補改訂。

第四部　妖怪史雑録

「平田篤胤」（書き下ろし）
「本所周辺お化け巡り」
「東京新聞」2014 年 8 月 30 日掲載『本所周辺お化け巡り』を加筆。
「妖怪のことは，妖怪になればわかる」＜前編・後編＞
『日本妖怪大百科』Vol.1 ～ Vol.2（2007 年）掲載のものに増補改訂。

索　引

あ

アカマタ・クロマタ …… 39、81
浅井了意 …… 132
浅沓 …… 181
浅茅が宿 …… 117
小豆洗い …… 25
安倍晴明 …… 14
アマメハギ …… 77、120
アメノキミ …… 148
有馬の猫 …… 159
安斎随筆 …… 158
池田彌三郎 …… 47
石動丸伝説 …… 153
泉鏡花 …… 31、47、100
井上円了 …… 60、215、223
稲生武太夫 …… 49、167、209
稲生物怪録 …… 24、49、167
井原西鶴 …… 110、113
異類婚姻 …… 113
上田秋成 …… 117
ウガ …… 194
雨月物語 …… 117
器 …… 177
姑獲鳥 …… 23、109
うわなりうち …… 34
易経 …… 57
越後伝説四十七不思議解 …… 123、133
絵本三国妖婦伝 …… 170
絵本百物語 …… 196
絵本妖怪奇談 …… 35
江馬務 …… 28、35
オアンネス …… 104
置いてけ堀 …… 22
近江のお兼 …… 101
大蟻 …… 184
大幣 …… 179
大町文衛 …… 200
お菊虫 …… 198
御伽草子 …… 170
鬼 …… 93
小山田与清 …… 148
折口信夫 …… 32、72、177
陰陽師 …… 14

か

怪異考 …… 133
獬豸 …… 143
貝原益軒 …… 160
影物質 …… 59
カセドリ …… 79
かちかち山 …… 164
勝川春章 …… 30
河童 …… 145
カッパ夜話 …… 146
鉄漿付 …… 185
狩野元信 …… 150
河伯 …… 145
被りもの …… 75
鎌鼬 …… 123
釜神 …… 186
鎌倉権五郎景政 …… 36
髪切り …… 160
仮面 …… 74、82
刈萱堂 …… 153
奇怪集 …… 129
キマイラ …… 156
窮奇 …… 123
京極夏彦 …… 26
曲亭馬琴 …… 128、172、210
吉良上野介 …… 212

市井雑談集 ……………………………… 150
信濃奇勝録 ……………………………… 192
島田立山 ………………………………… 146
ジャコウアゲハ ………………………… 197
周礼 ……………………………………… 102
朱子 ……………………………………… 57
酒呑童子 …………………………… 98、155
鐘馗様 ……………………………… 65、89
庄内可成談 ……………………………… 124
笙の鬼 …………………………………… 183
諸國里人談 ……………………………… 160
白澤 ……………………………………… 139
尻子玉 …………………………………… 146
真景累ヶ淵 ……………………………… 52
真珠庵 …………………………………… 43
神野悪五郎 ……………………………… 35
瑞応図 …………………………………… 138
姿の飛び乗り物 ………………………… 111
薄田泣菫 ………………………………… 200
煤払い …………………………………… 43
スネカ …………………………………… 77
精霊 ……………………………………… 72
殺生石 …………………………………… 170
山海経 ……… 91、141、143、148、152
……………………………… 156、172、201
剪燈新話 ………………………………… 63
千蟲譜 …………………………………… 200
捜神記 ……………………………… 108、164

た

太歳 ……………………………………… 20
頽馬 ……………………………………… 132
太三郎狸 ………………………………… 164
田中河内介 ……………………………… 47
狸 ………………………………………… 163
麒麟 ……………………………………… 137
首の飛ぶ女 ……………………………… 108
瞿佑 ……………………………………… 63
クランプス ……………………………… 85
クリスマス ……………………………… 84
栗本丹州 ………………………………… 200
呉秀三 …………………………………… 203
グレムリン ……………………………… 204
グレムリンズ …………………………… 204
玄同放言 ………………………………… 128
鯉のちらし紋 …………………………… 113
孔子 ……………………………… 56、137
甲子夜話 ……… 17、128、142、150、198
好色一代男 ……………………………… 110
紅毛雑話 ………………………………… 200
高野聖 ………………………… 31、47、100
紅葉伝説 ………………………………… 99
誤怪 ……………………………………… 60
古今著聞集 ……………………………… 33、101
古事記 …………………………………… 96
狛犬 ……………………………………… 144
御霊神社 ………………………………… 35
ごろつきの話 …………………………… 32
今昔物語 ………………………………… 34、93

さ

西鶴諸国ばなし ………………… 111、113
桜姫 ……………………………………… 201
左伝 ……………………………………… 102
三才図会 ………………………………… 137
山ン本五郎左衛門 ……………… 24、35、184
志怪 ……………………………………… 55、107
志怪小説 ………………………… 107、164
鹿持雅澄 ………………………………… 126
式亭三馬 ………………………………… 172

な

鍋島の猫 …… 159
ナマハゲ …… 77、120
鳴釜 …… 186
南総里見八犬伝 …… 172
ニイルピトゥー …… 38
日光東照宮 …… 140
日本の幽霊 …… 47
日本昆虫記 …… 200
日本書紀 …… 97、102、148、152、163
日本妖怪変化史 …… 28、35
人魚 …… 19、104、152
人魚の干物 …… 18
鵺 …… 155
ぬっぺふほふ …… 20、29
ぬらりひょん …… 37
猫又 …… 158

は

パーントゥ …… 79
化けものまつり …… 40
化けものの進化 …… 119
ハマグリ女房 …… 28
腹の虫 …… 189
孕のジャン …… 125
針聞書 …… 190
盤瓠 …… 172
半七捕物帳 …… 108
播州皿屋敷 …… 197
ピー …… 116
飛頭蛮 …… 109
ピトフーイ …… 142
百器徒然袋 …… 186
百慕々語 …… 30
百鬼夜行 …… 13、34
狸御殿 …… 167
たぬきざんまい …… 165
玉藻前 …… 168
魑魅 …… 102
魑魅魍魎 …… 102
チャタテムシ …… 199
朝野雑載 …… 160
鴆 …… 141
追儺 …… 88
九十九神 …… 42、177
付喪神 …… 177
付喪神絵巻 …… 43、187
土蜘蛛 …… 96
ツチノコ …… 191
筒井康隆 …… 27
ツツガムシ …… 196
鶴屋南北 …… 202
徒然草 …… 158
哲学堂 …… 216、221
寺田寅彦 …… 118、124、125、133
伝記 …… 55
天狗 …… 148
天狗小僧寅吉 …… 210
桃山人 …… 196
ドゥクドゥク …… 83
トゥブアン・ダンス …… 83
豆腐小僧 …… 25
トーライ族 …… 82
伽婢子 …… 132
土佐今昔物語 …… 126
トシドン …… 79、120
銅鈸子 …… 187
寅吉 …… 150
鳥兜 …… 182
鳥山石燕 …… 15、29、186

迷信退治 ……………………………………122
メンドン …………………………………… 79
魍魎 ……………………………………………102
紅葉狩 …………………………………… 99
森島中良 ……………………………………199

や

屋代弘賢 ……………………………………209
柳田國男 ……………………………… 23、176
ヤマカガシ …………………………………193
山本素石 ……………………………………193
幽冥界 ………………………………………209
妖怪感度 …………………………………… 62
妖怪千体説 ………………………………… 16
妖怪退治 ……………………………………122
妖怪大戦争 ………………………………… 26
妖怪談義 …………………………………… 23
四谷怪談 ……………………………………202

ら

雷獣 ……………………………17、127、139
来訪神 ………………………… 72、76、120
離魂病 ………………………………………201
龍 ……………………………………………135
聊斎志異 …………………………………… 64
礼記 …………………………………………140
ろくろ首 ………………………… 109、116
論衡 …………………………………………143

わ

ワイルド・ハント ………………… 84、93
若尾五雄 …………………………………… 94
和漢三才図会 … 140、147、148、187、191
和訓栞 ……………………………… 144、158
鰐口 …………………………………………180

百鬼夜行絵巻 ……43、177、178、186、187
平児代答 ……………………………………210
平田篤胤 ……………19、31、49、150、209
フィジーの人魚 ………………… 105、154
福地忠五郎 …………………………………211
附子 …………………………………………182
ブロッケンの妖怪 …………………………130
平家物語 ……………………………………155
ペナンガラン ………………………………116
封 …………………………………………… 19
鳳凰 ……………………………… 182、183
封神演義 ……………………………………170
方相氏 ……………………………… 87、102
矛担ぎ ………………………………………178
ボゼ ………………………… 79、120、178
牡丹灯籠 ………………50、63、108、117
本所七不思議 ………………………………213
本草学 ………………………………………107
本草綱目 ………………104、141、148、192

ま

松浦清 ………………………………………128
松浦静山 ……………………………………198
松屋筆記 ……………………………………148
マナナンガル ………………………………115
マユンガナシ ……………………………… 39
マレビト ………… 24、38、72、120、177
水木しげる ………………………………… 15
御霊つき …………………………………… 36
三尸九蟲 ……………………………………189
南方熊楠 ……………………………… 194、200
源頼光 ………………………………………155
蟲 ……………………………………………188
ムジナ ………………………………………163
明月記 ………………………………………159

●著者略歴

荒俣 宏（アラマタ ヒロシ）

1947年東京都生まれ。博物学者、小説家、翻訳家、妖怪研究家、タレント。慶應義塾大学法学部卒業。大学卒業後は日魯漁業に入社し、コンピュータ・プログラマーとして働きながら、団精二のペンネームで英米の怪奇幻想文学の翻訳・評論活動を始める。80年代に入り、『月刊小説王』（角川書店）で連載した持てるオカルトの叡智を結集した初の小説『帝都物語』が350万部を超え、映画化もされる大ベストセラーとなった。『世界大博物図鑑』（平凡社）、『荒俣宏コレクション』（集英社）など博物学、図像学関係の本も含めて著書、共著、訳書多数。

企画構成：香川眞吾

イラスト：斎藤猛、東雲騎人

資料協力：多田克己、河野隼也、布谷道治

トレース：箭内祐士

校正：小宮紳一、益田麻理子

アラマタヒロシの
妖怪《ようかい》にされちゃったモノ事典《じてん》

発行日　2019年　8月　1日　　第1版第1刷

著　者　荒俣《あらまた》　宏《ひろし》

発行者　斉藤　和邦

発行所　株式会社　秀和システム

〒104-0045

東京都中央区築地2丁目1－17　陽光築地ビル4階

Tel 03-6264-3105（販売）Fax 03-6264-3094

印刷所　三松堂印刷株式会社　Printed in Japan

ISBN978-4-7980-5694-4 C0501